新訂 事例で学ぶ保育内容

領域 環境

監修 無藤 隆
編者 福元真由美　井口眞美　田代幸代
著者 砂上史子　横井紘子　山崎奈美　中野圭祐　山田有希子　野口隆子

萌文書林
Houbunshorin

シリーズはじめに

　幼児「カラー5領域」シリーズについて、多くの方々に大学の授業や現場での研修などのテキストとして使っていただいてまいりましたが、平成29年3月の幼稚園教育要領、保育所保育指針、幼保連携型認定こども園教育・保育要領の改訂（改定）を受けて、そのポイントを盛り込み、改訂しました。

　同時に、従来からの特徴を堅持しています。第一に何より、保育現場の写真をほとんどの見開きに入れて、視覚的なわかりやすさを可能にしていることです。それは単なる図解ではなく、長い時間をかけて、保育現場で撮った実践についての写真です。中身に意味があるように、複数の写真を組み合わせて、本文で記述している活動の流れがわかるように工夫したところも多々あります。また、写真をすべてカラーにしてあります。今時、だれしも写真がカラーであることに慣れているだけでなく、やはり実際の様子がよくわかるからです。とくに初心の学生などにとっては大事なことです。

　第二に、本シリーズでの実践例と写真は、とくにお茶の水女子大学附属幼稚園及び東京学芸大学附属幼稚園など、編者や執筆者の関わりが深く、全国的にも名がとどろいている園について、その長年にわたり蓄えられてきた実践知を解説と写真により明らかにしようとしてきたものです。その実践者自身も多く執筆していますし、研究者もまた実践者と協同しながら研究を進めてきており、保育の改善や解明に努めてきました。その成果を本シリーズで初心者にもわかりやすい形で伝えるようにしています。

　第三に、その意味で本シリーズは、大学の研究者と現場の実践者との間のまったくの対等の協同関係により執筆してきました。その協力関係を維持し発展させることと本書を執筆する過程は重なり合ったものなのです。日頃から研究会や保育公開や園内研究会などを通して協働してきた間柄でもあります。

　第四に、実践と理論の往復と対応に意識して、執筆しました。そのふたつが別なことでないように、話し合いを重ねて、原稿の調整を行いました。シリーズの全体のあり方を整えるとともに、各巻ごとに編者を中心に執筆者と互いに連絡を取りつつ、完成に至ったのです。理論的な立場の章も実践のあり方を踏まえ、それに対する展望を提供するよう努めました。

　最後に何より、新しい幼稚園教育要領、保育所保育指針、幼保連携型認定こども園教育・保育要領の考え方を反映させています。それは次のように整理できます。

最も基本となることは、従来からの考えを引き継ぎ、乳幼児期に相応しい教育のあり方を保持し発展させていくことです。この時期の子どもは園の環境にある物事に能動的・主体的に関わることを通して成長を遂げていくのであり、保育者の仕事はそれを支え促す働きにあります。また、この時期に子どもに経験してほしい事柄を整理したものが保育内容の5つの領域なのです。

　そこで子どもの内面に育つ力が「資質・能力」です。それを子どもが関わり、その関わりを通して体験を重ね、学びとして成立していく過程として捉えたものが幼児教育としての3つの柱です。プロセスとして捉えることにより、保育において子どもを指導する際のポイントが見えてきます。それは、子どもが気づくこと・できるようになること（知識・技能の基礎）、試し工夫すること（思考力などの基礎）、自分のやりたいことに向けて粘り強く取り組むこと（学びに向かう力など）を中心としたものです。それは短い時間での活動をよりよくしていく視点であり、同時に、長い期間をかけて子どもの学びが成長につながっていくあり方でもあります。

　その資質・能力の始まりの姿を示すものが、保育所保育指針などに示される乳児保育の3つの視点です。自分の心身への関わり、人との関わり、物との関わりからなり、それが5つの領域に発展すると同時に、そこから資質・能力が伸びていきます。

　その幼児期の終わりの姿が「幼児期の終わりまでに育ってほしい姿」です。それは資質・能力の成長が5つの領域の内容のなかで具体化していき、姿として結実し、さらに小学校以降へと伸びていく様子を示しています。これが実践を見直す視点として使えるものとなります。

　このように、新たな考え方を取り入れながら、乳幼児期の教育の本質である環境を通しての保育の考え方を実践に具体的に即して解説したものが本シリーズなのです。

　このような大胆な企画を全面的にサポートしてくださった萌文書林編集部の方々に感謝するとともに、本書に登場することを快く承知していただいた子どもたちと保護者の方々、また保育の現場の実践者の方々に感謝申し上げます。

　平成29年の年末に

監修者　無藤　隆

本書はじめに

　本書は、「保育内容シリーズ」の領域「環境」を扱っています。乳幼児は、園生活を通して身近な自然、もの、事象、文字や記号、地域、文化に出会い、興味や関心をもったり、楽しみ考えたりし、感情や感覚を豊かにしています。領域「環境」では、乳幼児がどのような環境に関わって活動を生み出していくか、季節や状況に応じて保育者がどのような環境を用意するかが、大きなポイントになります。そこで本書では、①乳幼児と環境との関わりやその育ちの理解、②保育の環境の具体的なデザインの方法、③保育者の柔軟で適切な援助のあり方、の３点について保育を学ぶみなさんにわかりやすく記述することをめざしました。

　今回の改訂でも、カラー写真をふんだんに取り入れて、実践の具体的な状況がイメージされやすいように配慮しています。文章と写真の織りなす多様な実践のストーリーが、みなさんの領域「環境」に対する理解をより深めてくれることと思います。

　近年は急速な社会の変化に伴って、子どもを取り巻く環境も大きく変わりつつあります。身近な自然や遊び場、直接的な体験、子ども同士で遊ぶ機会の減少や、地域の大人の子どもへの関心の希薄化などは、子どもの育ちへの影響が懸念されています。このような状況を考慮して、今日の乳幼児の発達における環境の意味や今後の園・家庭・地域のあり方についても学べるように、本書の内容（理論編：第１・２・９章、実践編：第３〜８章）を編集しました。

　本書を通して、保育者を志すみなさんに「環境」の基本を理解してもらえると同時に、保育の豊かな世界と保育者の仕事の魅力が伝わることを願っています。本書が大学と幼稚園の共同作業のなかから作られたことは、「シリーズはじめに」に記されています。本書を手がかりに、みなさんに保育について考えをめぐらせていただければ、保育の未来を創造するみなさんと私たちの最初の共同作業になると言えるでしょう。

　最後になりましたが、本書の趣旨に賛同して原稿をお寄せくださった執筆者の先生方、お世話になった萌文書林の編集部の方々に厚く御礼申し上げます。

平成30年1月

編者代表　福元真由美

領域 環境
Contents

シリーズはじめに

本書はじめに

第1章 幼児教育の基本

§1 幼稚園教育要領、保育所保育指針、幼保連携型認定こども園教育・保育要領における幼児教育の捉え方とは …………… 10
1. 幼児教育の根幹／2. 育みたい資質・能力／
3. 幼児期の終わりまでに育ってほしい姿／4.「資質・能力」を育む3つの学び

§2 これからの0〜2歳児の保育 …………… 16
1. 非認知と認知能力／2. 養護と教育の一体性／
3. 0〜2歳児の保育における「視点」から領域へ／4.「視点」と「領域」

§3 幼児教育の目的と領域 …………… 19
1. 幼児期にふさわしく教育するとは／2. 小学校以上の教育の基盤として／
3. 家庭や地域の教育とのつながりのなかで／4. 子どもの発達を促すとは／
5. 保育内容がもつ意味

§4 環境を通しての教育 …………… 24
1. 環境に置かれたものと出会う／2. 園という場が探索の場となる／
3. 子ども同士の関係のなかから始まる／4. 保育者が支える／
5. 子どもが活動を進め組織し計画する

§5 幼児教育の基本 …………… 28
1. 幼児期にふさわしい生活の展開／2. 遊びを通しての総合的な指導／
3. 一人一人の発達の特性に応じた指導／4. 計画的な環境の構成

§6 保育者のさまざまな役割 …………… 32
1. 用意し、見守り、支える／2. 指導し、助言し、共に行う／
3. 共感し、受け止め、探り出す／
4. あこがれのモデルとなる／5. 園のティームとして動く

§7 保育内容の5領域における「環境」…………… 36
1.「環境」のねらい／2.「環境」の内容／3.「環境」とほかの領域との関係

第2章　乳幼児の育ちと領域「環境」

- §1　乳幼児にとっての環境 …………………………………………………………… 44
  - 1. 子どもを取り巻く環境／2. 発達における環境のふたつの側面／
  - 3. 子どもと環境との関わり
- §2　乳幼児期の発達と環境との関わり ………………………………………………… 47
  - 1. 子どもの発達と環境との関わり／2. 乳幼児と自然との関わり／
  - 3. 乳幼児と「もの」との関わり──「もの」の提供する意味
- §3　乳幼児と環境との関わりを支える「人」 ………………………………………… 53

第3章　乳児、1〜2歳児の世界と環境

- §1　さまざまな環境との出会い ………………………………………………………… 58
  - 1. まわりの環境との応答／2. 乳児、1〜2歳児の保育に求められる環境
- §2　身近な環境に親しむ ………………………………………………………………… 64
  - 1. ものに対する情緒的な関わり／2. 人的環境としての他者の存在／
  - 3. 散歩で出会う環境
- §3　自然と触れ合って生活する・遊ぶ ………………………………………………… 68
  - 1. 自然との身体的な響き合い／2. 自然の事象に対する気づき／3. 季節を感じる生活
- §4　ものや道具に触れて生活する・遊ぶ ……………………………………………… 71
  - 1. 身のまわりのものや道具を用いる／2. 共同の遊具で遊ぶ
- §5　言葉・ものの形や性質などに対する感覚を育む ………………………………… 75
  - 1. 言葉を楽しむ／2. ものの形、大きさや量、性質などを楽しむ

第4章　自然に親しみ、植物や生き物に触れる

- §1　自然の美しさや大きさ、不思議さに触れる ……………………………………… 80
  - 1. 自然に出会う／2. 自然を体感できる環境構成
- §2　自然を取り入れて遊ぶ ……………………………………………………………… 87
  - 1. 身近な自然素材を使う／2. 生き物との生活が遊びにつながる
- §3　季節の変化に気づく ………………………………………………………………… 93
  - 1. 季節を感じるきっかけ／2. 季節を生かす保育
- §4　植物を育てる ………………………………………………………………………… 97
  - 1. 園内の植物を保育に取り入れる／2. 自分たちで植物を育てる
- §5　生き物に親しみ、命を大切にする ………………………………………………… 101
  - 1. 生き物との安心した関わりから／2. 生き物と生活する工夫と配慮

第5章 ものや道具に関わって遊ぶ

§1 遊具を使って遊ぶ …………………………………………………………… 108
1. 保育者とともに遊ぶ／2. 目的に合わせて選ぶ

§2 身近なものを使い、工夫する ……………………………………………… 112
1. 繰りかえすなかで身につける／2. 身近な材料を工夫して使う

§3 ものの性質や仕組みに気づく ……………………………………………… 116
1. 発見を続ける、繰りかえす／2. 仲間と気づきを共有する

§4 身近なものを大切にし、公共心を育む ………………………………… 120
1. トラブルから学ぶ／2. 生活の場を整える

§5 発達に応じたものや道具 ………………………………………………… 125
1. 発達に応じた遊具と環境構成／2. 作って遊ぶための道具

第6章 文字や標識、数量や図形に関心をもつ

§1 文字に親しむ ………………………………………………………………… 132
1. マークシールをきっかけに／2. 絵本の読み聞かせを通して／3. 文字遊びを通して

§2 標識に触れる ………………………………………………………………… 138
1. 部屋の看板作りを通して／2. 街づくりを通して交通標識の必要性に気づく／
3. 当番表を活用して／4. 実際の交通標識に気づく

§3 数や数字に親しむ …………………………………………………………… 144
1. 時計を活用して／2. 遊具の数をかぞえる／3. お店屋さんごっこの経験から

§4 量をはかる、比べる ………………………………………………………… 149
1. 高さの感覚を養う／2. 量をはかる／3. 人数を比べる

§5 さまざまな図形に触れる …………………………………………………… 155
1. 影絵でものの形に気づく／2. 積み木の形状に気づく／3. 折り紙で図形を認識する

第7章 遊びや生活の情報に興味をもち、地域に親しむ

§1 身近な情報や出来事に興味をもつ ………………………………………… 162
1. 情報や出来事に出会う場としての環境／2. 伝え合う、共有する

§2 遊びのなかで情報を使う …………………………………………………… 170
1. 遊びと生活体験／2. 遊びを通した異年齢の子どもたちとの交流／
3. テレビからの情報

§3 地域に親しむ ………………………………………………………………… 179

§4 日本の文化や異なる文化に触れる ………………………………………… 182
1. 日本の文化的習慣・行事／2. 国際理解の意識の芽生え

第8章　幼児期の思考力の芽生え

§1　関わる・出会う・気づく ………………………………………… 190
1. 対象物をよく見たり触れたりする／2. 自分なりに扱ったり試したりする

§2　発見する・考える ………………………………………………… 194
1. 規則性・法則性を発見する／2. 比較・分類して考える／3. 因果関係を捉える

§3　思考する・協同的に学ぶ ………………………………………… 201
1. 仮説を立てて考える／2. 全体と部分の関連から考える

第9章　現代の保育の課題と領域「環境」

§1　子どもが育つ環境としての現代社会 …………………………… 206
1. 都市化の広がり／2. 情報化における身近なICT／
3. 核家族化と少子化——家族の暮らし／4. 国際化とグローバル化

§2　新しい時代の教育の課題 ………………………………………… 212
1. 21世紀型学力を育む／2. 持続可能な社会に向けた人づくり／
3. 幼児期の教育と小学校教育の接続

§3　いろいろな実践に学ぶ …………………………………………… 218
1. プレーパーク／2. 森のようちえん／3. レッジョ・エミリアの幼児教育における環境

引用文献 ……………………………………………………………………… 223
学生に紹介したい参考文献 ………………………………………………… 225
幼稚園教育要領、保育所保育指針 ………………………………………… 226

※本文中の上付き数字[1]は、引用文献の番号を示しています。
引用文献は、巻末に章別に掲載してあります。

● 掲載写真について ●

　本書は保育事例・写真を多数掲載して編集いたしました。ご協力いただきました園や関係者のお名前は、奥付に「事例・写真 提供協力」としてまとめています。また、本書全体にわたって多くの事例と写真のご協力をいただいた5園については、下記のように園名を略して本文中にも掲載しております。

略　称	正　式　園　名
お茶大	お茶の水女子大学附属幼稚園
お茶大いずみ	お茶の水女子大学いずみナーサリー
お茶大こども園	文京区立お茶の水女子大学こども園
学大小金井	東京学芸大学附属幼稚園小金井園舎
学大竹早	東京学芸大学附属幼稚園竹早園舎

第1章

幼児教育の基本

——— この章で学ぶこと ———

乳幼児期にふさわしい教育を行う、その中核が「環境を通しての保育」の捉え方である。
子どもは身近な環境に能動的に関わり、その充実した活動すなわち遊びを通して
心身の成長が可能となる。それを遊びを通しての学びと呼ぶ。
そこで育っていく子どもの根幹にある力が資質・能力であり、
それが幼児教育の終わりまでに育ってほしい姿として結実し、さらに小学校以降へと伸びていく。

§1 幼稚園教育要領、保育所保育指針、幼保連携型認定こども園教育・保育要領における幼児教育の捉え方とは

1 幼児教育の根幹

　幼稚園教育要領第1章では、幼児教育の根幹を幼児期の特性に応じて育まれる「見方・考え方」として示している。幼児教育における「見方・考え方」は、「幼児がそれぞれ発達に即しながら身近な環境に主体的に関わり、心が動かされる体験を重ね遊びが発展し生活が広がる中で環境との関わり方や意味に気づき、これらを取り込もうとして諸感覚を働かせながら試行錯誤したり、思いを巡らせたりする」ということである。

　この体験というのは内面が動くことと言っている。だから、心を動かされる体験というのは、いろいろなことに喜んだり感動したり、ワクワクしたりする体験をすることである。そういうことを積み上げながら、子どもの主体的な遊びが発展していく。また、遊び以外の生活の場面が広がっていく。そのなかで環境との関わり方や意味に気づき、自分たちが環境に関わっていることがどういうふうにすればよくなるか、どういう意味をもっているかについて考える。環境の関わり方を知り、こうしたいと思う気持ちをもち、それを取り込んで、自分のものとして自分の力でやってみたいと思うことから試行錯誤が生まれる。これは体を使い諸感覚を使いつつ、思い巡らすことである。思い巡らすというのは、「じっくり考える」「あれこれ悩む」「こうかなと思う」「こうしようとする」といった、子どもの内面的な、知的であり情動的なことを表現した様子である。

　たとえば、子どもたちが砂場遊びのなかで水を流すとする。樋（とい）を使って水を入れていくときに試行錯誤するだろう。子どもたちのイメージとしては水が水路みたいにスーッと流れていく、だけれど、樋が短いから組み合わせていく。その時に4歳児で最初はいい加減にやっていると、傾斜が平らで流れなかったり、樋に隙間が空いていると水が漏れたりするし、そうしているうちに、たとえば樋を重ねるときに上流の樋が上になければならない、逆になっ

ていると隙間ができてしまうとか、細かいことに気づいて台を工夫することを何度もやっていく。そこに身近な環境に主体的に関わっている姿がある。何とか水を流したいというあこがれのイメージをもち、そのうえで何度も工夫している。水を流したいという気持ちから生まれる物事の関連づけということがここでいう意味である。子どもにとって、実際に何かをやることで、さまざまな事

柄のつながりが見えてくる。そのなかで、自ら考えながら、保育者と話しながら何度もやっていく。そこには試行錯誤がある。同時に単に手先で適当にやっているわけではない。ランダムにやっているわけではなくて、一度上流の樋を上の方にすると気づけば、それが外れたらまた上に乗っけることをする。傾斜が適当にできたら、それが外れたらちゃんと直す。水の特徴に気づきながら、それを自分のものにしていく子どもの様子が見られる。

そう考えると、幼児教育の一番の中心は、この「見方・考え方」であって、それを子どもが自分のものにしていく過程であるわけである。それを保育者は援助していく。この「見方・考え方」が成立していく過程を「学び」と言っている。それが幼児期にふさわしい教育のあり方で、それが一番の中核になる。今回の改訂では、それが幼稚園・保育所・認定こども園でつながる根幹だということで明確にしてある。

そのうえでそれを小学校以降につないでいく必要があると考える。ここにもふたつの側面がある。ひとつは幼児教育と小学校教育のつながりをしばしばあまりに周辺的・断片的なことを見ていく傾向があるということである。そうではなく、子どもたちが学校教育を通して育っていくときに身につけていく力の根幹までさかのぼって整理していく。これを小学校・中学校で言えば、教科を超えて共通の子どもたちの力の根幹というものは何なのかということに戻って整理していくということになる。それを「資質・能力」と呼んでいる。小学校とこの資質・能力においてつながる。もうひとつは、あまりにそれが抽象的すぎるので、具体的に5歳児の終わりごろの子どもたちが見せる発達の姿を具体的に提示して、それを小学校につなぐとしてある。この二重の構成によって幼児教育と小学校教育のつなぎをしていく。

2 育みたい資質・能力

まず、根幹となる力について3つに分けてある。①は「知識及び技能の基礎」、②は「思考力・判断力・表現力等の基礎」、③が「学びに向かう力、人間性等」である。これは小・中学校において従来言ってきた、「知識・技能」と「思考力・判断力・表現力等」と「主体的に学習する態度」という学力の3要素に対応している。この3つの資質・能力は幼・小・中・高で大きくは同じであるとしている。また、幼稚園と認定こども園と保育所においても同様である。つまり、すべての幼児教育の施設と、基本的には小・中・高が共通の枠組みであるとしたわけである。その共通性を明らかにさせて、そのうえで幼児期の固有性というのを、先ほどの見方・考え方によって、幼児期らしく言い換えて、はっきりとさせていく。

まず1番目に、「知識及び技能の基礎」の部分(豊かな体験を通じて、感じたり、気付いたり、分かったり、できるようになったりする)である。これは、砂場の例でいうと、「水は高い所から低い所へ落ちる」くらいは3歳児でもわかるだろうが、「ちょっとした隙間があるとこぼれる」とか、もう少し大きくなると、「相当ゆるやかにすると水が流れない」、逆に「傾斜があると水の流れが速くなる」という傾斜度に気づいていく。実際に遊びながら特徴を見いだしていくのだが、これが知識及び技能の基礎となる。それは別の言い方をすれば「何

（what）」についてである。知識及び技能の基礎というのは、世の中にはいろいろなものやいろいろな人がいて、それぞれの特徴がわかるということであるし、それぞれの特徴に関われるということだと言える。水の特徴に気づく、縄跳びが跳べる、ウサギをだっこできる、ダンゴムシは丸まるなど、それぞれの特徴がわかる、知るとか、実際にウサギにとって心地よいように抱くことができるなどといった、個別的な事柄が実は幼児教育のなかでは無数に存在する。これをまず基本として捉える。

　２番目に、「思考力・判断力・表現力等の基礎」であるが、これは、「気付いたことや、できるようになったことなどを使い、考えたり、試したり、工夫したり、表現したりする」力である。では、「考える」というのはどういう場面で起こるだろうか。「考える」というのは、脳のそれなりの部分を使うことであり、活性化していると言ってよい。その意味での考えること自体は乳児のときからしていることである。

　ただ、大人は頭の中だけで考える。それは、幼児にはなかなか難しい。幼児の「考える」場面というのは、つまり先ほどの砂場に水を流すだとか、段ボールで窓を窓らしく作るとかなどで、それは子どものやりたいことや願いがあることによって「工夫する」という姿が出てくる。どう工夫すればいいか、ということで立ち止まり、そこで試行錯誤する。その手を止めて「エーと」と思うその瞬間に子どもの考えが生まれる。一瞬考えるなかで、子どもたちの試行錯誤と考える力が入り混じっている。気づいたこと、できるようになったことを使いながら考えたり試したり工夫したりするわけである。

　さらに、ここに表現も出てくるだろう。つまり、考えたことや工夫したことを互いに伝えるということである。それによって子どもたちの考える力はさらに伸びていく。伝え合うというのは対保育者や対子ども同士ということであるが、「ここのところを工夫した」「こういうふうにするといいんだよ」等をお互いに言えるようになっていく。そこに自分たちの考えることの自覚があり、自覚があることによってよりよく考えるところに結びついていく。

　３番目の「学びに向かう力、人間性等」であるが、これはまさに非認知的な力の部分である。根幹にあるのが学びに向かう力なのだと考える。つまり、幼稚園教育要領等でこれまで大切にしてきた「心情・意欲・態度」というものはまさに非認知的能力、あるいは社会情動的な力である。そこでは従来、態度の詳細があまり書かれていなかったが、そこをもう少しはっきりさせていく。「心情・意欲」はまさに「心が動かされ」「やりたい」「好きになる」「興味をもつ」という部分である。「態度」はそれをもとにして、「粘り強く取り組む」とか「積極的に工夫する」あり方を指している。意欲だけではなく、たとえば「好奇心」「やり遂げる力」「挑戦していく力」「人と協力する」等、さまざまなことが「態度」と呼ばれており、それによっていかによりよい生活を営むかが大切になる。子どもが自分たちが作った物、気

づいたものを使ってさらに遊びや生活を発展させるものということを指す。たとえば、5歳児がまず大きなお家を作って窓を開けてみる。その後、3歳児をそこに招待する、中でお茶会をする。そうするとテーブルを用意してお茶セットを置いて、3歳児を呼んできて……ということはひとつの遊びの活動が次に展開しながら子どもたちがそれを生かしてまた活動していっている。これこそが、「よりよい生活を営む」幼児像となる。

では、それは具体的にはどういうふうに実践していけばよいのか。幼児教育の具体的な中身は5領域にある。5領域というのは「ねらい」があって、それは「心情・意欲・態度」を中心とした、先ほど示した3つの資質・能力の部分であり、具体的には内容を指している。内容によって、とくに「知識及び技能の基礎」が育まれる。砂場を使うのか、水を使うのか等々のことが内容となる。

そのうえで10の姿というのを提示している。これは、5歳児修了までに資質・能力が育っていく際の具体的な姿として挙げられている。つまり、5領域の中で5歳児の後半で、子どもたちに育っていくであろう姿を取り出している。5領域の内容というのは、よく見ると、やさしめなものと難しいものが混じっている。「これは3歳児くらい」というものと「これは5歳児くらい」というものが混じっているのである。それとともに、小学校との関連において、幼稚園・保育所・認定こども園を共通化していくときに幼児期の終わりまでに、言い換えれば幼稚園、保育所や認定こども園で育っていく「子どもの最終像」を描いていくことが大切になると考えている。それを小学校へつなげていく。それは最終テストをしようという発想のものではない。5歳児の2学期・3学期の子どものあれこれ遊び・活動している様子を思い浮かべたときに、思い当たる節があるようなことを示している。「あれが育っている」「あの辺がまだ育っていないから、ちょっと10月から力を入れよう」等を10に整理してある。

3　幼児期の終わりまでに育ってほしい姿

10の姿を確認したい。①は「健康な心と体」で、幼稚園などの「生活の中で、充実感をもって自分のやりたいことに向かって心と体を十分に働かせ、見通しをもって行動し、自ら健康で安全な生活をつくり出すようになる」とある。これはまさに領域「健康」そのものである。5歳児後半らしさというのは「見通しをもつ」とか「生活をつくり出す」というようなところかと思われる。それらは3歳児もできなくはないだろうが、それをちゃんとするのは難しいというところで、やはり5歳児の姿であると思われる。

次に②自立心は、「身近な環境に主体的に関わり様々な活動を楽しむ中で、しなければならないことを自覚し、自分の力で行うために考えたり、工夫したりしながら、諦めずにやり遂げることで達成感を味わい、自信をもって行動するようになる」とあり、これはまさに非認知的な力になる。これも、たとえば「自覚して行う」とか「諦めずにやり遂げる」とか「自分の力で」というと年長らしさというものを感じるわけで、この辺まで育ってほしいと

保育者として願うのである。

さらに、③協同性も同様である。「友達と関わる中で、互いの思いや考えなどを共有し、共通の目的の実現に向けて、考えたり、工夫したり、協力したりし、充実感をもってやり遂げるようになる」とあるが、これはまさに「人間関係」のなかに、「友達と楽しく活動する中で、共通の目的を見いだし、工夫したり、協力したりなどする」とあり、それを受けている。共有するとか工夫、協力するとかやり遂げるということが、年長らしさということになるだろう。

そういった10の項目が用意された。その際に、この『幼児期の終わりまでに育ってほしい姿』は、資質・能力が5領域の内容において、とくに5歳児の後半にねらいを達成するために、教師が指導し幼児が身につけていくことが望まれるものを抽出し、具体的な姿として整理したものである。それぞれの項目が個別に取り出されて指導されるものではない。もとより、幼児教育は環境を通して行うものであり、とりわけ幼児の自発的な活動としての遊びを通して、これらの姿が育っていくことに留意する必要がある。

この姿というのは5歳児だけでなく、3歳児、4歳児においても、これを念頭に置きながら5領域にわたって指導が行われることが望まれる。その際、3歳児、4歳児それぞれの時期にふさわしい指導の積み重ねが、この『幼児期の終わりまでに育ってほしい姿』につながっていくことに留意する必要がある。これは保育所・認定こども園なら、0歳、1歳からスタートすることになるだろう。そして、これが「5歳児後半の評価の手立てともなるものであり、幼稚園等と小学校の教師がもつ5歳児修了の姿が共有化されることにより、幼児教育と小学校教育の接続の一層の強化が図られることが期待できる」のである。また、小学校の教員に「幼児教育って要するに何ですか」と聞かれたときに、「この10の姿を育てることです」と返答することができる。逆に言うと、「小学校に行く子どもたちはこの10の姿が多少なりとも育っているところです」と言えるわけである。厳密にいうと「この子はここが弱い、ここは伸びている」というのがあると思うので、それに向かって育っていきつつあるということであり、その具体的様子は要録等で示していけばよい。言うまでもなく、幼児教育における評価は、テストしてということではなく、保育者が保育を改善するためにある。

この上で、10の姿として実現していく「資質・能力」を育てていくというときに大切なのは、「プロセスをどうしっかりと進めていくか」ということである。具体的には「学習過程」という表現であるが、学校教育法上で幼稚園も「学習する」ことになっているので「学び」と呼んでもいいし、「遊び」と呼んでもよい。資質能力を育てていく、その学びの過程にあって、子どもたちが主体的な遊びをするなかで身につけていくプロセスを保育者はどう支えていくか指導していくか。その際のポイントを3つに整理したのが「主体的・対話的で深い学び」の充実である。

4 「資質・能力」を育む3つの学び

　この「主体的・対話的で深い学び」というのは幼・小・中・高で共通して使っている言葉であるが、幼児期には幼児期なりの意味で使っている。

　「①直接的・具体的な体験の中で『見方・考え方』を働かせて対象と関わって心を動かし、幼児なりのやり方やペースで試行錯誤を繰り返し、生活を意味あるものとして捉える『深い学び』が実現できているか」

　「②他者との関わりを深める中で、自分の思いや考えを表現し、伝え合ったり、考えを出し合ったり協力したりして自らの考えを広げ深める『対話的な学び』が実現できているか」と言われており、これは、他者と協同の関係、自分たちでやっていること・やってきたことを言い表し、伝え合うなかで深めていこうとすることである。

　「③周囲の環境に興味や関心をもって積極的に働きかけ、見通しをもって粘り強く取り組み、自らの遊びを振り返って、期待をもちながら、次につなげる『主体的な学び』が実現できているか」。これは「主体的」について、まさに幼児教育の中心の部分である。主体的な遊びを通して学びを実現していくことなのである。ここはまさに非認知的な能力を育てるということである。ここでのポイントはまず、興味や関心をもってまわりに働きかけるということ、2番目は見通しをもつことである。粘り強く取り組むというのは、見通しをもつことなのである。

　たとえば、「人の話を聞く姿勢」といっても、ただボーッと座っていればいいわけではない。ボーッと聞くか、しっかり考えて聞くかの違いは、見通しをもつかどうかの違いなのである。なかなか3歳児に見通しをもつことは難しいだろうが、4・5歳になると「何をめざしてこれを言っているのだろう」と考えることができるようになってくる。砂場に水を流すというのは、樋と水があるなかで先生に「流しなさい」と言われて流すということではなく、子どもにとっては砂場に海やプールのようなものを作ろうとするなかで、バケツやホースを使うのであろう。つまりは、何かしらのものを作ろうとしているイメージがあり、見通しをもっている。そういうなかで主体性は育っていき、さらに、自らの姿勢を振り返ることができるようになる。「今日どういう遊びをしたのか」、「その遊びのなかでどういう工夫をしたのか」というのを友達同士で伝え合うということ、クラスで先生が子どもに聞いて発表してもらう、「これはどう」と聞いてもらう、それが対話ということである。

　そう考えると、「深い学び」も、「対話的学び」も「主体的な学び」ももちろん相互に密接に関連し合っていて、「ここが主体的な学びの時間、こっちが対話的な学び、ここが深い学び」ではない。すべての基礎となっているのが、子どもがものと出会い、人とつながり合いながら、より主体的で対話的な深い学びを実現していく過程であり、それが幼児教育のなかで起きているプロセスなのである。それが、より高いレベルで充実したものになるための指導のあり方である。幼児教育がほかの教育と共通性をもち、いかに小学校教育以降につながって、しかも同時に幼児期としての土台を形成できるかということをはっきりさせているのである。

§2 これからの0〜2歳児の保育

1 非認知と認知能力

　保育において普通の言い方をすれば、「認知」というのは知的な力で、「非認知」というのは情意的な力とか人と協働する力ということである。「資質・能力」でいうと、「知識及び技能の基礎」は「気づくこと」と簡単には言えるが、それは知的な力の一面である。もう一面は2番目の「思考力等」で、それは考えること、工夫することであり、知的な力の中心だ。3番目の「学びに向かう力・人間性等」というのは「心情・意欲・態度」の育ちから生まれるとあるので、情意的な部分となる。「心情・意欲・態度」という「心情」は、気持ちとか感情であり、心が動かされると説明できる。「意欲」はやりたいと思うこと。「態度」というのは、保育内容でいうと粘り強くできるといった類のことを指している。だから粘り強く最後まで取り組むとか、難しいことにも挑戦してみるとか、みんなで一緒に考えていくというのを「態度」と言う。そのあたりを一括りにして「学びに向かう力」ということで、これを小・中・高共通の言い方にしようとしている。

　幼児期の終わりまでに育ってほしい姿を理解するとき、乳児期から始まるということが重要である。「乳児保育のねらい・内容」で3つの視点が示されている。第1が「自分の心身への関わり」である。2番目は「親とか保育士など身近な人との関わり」で、信頼感とか愛着を育てることから始まる。3番目は「ものとの関わり」で、ここに気づいたり考えたりという知的な部分の芽生えがある。

　なお、「健やかに伸び伸びと育つ」という部分で、心身について子どもが自ら健康で安全な生活をつくり出す力の基盤を養うということとしており、これが幼児期の終わりまでに育ってほしい姿とつながることがわかる。つまり乳児から始まって幼児期、さらに小学校・中学校との連続性を明瞭に出してある。また、身近なものとの関わりの方は、「考える」「好奇心」というのも入っている。乳児もまた当然ながら考えるのである。それは小学生や、まし

て大人とは違う働きでもあり、無意図的で無自覚的であるけれど、そこから発展していき、より意図的で自覚的な考えへと乳幼児期全体を通して発達していく。人間関係は段階的であり、まず愛着が成り立って、その次に1〜2歳児を見ていくと、仲間との仲良し関係が始まり、3歳以降に集団的な取り組みや共同的活動が始まるという3段階になっている。ベースとして愛着がまず先にある。

このように、いずれも発達的な展開として示してあり、視点で異なるが、いずれにしても乳児期からの連続的な発展というのが強く打ち出されている。

2 養護と教育の一体性

　養護とは生命的な存在である子どもの生きることそのものの保障を言っている。生命の保持と情緒の安定という整理は、その身体とさらに心の基盤を整えるということを意味している。とくに保育側がそのことの責務を負っており、保育所なり認定こども園ではとくに幼い子どもがおり、長時間の生活があるので強調されるが、実はその用語を使うかは別とすれば、幼稚園教育でそもそも「保育」という用語を使い（学校教育法における幼稚園教育の目的）、保護という概念がそこで中核的な意味をもち、また児童福祉法の根幹にある理念としての「愛し保護すること」を受けている以上、当然なのである。

　養護とは保育・幼児教育の施設の場という家庭から離れて不安になっている子どもを安心していてよいとするところから始まる。そこから、保育者との愛着・信頼の関係に支えられ、子どもの関心が徐々にその周囲へと広がっていく。すると、そこにほかの子どもたちがおり、いろいろなものがあり、さまざまな活動が展開していることに気づき、そこに加わろうとする動きが始まる。そこでの経験の保障が保育内容の5つの領域として整理されたものであり、その経験を「教育」と呼ぶのである。だから、養護に支えられた教育が「幼児教育」ともなり、将来の小学校以降の学校教育の土台となり、同時に小学校以降の教育を下に降ろすのではなく、身近な環境における出会いとそこでの関わりから成り立つ経験をその幼児教育としていくのである。

3 0〜2歳児の保育における「視点」から領域へ

　実は乳児保育の「視点」は、5領域が成り立つ発達的根拠でもある。発達的問いというのは大体始まりを問題にする。身体に関わるところは比較的直線的に発達していく。物の辺りは広がりとして発達していく。人との関わりは対大人と対子どもと違うので階段的な展開をする。いずれにしてもその5領域が教科教育の手前にある乳幼児期に成立する土台であり、さらにその基盤がある。逆に、その上に発展の土台があって、その上に教科があるということなのである。全体を見ると、小・中学校の教科教育の発達的な基盤が乳児から始まることが明示されたと言えるのではないだろうか。そういう意味で、乳幼児から大人までの流れを発達的に規定して教育を位置づけるということになったのである。

子どもが主体的に環境と相互作用することで、その成長が保証されていくという原理は平成元年度から入っているが、子どもの主体的な生活、自発的な活動としての遊びを、専門家である幼稚園教諭・保育士が援助していくという構造が、平成20年度ではっきりとしてきた。計画としての保育課程、実現としての指導計画というカリキュラムがはっきりしている。それを受けて、幼児教育全体の原則が構造的に明示されたのである。

　「幼児期の終わりまでに育ってほしい姿」というのは方向性であると述べた。それは幼児期に完成させようとしているわけではない。乳児期から育っていく方向である。「姿」というのはさまざまな活動のなかで見えてくる子どもの様子である。かつ、保育者がていねいに見ていけば見えるような様子なのであり、現場で見えてくる部分を大切にしていこうというメッセージなのである。とくに、乳児保育から始まる子どもの姿であるのだが、幼稚園もゼロから始まるわけではなく、幼稚園に行く前に家庭での育ちがあり、さらに子育て支援施設などで集団経験がある程度あり、そういうところの育ちを受けて幼稚園がある。

4 「視点」と「領域」

　乳児保育では、たとえば8か月の赤ちゃんは、自分の体と相手となる大人、そしてそばにあるものとの関わりで始まる。それに対して保育内容というのは子ども自身がどう関わるかという、その子どもの関わりである。「保育内容」という場合には、まわりにいろいろなものがあるというところから出発する。人がいる、物がある、動物がある、植物がある、積み木があるというように、物や人や出来事の整理で、そこに子どもが出会っていくという捉え方をする。しかし乳児においては、子どもが関わるという行為そのものが先にあって、そこから対象化が始まる。それを「領域」と呼ぶと誤解を招くので、「関わりの視点」としている。関わるというあり方が重要なのである。乳児自身がまわりにどう働きかけるというか、まわりにどう関わるかということの視点である。小さい時期から人と関わるなかにいろいろなことが生まれてくるという、関わりから捉えるということを意味している。

§3 幼児教育の目的と領域

　幼児教育は家庭や地域の教育とつながりつつ、家庭で養育されてきた子どもの力をさらに家庭外にある諸々に向けて伸ばしていくものである。園でのさまざまな活動から子どもが経験することがしだいに身について積み重なり、小学校以降の学校教育やさらにはそこでの自立した生活への基盤となっていく。だが、それは単にのちに必要なことを保育者が一方的に述べれば身につくということではない。幼児期の特性に配慮してそれにふさわしい指導の仕方がいる。だが、逆にまた幼児期にふさわしく、子どもが喜ぶなら何でもよいのではない。発達の大きな流れを形成して、将来に向けての基盤づくりともなるべきなのである。

1　幼児期にふさわしく教育するとは

　幼児期にふさわしいとは何をすればよいのだろうか。活動であり、遊びであり、また生活である。それは教育の方法であるように思えるが、同時に、教育の内容に関わり、さらに幼児教育の目的に関わってくる。そこで可能であり、望まれることが何かということから目的や内容が規定され、実際にはどのように行ったらよいかで方法が定まるが、そのふたつが別々のことではないというのが、この時期の教育の基本となる特徴なのである。

　幼児期はとくに幼稚園においては（基本的には保育所や認定こども園でも）、家庭で育ってきた子どもを受け入れ、一定の空間（園のなか）と一定の時間（4時間程度）、ある程度の人数の同年代の子ども集団のなかで、育てていく。それが小学校教育へと引き継がれていく。たとえば、小学校教育ではこれこれのことをする。その前の準備の段階でこういったことができていると便利なので、そうしてほしいという声がある。それはもっともだが、そのうち、どれが幼児期にふさわしいことなのかどうかの吟味がいる。さらに、小学校側で必要とは意識されていないが、実は幼児期に育てていることはたくさんある。

　だからまず、幼児期に子どもは幼稚園といわず、保育所・認定こども園といわず、どんなことを学び、どんなふうに育っているのかを検討し、それをもとに、そこをさらに伸ばすとか、特定の点で落ち込みがないようにするということが基本にある。その全体像のなかで特定のことの指導のあり方を問題としうる。そういった子どもがふだんの生活で行い、学び、また教わっているであろうことを、もっと組織的に、また子どもが積極的に関わるなかで、さまざまな対象について、園のなかで関わり、そこから学んでいくのである。その意味で、幼児期の教育は子どものふだんの学びの延長にあり、その組織化と集中化にあるのである。

2 小学校以上の教育の基盤として

　小学校以降の学校教育はふだんの生活ではあまり出会わないことについて、しかし、将来必要になるから、教室の授業で学んでいく。専門家になるために、また市民生活においてある程度は必要であることではあるが、といって、ふだんの生活で子どもにそれほど理解でき、学習可能なように提示されない。見よう見まねでは学ぶことができないことである。かけ算の九九を、とくに筆算としてふだんの生活の延長で学べるとはあまり思えない。文章の細部の表現の精密な意味を考え、何度も文章を読み返して考えるという経験もほとんどの子どもはしそうにない。そこで、小学校では教師が教科書を使って、ていねいに初めからステップを踏んできちんと理解し記憶できるように教えていくのである。

　幼児期に生活と遊びをもとに学んでいくというのは単にそういったやり方が導入しやすいとか、楽しいからということではない。学ぶべきことが生活や遊びの活動と切り離せないからである。またそこで子どもが行う活動の全体とつながったものだからである。

　たとえば、小学校の算数で図形の学習が出てきて、丸や三角や四角について学び、さらに面積の求め方を習う。では、幼児期はそのような形を身のまわりから探し出して、命名したり、簡単な図形を比べたりすることだろうか。実はそうではない。実際に幼稚園の生活を見てみると、そこで出会う図形とは、たとえば、ボール遊びのボールが球であり、積み木遊びの積み木が四角や三角である（正確には、立方体や直方体や三角柱）。机だって立方体のようなものだ。子どもにとって規則性のある形が印象に残るのは立体図形であり、それを使って、図形の特徴を利用した遊びをするときであろう。ボールはまさに球として転がるから遊べるのである。積み木は四角は積み重ね、三角はとがったところに使う。子どもの遊びや生活のなかにあって、身体を使って持ったりさわったりできて、形の特徴が顕著に利用されるものが基礎として重要である。

　学ぶべき事柄を生活や活動の文脈から切り離して、教室のような場で、言葉をおもに使って説明を受けて学ぶのは幼児の時期にはまだ早い。この時期は身のまわりにある諸々について関わり、その関わりから多くのことを少しずつ積み重ねていくのである。

　その積み重ねを発達の流れといってもよい。どんなことでもその流れのなかで獲得されていく成果であり、あくまで後から見ると、ひとつの成果となっていても、その背後には長い時間をかけてのさまざまな活動からのまとまりとして成り立つものなのである。45分座って人の話を聞くとか、鉛筆を持つということでも、ある時期に訓練して成り立てばよいのではない。人の話を聞くのは姿勢を保つだけではなく、その内容に興味をもち、自分が知っていることにつなげつつ理解を試みていく長い発達の過程が乳児期から始まって生じている。

筆記具にせよ、クレヨンで絵を描くことから色鉛筆を使うこと、大きな画用紙に描くことや小さな模様を描くこと、手先の巧緻性を要するさまざまな活動に取り組むこと等が背景にあって、初めて、鉛筆をちゃんと持ち、小さな字を書くということが可能になる。

　さらにそういった小学校の学習活動を可能にする前提として学びの自覚化、自己抑制ができるようになるということが挙げられる。算数の時間には算数を学ぶといったことが可能なためには、やろうとすることを自分の力で切り替えて、続きは次の機会にして、今は目の前のことに集中するなどができる必要がある。そういったことはまさに幼児教育で少しずつ進めていることである。時間割を入れて行うということではなく、やりたいことをやりつつも、ほかの子どもに配慮し、園の規則を守り、適当なときに遊びを終わらせる、などができるようになっていく。そういった広い意味での学校への準備は気づかれにくいが、最も大事なことである。

　実はその前には、やりたいことをするということ自体の発達がある。自己発揮とは、何も自己が確立していて、それを発揮するという意味ではない。まわりのさまざまなものが何であれ、それに心が動いて、何かやってみたくなり、実際に試し、それをもっと広げていく。そういった遊びのような自発性のともなった積極性のある活動が成り立つことをいっているのである。何にでも好奇心を燃やし、それに触れたり、いじったり、試したりして、その結果を見て、もっとおもしろいことができないかと考えてみる。そこに実はその後の学習の原点があるのである。

3　家庭や地域の教育とのつながりのなかで

　たとえば、小学校以上の教育でも、家庭や地域の教育のあり方とつながり、連携して進められる。だが、その教育内容も教育の方法も、学校という独自の場で学校ならではの事柄について教えることで成り立つものである。それ自体が直接に家庭や地域での活動やそこでの学びとつながるというわけではない。

　だが、幼児期の場合、そこで活動し学ぶことは家庭や地域でのことの延長にある。だからそのつながりはいわば内在的であり、だからこそ、幼児教育ということで、家庭や地域での教育を含めて、園の保育を考えるのである。

　そこで、子どもの発達の全体に対して、園と家庭と地域が総体として何を可能にしているのかの検討は不可欠である。ある程度の分担があり、また重なりがあるだろう。家庭で親子・家族の関係のなかで、また慣れ親しんだ場において、日々の繰り返しのような活動を子どもは営んでいる。その多くは親に依存し、親にやってもらっているだろう。そうなると、園においては、子どもだけでやれることを増やすべきであろう。また、

発達としてもそのほうが伸びていくに違いない。といって、何でもできるというわけにはいかず、むしろ、とくに注意を向けたことのない多くのことにできる限り関わりを増やそうとしているのだから、初めはほとんどのことができないだろう。だから、そこに助力が必要になる。

多くの家庭でやっていることであれば、改めて園であれこれとその種の活動を初めからすべて行う必要はないだろう。家庭で少々やっているが不十分であるなら、園で行うことになる。家庭でやってはいるが、漠然としていて明瞭な形でないため、園では正面切ってきちんと学ぶようにするかもしれない。子ども同士の集まりのなかで互いの関係を取り結び、小集団さらに大きな集団へと活動を展開するようなことは、地域での子ども集団がほとんど成り立っていない現在では、とくに園に求められるだろう。

そういったことの見通しのうえで、子どもにとって必要な経験を保証していくために、保育内容を定めている。必要な活動から子どもは内容に即した経験を得て、それを広げ、深めるなかで発達を遂げていく。

4 子どもの発達を促すとは

幼児期の教育を子どもの発達を促すこととして捉えた。しかし、その発達とはさほど自明のことではない。発達学とか発達心理学とかで扱うものが、幼稚園での保育での大まかの流れを規定するのではあるが、その保育の実際にまで立ち入るものではない。むしろ、そこでいう発達とは、家庭・地域・園がつながるなかで子どもが経験し、その経験が相互に重なりながら、次の時期へと発展していく大きな「川」のようなものだとイメージするとよいだろう。たくさんの支流があり、また分岐し、合流しつつ、しだいに川は大河となって流れていく。その川の流れやまわりの景色の様子を記述していくと、発達が見えてくるが、それはかならずしも細部まで固定したものではない。大まかな川筋の線だけが決まっていて、あとは、実際の子どもを囲む環境や人々や文化のあり方でその詳細が成り立っていくのである。

そういった総体が発達を進めていくのはよいとしても、そこで、とくに園において専門家である保育者がその発達を促すとはいかにして可能なのだろうか。すでに生じている・動き始めているところを促すのである。だから、すでに起きているところを見定めつつ、さらにそれが進むように、関連する活動が生じるような素材を用意する。すると、子どもがその素材に関わり、その素材をもとにさまざまな活動を展開する。その活動の流れのなかですでに生まれている発達の流れをもとに学びが成り立ち、子どもはいろいろなことができるようになったり、気づいたり、その他の経験を深めるだろう。その経験が子どもにとってその発達に入り込み、発達を促すことになる。

だから、どういった発達を促し、そこでいかなる学びを可能にし、どういった経験が結果していくかを保育者は見定めて、環境にしかるべき素材を用意する。またその素材へどう関わると、とくにそういった学びと経験と発達の経路が成り立つかを考えて、それを刺激し、動かしていくであろう活動を支え、助言し、ときに指示していくのである。

5 保育内容がもつ意味

幼児期の特徴の大きなものに、その発達は物事への関わりのなかで、いわばそれに含み込まれるところで進むということがある。その物事の種類が保育内容である。その意義はふたつに大きく整理できる。

ひとつは、家庭から学校への移行の期間としての幼児期において、子どもはこの世の中を構成する諸々と出会い、そこでの関わりを通して、次に成長していくであろうさまざまな芽生えを出していくということである。そういった諸々とは、たとえば、人であり、動物であり、植物であり、砂であり土であり、積み木でありすべり台である。あるいはまた自分自身であり、自分の身体である。また、他者とコミュニケーションをとるための手段であり、とりわけ、言葉であり、また自分の考えや感じ方を表す表現の方法であり、表現されたものである。そういったものが、健康、人間関係、環境、言葉、表現といった具合に大きくまとめられている。

そういった物事についてそれが何であり、どのようにして成り立ち、どのようにいろいろな仕方で動くかということをわかるだけではなく、それに対して自分がどのように関わることができて、どのような経験が可能なものなのか、自分がそこで考え、感じ、さらには感動することがあるのか、その様子はどのようなものかなどが感性的に把握できるようになる。それが幼児期の発達である。

もうひとつは、その対象をいわば素材にして、自分がそこでもがき、感じ、考えることが大事だということである。子どもは抽象的なことを相手に学ぶわけではない。生活はつねに具体物からなる。そこで子どもが能動的に関わるとき、それが遊びという活動になっていく。そういった遊びや生活が幼児期の特徴だということは、保育内容を切り離して、子どもの活動はあり得ないということである。しかも、その活動が展開し、そこで子どもの経験が深まるには、その対象となる物事の特質に応じた独自の関わり方が不可欠である。何でもよいか

らそれに触れれば、そこにおのずと子どもにとって意味のある経験が成り立つのではない。その物事にふさわしいあり方を子どもは模索するのである。とはいえ、子どもの遊びにおいては、かならずしも大人の正答とか正しい規則にのっとらねばならないのではない。物事は実に多様な可能性を秘めているから、むしろ幼児期はその可能性を逐一試していき、そのうえで、正しいとか適切だとされる関わり方の方向へと習熟していくのである。

§4 環境を通しての教育

　幼児教育は園の環境を通して、そこでの子どもの出会いを通して成り立つ。その経緯をていねいに追ってみよう。

1 環境に置かれたものと出会う

　子どもは園の環境に置かれたものと出会い、そこから自分でできることを探し、取り組む。むしろ、園に置かれたものからやってみたいことを誘発されるというほうがよいだろう。すべり台を見ればすべりたくなる。積み木を見れば積みたくなる。

　とはいえ、園にはルールがあり、何でもしてよいというわけでないことは入園したての子どもでもわかる。また、さわりたくなっても、実際にどうしたらよいかがすぐにわかるとは限らない。保育者が説明をしたり、見本を示すこともある。ほかの子どもがやっているのを見て、まねすることもある。ある3歳の子どもが入園後すぐに砂場に入り、どうやら初めてらしく、おずおずと砂に触れていた。砂を手ですくい、それを何となく、そばにまいていた。そのうち、まわりの子どもの様子を見ながら、手で浅い穴を掘り始めたのである。おそらくほとんど初めて砂に触り、砂場に入ったのだろう。砂の感触もなれないだろうし、穴を掘ることもわからない。何より、そこでのおもしろさがピンとこない。でも、一度始めると、ほかの子どもの刺激もあり、自分で始めたことを発展させていくことも出てくる。何より、自分がしたことの結果を見て、さらに何かを加えていくことにより、工夫の芽があらわれる。

　どうしてもっと簡単に保育者が使い方を指導し、正しいやり方を指示することをなるべく避けようとするのだろうか。ひとつは、園に置かれたもの、またそこにいる人、そこで起きている事柄は実にたくさんあり、その一つ一つを保育者が指示するより、子どもが見て取り、自分で始めるほうがいろいろなことについて学べるからである。

　また、どのもの・人をとっても、多様な可能性の広がりがあり、その動かし方の全体を知ることが必要だからである。積み木は置くだけではなく、叩くことも、転がすこともできないわけではない。置き方だって、上や横や斜めといろいろとある。置いて見立てることも、その上を歩くことも、ものを転がすことも可能だ。体の動き自体だって、数百という体中の関節での曲げ方や回転の仕方とその組み合わせだけでも膨大な可能性があり、その一つ一つ

を子どもは経験することで、その後のもっと組織的な体の動かし方の基礎ができる。そういった経験のうえに、場に応じ、対象の特性を考慮し、目的にふさわしい使い方を習得するのである。

　園に置かれたものとは、子どもがいわば世界に出会い、その基本を学ぶための一通りの素材である。おそらくどんなところであっても、人間として生きるのに必要な最小限の出会うべき対象があり、関わりがあるだろう。水や土や風や光といった自然や、動植物、さまざまな人工物、いろいろな人、自分自身、そこで可能な社会的文化的に意味のある活動。そういったものへの出会いを保証する場が園である。

2　園という場が探索の場となる

　園にはいろいろなものがあり、さまざまな子どもがいて、絶えず多種多様な活動が並行して生じている。小さな子どもにはめまいがするほど、することのできる可能性が目の前に繰り広げられている。だが、それらのほとんどは眺めていると楽しくて時が過ごせるとか、ボタンひとつでめずらしい光景が展開するというものではない。いくら積み木を眺めていても、自動的におもしろいことが起こるわけではない。あくまで子どもが関わって、おもしろいことを引き起こすのである。いや、子どもが初めて、動かし、工夫し、発見し、思いつくからこそ、楽しいのだろう。一見、何でもないようなものを一転させて、変化をつくり出せることがおもしろいのである。

　そういったものが園にはほとんど無数に置いてある。保育者がとくにそういった意識をもたないような何でもない隅っこや単なる都合で置かれたものでさえ、子どもはそうした遊びの素材に変えてしまう。雨の日に、雨樋から水がポトポトと垂れてくれば、それに見ほれ、入れ物を置いて、水を溜めてみたり、音を楽しんだりするかもしれない。

　園のどこに何があり、そこで何が可能かを子どもはしだいにわかっていく。それでも、季節や天候により何ができるかの可能性は広がる。ほかの子どもが楽しそうに遊んでいれば、そういうこともできるのかと新たな気づきもある。自分の技術が向上すれば、また可能性が大きくなる。「園は子どもの宇宙である」と私はあるところで述べたことがある。

　園のいろいろな箇所に子どもが動く動線を毎日重ねていってみよう。その無数の線が重なっていくに違いない。そのさまざまな箇所で子どもがする活動や動き方の種類も広がっていき、動線の重なりをいわば立体化し、時間の流れのなかでの展開をイメージしてみる。子どもは園という生態学的環境の一部になり、そこでの潜在的可能性の探索者になるのである。

3 子ども同士の関係のなかから始まる

　子どもの間の関係はまた独自の活動のあり方を構成する。園の物理的なものの場のあり方とは異なる独自の人間としての関係を子どもは取り結ぶからである。園は子どもが見知らぬところから互いに親しくなり、協力の関係をつくり出す経験をする場でもある。子どもは園においてほかの子ども、すなわち対等につきあう相手に出会うのである。

　子ども同士の関係は友情という心理的人間関係にいずれ発展していくが、まずは共に遊ぶということから始まる。平行遊びという言葉があるように、たとえば、砂場で一緒にそばで遊んでいつつも、しかし互いに話し合ったり、明確に模倣し合ったり、共に同じものをつくるということはまだない。だがどうやら一緒にいるということはうれしいようである。実はそういった関係はある程度協力して同じものをつくったり、遊んだりするようになっても続いていく。大型積み木を使って、ふたりがともに「遊園地」をつくっていた。しかし、時々どうするか話し合ったり、遊んだりするものの、大部分の時間はひとりずつで組み立てている。ただ、5歳児くらいになると、分担して、各々が何をつくっているかを互いに了解し、また全体のテーマに合うように工夫している。大事なことはそのものを使う遊びに関心があって、その遊びがいわばほかの子どもを巻き込むようにして、広がることを基本形としているところにある。

　といっても、子ども同士がもっと直接に交渉することはしばしば見られる。交渉があまり生じていなくても、数名が一緒に動きまわるといったことは始終ある。そこでは、同じようなことをするということ自体に喜びを感じているようである。相手がすることと同じことをする。相手が跳び上がれば、こちらも同じように跳び上がり、楽しい感情が伝染し、その感情に浸っているようである。人間関係は、共にいることの楽しさといった感情を中心に成り立つ。

　しだいに特定の相手との安定し持続した関係が生まれる。園に朝行くと、特定の子どもを探し、いつもその数名で動く。またその子どもが来たら、何も文句を言わずに仲間に入れてやる。だがその一方で、始終、遊ぶ相手が変化し、毎日入れ替わるのも幼児期の特徴である。子どもは園でのさまざまな子どもと遊ぶことを通して、さまざまな人柄の人とのつきあい方の学びをしているのである。同時に、特定の人と親しくなるという経験も始まっている。

　子どもが同じ目標をもって、互いにそれを実現しようと、相手に配慮し、話し合ったり、工夫したりして、活動することは、つまり協力する関係が成り立つことである。子ども同士の関係は親しみを感じるということと、目標に向けて協力するということの両面をもち、そのつながりが濃密であることに大事な意味がある。

4 保育者が支える

　園が単に子どもが集まり、安心して遊べる公園以上の意味をもつのは、保育者が園の環境を整え、また随時、子どもの活動を支えるからである。その支えは専門的なものであり、その専門性が何であるかを理解し、それを身につけることにより、初めて、プロとして一人前になる。そこには、ピアノを弾くといった個別の技術を必要とするもの  があるのだが、根幹はこれまでも述べてきたような子どもの活動を促し、子どもの深い経験を支えていくことにある。この点は節を改めて、後ほどさらに詳しく述べよう。

5 子どもが活動を進め組織し計画する

　子どもは環境との出会いから活動し、学んでいく。そこではただそのものを眺めたり、誰かと一緒に定まったことをしていても、子どもの経験として深まっていかない。何より、子どもがその子なりにやってみたいと心が動くことが肝心である。そうなって初めて、子どもの力が存分に発揮され、またまわりのものや人を利用しようという気持ちも生まれる。といっても、実際には、何かを眺めて、そこでおもしろく思って、すぐに活発に工夫して取り組むとは限らない。まず取りかかる。そこでふとおもしろくなる可能性に気づく。さらにやってみる。だんだん、楽しくなる。こうしたらどうだろう、と工夫も出てくる。そういった対象と子どもの間のやりとりが成り立って、活動は発展していく。その過程で子どもがもつ力や好みその他が発揮され、またまわりを巻き込んでいくだろう。

　子どもにとって園の環境が大事だとは、単に図書館のようにまた公園のように、子どもに有益な遊具その他の素材を配列して、順番にそれに接するようにすることではない。子どもが対象とやりとりをして、ほかの子どもとの協同する関係に広がる一連の過程を刺激し、持続させていくところにある。

　そこから、子どもは思いついていろいろなことをする楽しさや、どんなことでも関わり試してみると、おもしろい活動が広がるものだということをわかっていく。まわりのいろいろなことへの興味が生まれ、それがその後の大人になるまでの長い生活や学習の基盤となる。さらに、試してみることから、もっと計画して、こうやってみようと先をイメージして、そこに向けて、自らのまたまわりの子どもの活動を組織することの芽生えも出てくる。そういったことが園の環境において成り立つことが幼児教育の核である。

§5 幼児教育の基本

以上述べてきたことを改めて、幼児教育の基本として整理してみよう。

1 幼児期にふさわしい生活の展開

　子どもは園のなかでたとえば、造形活動を保育者の説明のもとに行うといった活動もする。だが、それは小学校の授業とはかなり異なっている。明確な時間割というわけではない。その製作はたとえば、七夕の笹の飾りというように、行事やその他の活動に用いるためである。また、とくに保育者が指示しない自由遊びを選ぶ時間でも子どもが造形活動を行えるように、部屋にはクレヨンや絵筆や紙などが用意してあり、やりたいときに使えるようにしてある。そして設定での造形活動はそういった子どもが自発的に取り組む活動への刺激にもなり、またそこで使えるような技法の導入をも意図している。逆に、そういったふだんやっていることが子どもの設定での活動の工夫としてあらわれてもくるだろう。子どもが、たとえば日頃から親しむウサギやザリガニを絵に描くことがある。そういう毎日のように世話したり、遊んだりする経験がもとになり、豊かな絵の表現が生まれてくる。

　そもそも、子どもが朝、園に来て帰るまでのその全体が子どもにとっては生活である。そこでは、服を着替えるとか、トイレに行くといったこと、お弁当や給食を食べることも含めて、保育の活動である。幼児期にはそういったことも生活習慣の自立として大事だし、また、子どもが自分でできるようになるという自信を得るためにも大事な活動となる。そういった流れのなかで子どもの遊びの活動は生まれているし、設定の活動だって、意味をもつ。さらに、設定の活動と子どもの自由な時間の遊びがさほどに違うともいえない。子どもが興味をもって集中するように設定の活動を行えるようにするには、子どもの遊びの要素を組み込む必要がある。逆に、ふだんの遊びだって、それが子どもにとっておもしろくなり、発展して

いくには、保育者の助力が不可欠である。

　幼児期の生活は子どもにとって遊びと切り離せない。衣食住の生活自体と遊びそのものは異なるが、その間はつながりが深く、すぐに生活から遊びへ、遊びから生活へと移行するし、重なっていく。またそこで体を使い、実際に関わり、動いていくところで、子どもにとっての経験が成り立つ。

2 遊びを通しての総合的な指導

子どもの行うどの活動をひとつとっても、そこには保育内容の領域でいえば、さまざまなものが関係している。たとえば、大型の積み木遊びをするとしよう。子どもは想像力を働かせ、どういった場にするか、どこを何に見立てるかと考えるに違いない。そこにはさらに言葉による見立てや言葉を使っての子ども相互の了解が行われるだろう。互いの意見の調整があり、誰を仲間に入れるか、誰をごっこの役割の何にあてるかでも、子ども同士のやりとりがなされる。

積み木を積んでいくのだから、そこには手の巧緻性が必要となる。ずれないようにしっかりと積まないと、何段も積むことはできない。斜めの坂にしたり、門にしてくぐれるようにしようとか思えば、どうやれば可能かと考える必要もあり、試行錯誤からよい工夫を編み出すことも出てくる。積み木というものの特性を考慮し、ものの仕組みのあり方を捉えていく必要もある。さらに、三角や四角（正確には三角柱や立方体や直方体）の形を生かそうともする。積んでいくのは四角い積み木であり、上には三角を置いて、屋根みたいにする。平たい板を使って坂にする。形の特性の利用がなされる。

こう見てみると、ひとつの遊びのなかに、領域健康（手先の運動）、人間関係（友達同士の交渉）、環境（仕組みの理解や図形）、言葉（見立てややりとりの言葉）、表現（積み木の組み立ての全体が表現）のすべてのものが関係していることがわかる。小学校につながるという面では、生活科（遊び）、算数（図形）、国語（言葉）、図工（表現）、道徳（一人一人の子どもの意見を生かす）、等々につながることも理解されよう。

遊びが総合的であるとは、そういった多くの領域が遊びのいろいろな面を構成するからであるが、さらに、もっと未分化な遊びのなかの子どもの心身の躍動があるからである。子どもの心も思考も遊びの展開のなかで生き生きと動き始め、子どもの体の動きと密着し、分けがたいものとして、流動し、形をなし、活発化し、また静かになり持続する。その基底にある経験の流れからそれが対象につながり、活動を引き起こすことで内容に関わる気づきが生まれていく。

3 一人一人の発達の特性に応じた指導

子どもはその時期にふさわしく、時期に固有の発達の経路をたどって、進んでいく。その大きな道筋はどの子どもをとっても、ほぼ共通である。だが、その流れを仔細に見ると、ちょうど川は上流から下流に流れ、海に注ぐのは同じで、その上流・下流といったことに伴う

特徴も大きくは共通である。だが、一つ一つの川は独自の道をたどり、勢いも異なり、幅も違うし、まわりの光景もさまざまある。それは川の独自性であり、その土地の様子や気象風土、天候などにより異なるのである。子どももまた、大きな筋は共通でも、子どもの生来の気質、それまでの家庭の養育条件、誰が友達となったか、子ども自身がどのように遊びを展開してきたかなどにより、経験が少しずつ異なり、発達の独自性が生まれる。

　さらに、子どもが特定の対象に関わり、そこで繰り返し活動するなかで、ある程度はどの子どもにも共通する流れとその踏んでいく順序が成り立つ。すべり台であれば、初めはおずおずと段を登り、すべるにしても緊張して少しずつ足を突っ張りながらすべるだろう。だが、しだいに慣れていき、すべりを楽しむようになる。次には、すべり方を変えてみたり、誰かと一緒にすべったりもする。すべり台の板を逆に登ってみるなどの冒険もするだろうし、腹ばいとか段ボールを使ってすべるなども出てくるかもしれない。

　そうすると、発達を3つの水準で考えることができる。第1は、大きな時期ごとの流れであり、大まかでかなりの幅がある。第2は、その場への適応を含んだ、対象との関わりの進化である。第3は、子どもによる独自の経験による、その持続と展開の流れであり、それは一人一人異なる。

　保育者はつねにその3つを念頭に置き、一般的な年齢や時期の特徴だけではなく、対象に応じて、また一人一人の発達の流れのありように応じて、活動を計画する。大きな枠としての計画と、そこでの対象に対する技術指導を含めた適応や習熟への指導、さらにひとりごとへの配慮を並行して考えるのである。

4　計画的な環境の構成

　繰り返し述べてきたように、幼児教育の基本的なあり方は、園にさまざまなものを置き、そこへの関わりを誘導することである。だとすると、保育者が子どもに相対し、どう関わり指導するかということ自体とともに、どのように園の環境を整え、子どもの活動を導き出すための素材とするかに十分に配慮する必要がある。

　一年中置いてあるいわば基本素材というものがある。保育室や庭の空間がそうである。そ

れが、走りまわったり、運動遊びや踊りをおどったり、遊具を取り出して展開する場となる。また保育室には絵を描く道具や紙が置いてあるだろう。セロハンテープその他の文房具類がある。紙やテープや段ボールが置いてあることも多い。コーナーに積み木があったり、ままごと用の台所セットや衣装が置いてもある。庭に出ると、すべり台やブランコや砂場がある。砂場のそばには水道があり、バケツやスコップが使えるようになっている。

ちょっとした木立があり、そこには虫なども来るかもしれない。飼育小屋があり、動物を飼って、子どもが世話をしたり、遊んだりする。果実のなる木があったり、畑があり、栽培やその後の活動が可能となる。こういった年中あるものは動かせないものもあるにしても、大体は毎日のように子どもがしたがり、またするほうがよい活動に対応している。

その時々で保育者が入れ替えたり、出したり引っ込めたりするものもある。壁面構成などは適宜変えていき、そのつどの子どもの活動の刺激剤となるべきだろう。秋の活動となるなら、ドングリや柿の実やススキなどを飾っておくかもしれない。部屋の絵本もそういった秋の素材に関わる図鑑とか、物語絵本を揃える。ある時期に保育者が導入することもあるだろう。編み物を教えてみる。そのための道具はいつも部屋にセットしておく。

環境に年中置かれていながら、変貌を示すものもある。落葉樹があれば、落ち葉の季節に注目を浴びる。季節の変化に応じて、夏ならプールが出され、水遊びが展開する。花びらを使った色水遊びも行われる。冬は氷に興味をもち、どこならできやすいかを試してみる。

そのつど、生まれる環境や呼び込まれまた出ていく環境もある。激しい雨の後に絵を描くとか、虹を見ることができた。小学生や中学生が訪問してきた。外に出て、散歩をして、近所の小川で遊び、ザリガニを捕まえる。

子どもにはできる限り多様な環境を用意する。だが同時に、そこでの活動にじっくりと取り組むことを可能にして、経験を深める。環境との出会いからいかなる活動が生まれるかが肝心な点であり、それを見越した環境の構成が求められる。

§6 保育者のさまざまな役割

　保育者が園の環境を保育のための場と転換させる鍵である。どのように助力し、指導するかで、子どもの活動の幅も多様さも集中力も工夫の度合いも大きく変わってくる。その保育者の働きはいくつかに分けることができる。

1 用意し、見守り、支える

　子どもから離れ、子どもを見ていく働きである。環境を構成することは準備であるが、その日の保育を予想しつつ、行うことである。そのうえで、実際の保育の活動が始まり、子どもが遊びを進めていくとき、保育者は子どもの様子を見守り、必要ならいつでも助力に行ける体勢で、クラス全員の子どもの一人一人がどのようであるかを捉えていく。安全への配慮を含め、保育者は特定の子どもとのやりとりにあまり長い時間を費やすことを避けて、どの子どももその視野に入れるようにする。

　すぐそばでまた遠くから、子どもが何をしているかだけでなく、落ち着いているか、何か問題やもめ事が起きていないか、楽しそうかなどを把握できるものである。あるいは一通り遊んではいるが、どうやら遊びが停滞しているようだとか、いつもと同じことを繰り返しているだけではないかといったことは、そばに寄らないとわかりにくいが、捉えるべきことである。

　子どもは保育者に見守られているということで安心して遊びに没頭できる。困ったら相談し、助けを求めることができる。どこに行けば、保育者からの助力を得られるかがわかっている。その際には、保育者はよい知恵を出してくれるし、いつも味方するとは限らないにしても、遊びがおもしろくなるような提案をしてくると感じられる。時々、保育者に声をかけたり、目を合わせると、にっこりと励ましの合図をくれる。

　保育者は必要ならすぐに子どものところにかけつける。危ないことがあったり、もめ事が拡大しそうだったり、誰かがいじめられているようであったりする。遊びが沈滞し、退屈そうだったり、乱暴になっていたりする。ふらふらととくに何をするでもない子どもがいる。せっかくのおもしろい遊びが進んでいるのに、ほかの子どもが気づいておらず、もったいない。いろいろな場合に保育者は子どもの遊びに入っていく。そういったいつでも動くという準備をもちながら、見守ることが支えるという働きなのである。

2 指導し、助言し、共に行う

　保育者はまた子どもの活動に直接、関与して、指導していく。ここに指導技術の違いが最も顕著にあらわれる。子どもが対象に関わって、そこにおのずと発展が可能になり、子どもが工夫しつつ、豊かな遊びとなり、子どもが多くのことを学ぶ、となればよいのだが、そういうことはかならずしも起こるとは限らない。通常は、その活動を広げていく保育者の働きかけが必要なのである。

　保育者は指導助言の機会をためらってはいけない。だが、その仕方はかなり難しい。ひとつは、子どもに何をしたらよいのかの明確な指示をどの程度に行うか、子どもの活動の手伝いをどの程度までしてやるかである。もし子どものやりたいことがはっきりとしており、しかし自力ではできそうになく、しかもそのための技術がわかっていないなら、この際、やり方を教えてみる手もある。途中までやってやり、あとはやってごらんと渡す手もあるだろう。子どもたちが何とか考えて、上手なまた正規のやり方ではないにせよ、やれそうな力があり、また課題であるなら、任せてみて、「どうすればできるのかな」と子どもに委ねることもできる。あえて、「一緒に考えてみよう、もしかしたら、このあたりを試してみるとよいかもしれないね」と誘うこともあってよい。

　子どもに考えさせ工夫させることが大事だが、同時に、ある程度の達成感を覚えられないと、先に進もうとしなくなる。技術指導はちゃんと行って、子どもが遊びに活用できるようにすると、かえって子どもの遊びが広がることが多い。その際一方で、子どもの遊びの価値とか、そこでの素材への関わりから何を学ぶとよいかの見通しをもつことが大事だ。つね日頃からそのことを念頭に置いておくと、いざという機会に指導が可能となる。もうひとつは、子どもの側の動きを捉え、それを拾い上げ、流れの勢いを大事にすることだ。教えておきたいことや気がつかせたいことはあるにせよ、それはまた次の機会として、子どもの側のやってみたいことや発見を尊重することも多い。子どもの願うことを察知して、その素材で実現でき、かつその素材の特性を生かすような活動を思いつけると、もっとよいだろう。一緒に活動して、子どもの感じているおもしろさのポイントを捉えることがヒントになる。

3 共感し、受け止め、探り出す

　子どもの気持ちを捉え、その感情を共にすることは、保育の最も基礎にあることである。そういった共感を感じてもらっていると子どもが思えるからこそ、その指導も命令ではなく、子どもの活動をふくらませるものとして受け止められる。何かの折に助けを求める気にもなる。うまくできたときに達成の喜びを声や笑顔で知らせもする。

　子どもがいろいろなことをする。保育者の指示の範囲であったり、園としてのルールのなかのこともあり、また時にそこからはみ出しもする。あるいは、そういった違反ではないが、なかなか保育者の期待に沿えず、たとえば、ほかの子どもの遊んでいるところに加われない

とか、砂や土に触れないといったこともあるかもしれない。そういった場合に、注意を与えたり、時に叱ったり、励ましたり、適切なやり方を示したりもするだろうが、その前提には何であれ子どものすることを受け入れるということがある。全部を是認し、許容するという意味ではない。子どもがそれなりの重みや流れのもとでそうしたということを理解し、そこで動いている子どもの気持ちに共感することである。「やってみたかったんだ」と、いけないことであっても、理解を示すことはできる。なかなかやろうとしないことについて、「難しいことだからね」と気持ちのうえでの大変さの了解を言葉にすることもできる。そうすると、子どもは思わずしてしまうことの理解があるのだと安心して、そのうえでの是非の説明や教示を受け止めるゆとりができるだろう。

　子どもがあることにこだわり、何度も試してみる。そういったことについて、理解を働かせるには、その場で様子をよく見たり、子どもの言葉に耳を傾けるとともに、記録を整理したり、思い起こしたりして、子どもの活動での経験を探り、追ってみるとよい。本当のところはわからないとしても、子どもの視点に立っての深い共感的理解を具体的な活動の場に即して進めることが次の援助の手立てにつながる。

4　あこがれのモデルとなる

　保育者が子どもに向き合うだけでなく、子どももまた保育者を見ている。助けを求め、確認や励ましを得るためでなく、子どもには保育者は親とは異なりながら安心できる相手であり、困ったら頼りにすることができ、そもそも園でどうふるまったらよいのかの見本となる。どうしてよいかわからないときに保育者を見て、参考にするだろう。だが、それだけではなく、日頃から保育者や5歳児の子どものすることを参考にしつつ、こういったことができるのかと子どもは思い、それをめざしたり、自分たちが大きくなったときに思い出して試してやってみるだろう。

　特定の遊びとか遊具の使い方という以前に、保育者の立ち居ふるまいが子どもの日頃の様子に影響していくものなのではないだろうか。歩き方ひとつとっても、ゆるやかながらスムーズな足の運びというものがある。ドタバタとするのではなく、急いでいるにせよ、落ち着

きのある歩き方である。歩きながら、まわりに配慮でき、ぶつかったりしない。まわりの子どもの様子に気を配る。

　説明をするとか、歌をうたうとか、絵本の読み聞かせの声の出し方や調子はもっと直接に子どもが模倣することがある。ものを作るときの手さばき、「どうしたらよいかなあ」と考える様子、「もっとがんばってみよう」と粘り強く取り組む仕方なども、子どもは保育者のやり方を見習うだろう。

保育者の服装や趣味にもよいセンスを発揮したい。保育室の飾りつけとか、花の生け方とか、歌の歌詞を紙に書いておくことひとつでも、センスがあらわれる。そういったものが子どもの感性に沈み込み、いつの間にか変えていくのである。

　とはいえ、あまりに大人の「よい趣味」に寄りすぎないように注意することも必要だ。子どもは、ちょうど、苦みの味を嫌い、甘いものが好きなように、明快なものや格好よいもの・かわいいものが好きなのである。そういったものを大事にしつつ、ほかの好みにもセンスを広げてほしいのである。

5　園のチームとして動く

　保育者ひとりが自分が担任する子ども全員へのすべての対応を担い、そこに全責任を負うというのは、本来、園においてあってはならないことである。園の保育は園長以下、全員で取り組み、保護者から委託された子どもの保育・教育にあたるのである。たしかに担任がいて、クラスの子どもに責任をもつのであるが、それはすべてを担い、ほかの保育者や園長などの介入や支援を排除すべきだということではない。園の保育は子どもに直接また継続的に関わる人もそうでない人もいて成り立つ。

　子どもの保育に迷ったら、ほかの保育者と相談し、管理職からの助言をいつでも受けられる。改めて会議といわずとも、ちょっとした業務の合間とか、子どもが帰ったあとのお茶の席にでもそういう話題が出る。そのためにも、日頃から研修その他を通して、そういった相互に信頼のおける、また園の全体の目標や考え方を共有している間柄をつくっていくのである。

　保育室での配置や園庭のあり方なども、園長の考えに従い、ある程度の整備を進めるだろうが、そこにクラスの担任の意見を反映し、また逆にそちらの設計意図を理解しつつ、クラスの活動を計画するだろう。そもそも、保育の指導計画は担任がつくりつつ、ほかの担任とも調整し、また園全体の教育課程と年間計画に合わせてもいく。園長に見てもらい、添削をしてもらうこともある。

　子どももまたいつもクラスとしてまとまって動くとは限らない。自由に遊ぶなかで園のいろいろなところに広がることもあるだろう。3歳児の子どもが5歳児の遊んでいるところに呼ばれて混じって遊ぶこともある。時に、多動な子どもがいろいろなクラスに行ってしまうこともある。そういった折など、自分のクラスの子どもでないなどと思わずに、目の前に来た子どもの世話をし、指導もするだろう。そのためにも、ふだんから、どのクラスの子どもであれ、その情報を共有しておく必要がある。

　園の保育とは、このように、各々の保育者がその力量を発揮しつつ、互いの得意や特徴を組み合わせ、園全体のいわば保育力を、個々の保育者の力の足し算以上に上げていくものなのである。そして、そういった園全体の保育に個々の保育者が加わることにより、その力量も伸びていく。園内の話し合いや研修の機会とともに、まさにチームとして保育に取り組むこと自体が保育者の力量形成の主要な場ともなるのである。

§7 保育内容の5領域における「環境」

1 「環境」のねらい

　保育において領域「環境」（以下、「環境」）の基本は、子どもが身近な環境に親しみをもって関わり、それらを自分の生活や遊びに取り入れて楽しみ、感動し、探究することを通して、さまざまな感覚を豊かにし、幼児期に育みたい資質と能力を身につけることにある。

　幼稚園教育要領では、「環境」は、「周囲の様々な環境に好奇心や探究心をもって関わり、それらを生活に取り入れていこうとする力を養う」ものと示されている。ここでの周囲の環境とは、子どもが園内や園外で直接見たり、聞いたり、触れたりできる子どもの生活圏の範囲にあるものを意味する。

　子どもたちが毎日活動している園内の保育室や園庭、通園で利用する道、園外保育などで行く公園、野山、公共施設などが考えられるだろう。これらの環境に関わることを通して、子どもたちに培われていく資質・能力については、幼稚園教育要領の「ねらい」に次のように挙げられている。

ねらい
（1）身近な環境に親しみ、自然と触れ合う中で様々な事象に興味や関心をもつ。
（2）身近な環境に自分から関わり、発見を楽しんだり、考えたりし、それを生活に取り入れようとする。
（3）身近な事象を見たり、考えたり、扱ったりする中で、物の性質や数量、文字などに対する感覚を豊かにする。

　身近な環境に親しむとは、子どもがその環境にいつも接していてなじんでいるということである。このため保育者は、新しい環境を子どもに与えようとするだけではなく、子どもがある環境に繰りかえし触れて、慣れ親しめるように配慮することが大切である。また、自然は子どもにとって想像を超えた大きさや美しさ、興味深い生き物や事象を豊かにもっている環境である。子どもが日常の園生活のなかで自然と出会い、心を動かされていることを見逃さずに援助していくことが保育者には求められる。

　まわりの環境に興味や関心をもった子どもは、自分からそれらに関わろうとし、おもしろいと感じたことをもっとやろうとする。新しい気づきは子どもに喜びをもたらし、夢中で遊びながら考え、試していくことは探究の広がりと深まりをもたらす。そのなかで子どもは、

興味をもったものを自分の活動に取り入れて、遊びや生活をより楽しく、おもしろくしていこうとする。たとえば、拾ったドングリをペットボトルに入れ、振ると出る音に関心をもった子どもたちは、容器の口にフタをしてマラカスの楽器にして演奏を楽しむこともある。このように子どもの生活に取り入れられることによって、環境にあるもの（ドングリ、ペットボトル）は子どもにとって新しい意味のあるもの（マラカス）として経験されるようになる。

　また、子どもは遊びや生活のなかでさまざまなものの性質や数量、文字にも触れていく。たとえば、ものの性質については、砂は乾いているとサラサラし、水分を含むと押し固められるようになること、ベニヤ板の斜めの角度を変えることでパチンコ玉の落ちる速さを変えられることなど、数量については、リレーをするときのグループの人数を同じにすること、園庭の畑にできたジャガイモの大きさを比べることなど、子どもたちはそれぞれの活動のなかで理解する手がかりを得ている。

　靴箱や当番表の自分や友達の名前、お店屋ごっこの招待状の作成などでも文字に触れ、その必要性を感じてそれらを遊びや活動に取り入れることもしている。子どもたちが遊びや生活の具体的な活動のなかで、ものの性質に気づいたり、数量や文字に触れたりする関わりをもてるように、環境を整えていくことが大切である。

2　「環境」の内容

　幼稚園教育要領では、「環境」の内容は次のように示されている。

内容
（1）自然に触れて生活し、その大きさ、美しさ、不思議さなどに気付く。
（2）生活の中で、様々な物に触れ、その性質や仕組みに興味や関心をもつ。
（3）季節により自然や人間の生活に変化のあることに気付く。
（4）自然などの身近な事象に関心をもち、取り入れて遊ぶ。
（5）身近な動植物に親しみをもって接し、生命の尊さに気付き、いたわったり、大切にしたりする。
（6）日常生活の中で、我が国や地域社会における様々な文化や伝統に親しむ。
（7）身近な物を大切にする。
（8）身近な物や遊具に興味をもって関わり、自分なりに比べたり、関連付けたりしながら考えたり、試したりして工夫して遊ぶ。
（9）日常生活の中で数量や図形などに関心をもつ。
（10）日常生活の中で簡単な標識や文字などに関心をもつ。
（11）生活に関係の深い情報や施設などに興味や関心をもつ。
（12）幼稚園内外の行事において国旗に親しむ。

このように「環境」の内容には、自然との関わり、ものとの関わり、数量や文字との関わり、地域や社会との関わりにおいて、子どもが身のまわりの対象に興味・関心をもって親しみ、何かに気づいたり、工夫したりする経験が含まれている。これらの経験は、飼育・栽培活動や科学遊び、社会見学といった特定の題材

の設定された活動のみならず、子どもたちの日常的な遊びや生活のなかで生じているものである。このことを十分に理解して、さまざまな機会を「環境」との関連で考えることが必要だろう。

　自然との関わりでは、子どもが身近な自然に触れる機会を多くもてるように園内の自然環境を整備して、子どもが自然に触れて気持ちを動かしている場面や自然の素材・事象を遊びに取り入れている場面を捉えていくことが大切である。季節の移り変わりに伴って、園内外の自然や地域社会の人々の暮らし（食べ物、衣服、生活の仕方）も変化していることに子どもが気づけるよう、季節感のある遊びや活動を取り入れたい。また、親しみやすい動植物に触れる機会をつくり、保育者自身も子どものモデルとして動植物を世話し、いたわることを通して、生命の大切さを伝えることも必要である。

　ものとの関わりでは、子どもがものとの関わりを楽しみ、その性質や仕組みに気づいてものを使いこなし、ものとの関わりを深めていく過程をていねいに見ることが求められる。そして、子どもが興味をもったものに繰りかえし関わることのできる時間と場所をつくり、じっくり遊びこめる機会をもてるようにすることが大切である。

　自分やみんなのものを大切に扱うこと、身近なものや遊具を使ってあれこれ考えて工夫していく態度を身につけることも必要な経験である。保育者が自らものを大切に扱う様子を子どもに示し、子どもたちが工夫しているときにはお互いの様子に注目するよう促したり、時には自ら工夫して見せたりすることもある。

　数量や文字との関わりでは、いずれも子どもが単に知識としてカードやワークブックで学習することとは意味が異なっていることを理解する必要がある。子どもは、ふだんの園生活のなかで人数やものの数を数えたり、大きさや量を比べたり、さまざまな図形を組み合わせて活動したりしている。同じように遊びや生活を通して、名前の「ようた」という言葉が「よ」「う」「た」の文字に対応するという関係を知ったり、さまざまな標識や記号を理解し使ったりしている。

保育者の援助としては、日々の生活のなかで子どもが数えること、計量することの便利さや必要を感じとり、さまざまな図形に関わる機会をもてるようにすることが必要である。文字や標識についても、これらが人と人とのコミュニケーションの方法としてあることに子どもが気づいていけるように配慮することが求められる。

　地域や社会との関わりでは、子どもが自分の生活に関係のある情報に接して、これを取り入れたり、身近な公共施設などを利用して生活経験を広げたりすることが考えられる。保育者は、子ども同士でお互いの情報に興味をもち、そのやりとりを楽しめるように援助したり、自らも子どもが身近に感じられる情報を折に触れて伝えたりするようにしたい。

　公共施設の利用については、施設が子どもにとって関わりの深いものか、訪問することにどのような意味があるかを捉えて施設を選択し、施設と連絡を十分にとって子どもが興味・関心のもてる訪問の仕方を工夫するといいだろう。

　また、日本の伝統的な行事や伝統的な遊びを楽しんだり、異なる文化に親しんだりすることで、社会とのつながりや国際理解の意識の芽生えが養われるように配慮していきたい。

3　「環境」とほかの領域との関係

　幼児教育の「健康」「人間関係」「環境」「言葉」「表現」の5つの領域は、子どもの発達の側面から示されたものである。このため、子どもの発達はさまざまな側面がからみ合い、相互に影響を与え合いながらなされるものであることを理解して、領域を理解することが必要である。

　「環境」の「ねらい」は、園生活全体を通して子どもがさまざまな体験を重ねるなかで、ほかの領域の「ねらい」と相互に関連をもちながら、しだいに達成に向かうものとされる。「環境」の「内容」も、子どもが環境に関わって展開する具体的な活動を通して、ほかの領域の「内容」とともに総合的に指導されるものである。このことを具体的に考えてみよう。

（1）物事について気づき、自分なりに考える過程で

> 事例
> **1-1 紙飛行機**　　　　　　　　　　　　　　　　　　　　　4歳児クラス　2月
>
> 4歳児が5歳児の紙飛行機を飛ばす競争に興味をもち、5歳児から紙飛行機の折り方を教わって自分たちも遊びはじめた。初めは風の吹いてくる風上に向かって紙飛行機を飛ばしたので、あまり飛ばない。しだいに5歳児が飛ばしている方向に気づき、風の吹いていく風下に向けて飛ばしてみると、紙飛行機はスィと飛んでいった。A夫は「こっちだといいよ」と、そばで紙飛行機を折っているB太に声をかけ、一緒に同じ風下の方向に向かって紙飛行機を飛ばした。
>
> （事例／写真：学大小金井）

　4歳児の子どもたちは、遊びのなかで5歳児の活動に好奇心を抱き、紙飛行機の操作の仕方や飛ばすことのおもしろさに関心をもっている。試行錯誤しながら風下に向けて飛ばすといいという法則に気づき、自分なりに考えて仲間にもそのことを教えている。

　身近な人に作り方を教わりながら、自分で飛ばしてみようとすること、自分の思ったことを相手に伝え、一緒にうまく飛ばそうとする気持ちをもつことは、「人間関係」から理解することができる。5歳児が4歳児にわかる言葉で作り方を説明し、4歳児もわからないことをたずねることは「言葉」から、紙飛行機を作ることを楽しみ、作ったものを遊びに使うことは「表現」からも捉えられる。

（2）自然と出会う経験のなかで

　子どもが自然の大きさ、美しさ、不思議さなどに直接触れて安らぎを感じ、豊かな感情、好奇心、思考力、表現力の基礎を培っていくことは「環境」で重視されるポイントである。このため、子どもが自然との関わりを深めることのできるように工夫することが求められる。その過程で、子どもが進んで戸外に出て自然のなかで伸び伸びと遊ぶことや、植物園などに行く路上の信号や標識に注意して安全に気をつけて行動することについては、「健康」から

子どもの活動を考えられる。

園庭で花から花へ舞うチョウの美しさにあこがれて、色のついたビニールで自分の背中に羽をつけてチョウになって遊ぶこと、モンシロチョウに黒い斑点があることに気づいて絵に描いて表すことは、「表現」からも子どもの経験の意味を捉えられる。

（3）出来事を人々と共有する過程で

事例 1-2 一緒だと安心、やってみたい！

● 5歳児クラス 4〜7月

5歳児の動物当番では、チャボやアヒルの飼育小屋を掃除したり、えさをあげたり、生ごみをコンポストにいれて肥料にしたりしている。初めて当番活動をしたときに、自分たちの入れたえさを食べ、きれいに掃除した小屋でくつろぐ動物たちを見て、子どもたちは「うわー！たべてる、たべてる」「おいしい？」と語りかけたり、「おうちきれいになってよかったね」と仲間同士で言い合ったりしている。なかには動物の世話が苦手な友達もいて、子どもたちはその子のできる仕事を選びながら協力して進めていく。

しだいに、それぞれの動物がどんな性格か、どんな食べ物を好むかを知るようになり、すばやく掃除するコツもつかんでいった。おとなしいチャボを抱きかかえて、自分一人ではさわれない3歳児にチャボの羽に触れるようにしてあげる姿も見られるようになった。

(事例／写真：学大小金井)

子どもたちは、身近な事象や動植物に対する感動を伝え、共感しあうことを通して自分から周囲に関わろうとしていく。子どもが仲間と関わりながら心を動かす体験をし、言葉を交わす喜びを味わえるようにすることは、「言葉」ともつながる援助になる。子どもが互いの存在の必要を認めながら、一人一人を生かした集団を形成する指導や、動植物に親しむことを通して豊かな心情が育つようにする援助は「人間関係」とも関連する。

子どもたちは5歳児、3歳児なりの関わり方を通して動植物への親しみや畏敬の念、生命

を大切にする気持ちを育む。共同の用具を大切にしてみんなで使いながら公共心を養うことや、羽の手ざわりを楽しむことは、「人間関係」「表現」の内容とも重なるものである。

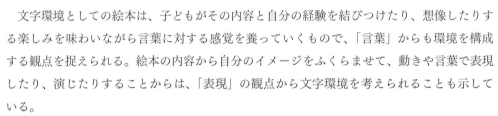

（4）数量や文字との関わりで

　数量や文字などに関しては、日常生活のなかで子ども自身の必要感に基づく体験を大切にし、数量や文字などに関する興味・関心、感覚が養われるようにすることが大切である。

　文字環境としての絵本は、子どもがその内容と自分の経験を結びつけたり、想像したりする楽しみを味わいながら言葉に対する感覚を養っていくもので、「言葉」からも環境を構成する観点を捉えられる。絵本の内容から自分のイメージをふくらませて、動きや言葉で表現したり、演じたりすることからは、「表現」の観点から文字環境を考えられることも示している。

　このように、「環境」に関わるさまざまな事柄は、ほかの領域とも相互に関連しながら子どもたちに経験されている。5領域それぞれの事項は、保育者が総合的な指導を行うための視点であり、子どもの環境を構成する場合の視点でもあることを念頭において援助・計画することが大切である。そして、多様な観点から子どもの発達と学びを捉えていく必要がある。

第 2 章

乳幼児の育ちと領域「環境」

――― この章で学ぶこと ―――

子どもが育つうえで子どもを取り巻く環境はとても重要である。
この章では、子どもが育つために必要な環境とは何か、
子どもの発達にとっての環境の意味とはどのようものか、ということを考えてみたい。
また、具体的な事例も踏まえ、「乳幼児期の発達における環境との関わり」
「乳幼児と環境との関わりを支える人」の視点から、乳幼児にとっての環境を考える。

§1 乳幼児にとっての環境

1 子どもを取り巻く環境

　人間は環境のなかに生まれて、環境のなかで育っていく。ここでいう環境には、空気や光を始めとする自然物と、机や窓や床といった人工物からなる「物理的環境」、そして家族を始め生まれてきた子どもに接する人々という「人的環境」の両方を含む。また、雰囲気や風土といった目に見えないものも環境の構成要素となる。したがって「環境」とは、人間を取り巻くありとあらゆるものが含まれることになる。

　ブロンフェンブレンナー（Bronfenbrenner, U.）は、子どもを取り巻く環境を4つのシステム（マイクロシステム、メゾシステム、エクソシステム、マクロシステム）として包括的に捉えている（1996）[1]。ブロンフェンブレンナーによれば、これら4つのシステムは、ロシアの民芸品であるマトリョーシカ人形のように大きな人形の中に同型の小さな人形が抱えられている「入れ子構造」になっており、マイクロシステム、メゾシステム、エクソシステム、マクロシステムの順により大きなシステムとなっている。以下に子どもにとっての4つのシステムの内容と関係を示す（図2-1）。

マイクロシステム：家庭と家族、幼稚園・保育所・認定こども園、近隣の遊び場の公園など、子どもの具体的な行動場面における活動、役割、対人関係のパターン。

メゾシステム：家庭と幼稚園・保育所・認定こども園、家庭と近所の友達など、マイクロシステムに含まれるふたつ以上の行動場面の間のつながり。

エクソシステム：親の職場、きょうだいの通う小学校、地域の子育て支援活動など、子どもはそこに直接参加していないが、子どもが直接参加している家庭や幼稚園などの行動場面に影響を及ぼすものや、それらのつながりなど。

マクロシステム：社会や文化に固有の子育てについての価値観などの、マイクロ、メゾ、エクソシステムの形態や内容の背景に一貫して存在しうる信念やイデオロギー。

（注）各環境システム内の具体的な内容は一例である。

図2-1　ブロンフェンブレンナーによる4つの環境システム

出典：Bronfenbrenner、1996より作成

2 発達における環境のふたつの側面

　たとえば、病院で生まれた赤ちゃんが初めて自宅にやってくる。みなさんが養育者だったら、赤ちゃんのためにどのような部屋を用意するであろうか。おそらくできるだけ静かで、暖かく、明るい、空気のきれいな、落ち着いた雰囲気の部屋を用意したいと考えるのではないだろうか。同時に、赤ちゃんの感覚を刺激し、興味・関心を満たせるように、天井からモビールを吊り下げたり、おもちゃやぬいぐるみを置いたりしたいとも思うかもしれない。

　生まれたばかりで体の抵抗力が弱い赤ちゃんにとって、環境は生命の維持に関わることでもあり、赤ちゃんが身のまわりの世界を知っていくうえで重要な足場であるといえる。だからこそ、できるだけ安全で豊かな環境に置いてあげたいと思うのではないだろうか。

　このように考えてみると、乳幼児期の子どもにとっての環境、とくに子どもを保育するという視点に立った場合の環境を考える際に、ふたつの側面が考えられる。ひとつは子どもを守り育てるための環境であり、もうひとつは子どもの豊かな学びを導くための環境である。これらふたつの側面は厳密に分かれているわけではなく、互いに重なり合ってひとつの保育環境を形成しているといえる。

　保育所保育指針「第1章　総則」の「1　保育所保育に関する基本原則」では、保育の環境として人的環境、物的環境、自然や社会の事象を拳げたうえで、計画的に環境を構成し、工夫して保育する際の以下の留意事項を記している（表2-1）。

　その留意事項の内容からも、子どもの発達を守り育て、豊かに導く環境は、さまざまな配慮を含むものであることがわかるだろう。また、年齢が幼ければ幼いほど、とくに乳児期には疾病や事故防止に配慮した衛生的で安全な環境が求められる。

表2-1 保育所保育指針における「保育の環境」についての記載

第1章　総則

1　保育所保育に関する基本原則
（4）保育の環境
　保育の環境には、保育士等や子どもなどの人的環境、施設や遊具などの物的環境、更には自然や社会の事象などがある。保育所は、こうした人、物、場などの環境が相互に関連し合い、子どもの生活が豊かなものとなるよう、次の事項に留意しつつ、計画的に環境を構成し、工夫して保育しなければならない。
　ア　子ども自らが環境に関わり、自発的に活動し、様々な経験を積んでいくことができるよう配慮すること。
　イ　子どもの活動が豊かに展開されるよう、保育所の設備や環境を整え、保育所の保健的環境や安全の確保などに努めること。
　ウ　保育室は、温かな親しみとくつろぎの場となるとともに、生き生きと活動できる場となるように配慮すること。
　エ　子どもが人と関わる力を育てていくため、子ども自らが周囲の子どもや大人と関わっていくことができる環境を整えること。

以上から、子どもの身近な環境はもちろんのこと、それらを取り巻く社会的、文化的環境など、さまざまな要素が互いに関連しながら子どもが育つ環境を構成している。この章では、こうした環境のなかでもとくに、「子どもが育つ」ことをしっかりと支え、豊かにする環境とは何かということを考えていきたい。

3 子どもと環境との関わり

　前節で赤ちゃんの例を挙げたが、認知科学における研究から、生まれたばかりの赤ちゃんは、従来考えられていた以上に周囲の環境を知覚していることが明らかになっている（Bower T. G. R., 1974；Spelke, E. S., 2000；Fantz, R. L., 1961. 1972）[2, 3, 4]。そうした研究のなかでは、赤ちゃんが新奇な刺激や複雑な刺激を好んで見ることが知られている。つまり、未知のものや新奇なものに興味・関心をもち、それらに接近したり探索したりしようとする「好奇心」は、人生の最初期から見られる。幼い子どもは身のまわりの事物について何でも知りたがり、何でも試したがる。好奇心は、子どもが周囲の環境と関わるための大きな原動力になるものであり、それが満たされることで子どもの発達が促される。

　生後半年を過ぎるころからハイハイなどによって移動ができるようになり、行動範囲が広がると、赤ちゃんはいろいろなものをさわったり、なめたりして、ものの性質を探るようになる。これが「探索活動」といわれるものである。この探索活動に見られるように、子どもは身のまわりの環境と積極的に関わり、関わることでさまざまな物事を知る存在といえる（コラム「コンピテンス」参照）。そして、こうした探索的な関わりこそが子どもの知的な発達の土台となるものである。

　したがって重要なことは、環境とは子どもにとって単に周囲に存在するものではなく、関わるものであり、関わることによって意味をもつものであるといえる。

コンピテンス

　White, R. W.（1959）[5]は人間が環境と効果的に交渉する能力として「コンピテンス（有能感）」という概念を提唱している。この概念は、「～できる」という達成された能力だけでなく、「～をやってみよう」「～したい」という意欲を含む。このコンピテンスに支えられて、子どもは積極的に周囲の環境と関わっていくことができるのである。

§2 乳幼児期の発達と環境との関わり

1 子どもの発達と環境との関わり

乳幼児期の子どもが身のまわりの環境と関わり、物事を知るというとき、そこにはどのような発達的特徴があるのであろうか。

子どもの環境との関わりは、諸側面の発達とともに変化する。前節で触れた「探索活動」においても、そこには歩行や手指の動かし方などの身体機能の発達、愛着関係によって養育者を「安全基地」とするなどの人間関係の発達、イメージを思い浮かべて物を何かに見立てるなどの思考の発達など、発達の側面が関連している。

また、子どもの環境との関わりは、日常生活の具体的な姿としては、子どもの遊びのなかに現れる。したがって、子どもの遊びの発達的変化を追うことで、子どもと環境の関わりの発達的変化をたどることができるといえる（図2-2）。

図2-2に示すように、たとえば、1歳ごろまでの子どもの遊びは、手足を動かす、這うなどの「身体の機能遊び」、いないいないばあや追いかけっこなどの「交流遊び」、音の出る玩具や紐を引っ張る玩具などによる「感覚遊び」が中心である。また、「ものと関わる遊び」に注目するならば、1歳半ごろまでは「ものをきっかけにして遊ぶ」ことが多いが、1歳半から3歳半ごろにかけては「ものを使って遊ぶ」ことが多くなり、3歳半以降は「ものを活用して遊ぶ／ものをつくって遊ぶ」ことが多くなる。この発達的変化は、乳幼児期のものとの関わりの発達的変化に重なるものである。

同化と調節

ピアジェ（Piajet, J.）はその認知発達の理論のなかで、子どもが環境と関わることを通して、子どもの知的な発達が進むとした。具体的には、子どもは自分のなかの枠組みに合うように外界の事象を理解したり（同化）、外界の事象に合わせて自分の枠組みを変化させたり（調節）することを通して、周囲の環境について理解を深める。

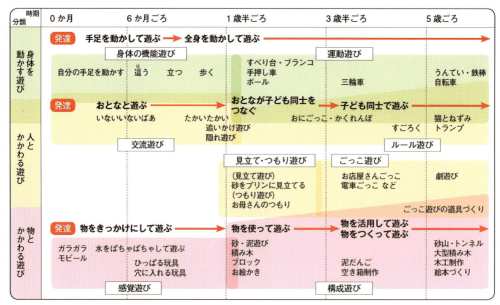

図2-2 遊びの種類と発達

出典：大竹美登利ほか、2015[6]を一部変更

　また、無藤（2001）[7]は、保育のなかの子どもの学びの基礎となるあり方を「学びの3つのモード論」として示している。場のなかで一定の時間動きまわって活動する際に、その場にあるものにさまざまな感覚を通して多様に関わり、関わり方を知る「①入り込む学び」、全面的にものに関わるのではなく、ある感覚に焦点をあてる「②眺める学び」、他者の活動の様子や語りから経験を想像する「③想像力による学び」の3つである。

　この学びのモードの重要性は、子どもの育ちに沿って「①入り込む」ことから「②眺める」ことへ、そして「③想像力」へという流れをもつとされている。

　これは言い換えるならば、周囲のさまざまなものに自分自身の五感を通して多様に関わることから、ひとつの感覚に集中して対象と距離を置いて関わるという方向性と、直接自分自身で対象に関わり知ることから、間接的に見聞きしたものに想像力によって自分を重ね合わせて知るという方向性をもつといえる。そして、ここで重要なことは、具体的な場のなかに入り込み、直接自分自身の体を通して関わるという「入り込む」経験が、「眺める」ことや「想像力」をより豊かにするということである。

2 乳幼児と自然との関わり

　子どものまわりには動物や昆虫などの生き物、草花や樹木などの植物、風や雨や雪、土や砂や石など、さまざまな自然がある。園の環境にもそうした自然物が多く見つけられる。また、個人差はあるが、子どもは自然が好きである。自然は子どもの好奇心を刺激し、満たし

てくれる豊かな対象物でもある。ダンゴムシをたくさんプラスチックの容器に集めたり、水たまりにわざと靴のまま足を入れてその感触を楽しんだり、雨の日に空に向かって口をあけて雨の味を確かめようとしたり、落ち葉をたくさん集めて投げ合いっこをしたり、雪の上に寝転んでみたり……、書き出せばきりがない。

　子どもを取り巻く環境のなかでもとりわけ自然物は、ほかのものでは代替できない経験を子どもにもたらしてくれる。とくに近年、都市化や情報化などの社会環境の変化により、子どもが自然と直接触れ合う機会や経験が少なくなっていると言われていることからも、乳幼児期における自然との関わりは非常に重要であるといえる。

事例 2-1　「うみー」

●3歳児クラス　7月

　砂場のそばでM代やH男たちは洗面器に色水を作ってジュース屋さんごっこをしている。J太はペットボトルに水を入れて洗面器の中に注ぐ。J太がたくさん水を入れると洗面器から水があふれ、洗面器を置いた低い台と砂場の間に水が流れていく。台と砂場の間には少し傾斜があり、水は砂場の脇を川のように流れていく。

　J太は水が傾斜を流れていくことがおもしろいと感じたらしく、何度もペットボトルに水を汲み、洗面器の水をあふれさせて、水を砂場の脇に流す。保育者は「すごい水になってる」「流れちゃう」と声をかける。しばらくしてK也もやってきて、「うみー」と言いながら、川のようになった砂場の脇にじょうろで水を流す。

（事例／写真：お茶大）

　この事例に見られるように、子どもにとっての環境とは関わるものであり、とりわけ動物や植物を始めとする自然に直接関わることを通し、子どもは子どもなりに自然を感じ、気づきを得ていく。したがって、園の環境として自然が豊かであることが重要であると同時に、子どもの対象への関わり方は多様であることを考慮して、多様な関わりが可能となるような環境構成と援助が必要になる。たとえば、虫取りに熱中する子どもは多いが、虫を取ることや、たくさんの虫を集めること自体にこだわる子どももいれば、取った虫の名前を調べたり、それを育てたりすることに興味をもつ子どももいる。子どもそれぞれの興味、関心に沿った関わりが展開されるなかで、そこで感じたものや気づいたことが、その後の科学的な理解の基礎を育む（コラム「素朴生物学理論」参照）。

素朴生物学理論

　子どもは、大人と同じような科学的知識や科学的な対象理解は行っていないが、子どもなりに対象を理解していることが明らかとなっている。たとえば、子どもは5～6歳になると、食べ物をおなかに取り入れて元気になる、といった形で生き物の体内を理解していることなどが指摘されており（Hatano & Inagaki,1994)[8]、これを素朴生物学理論と呼ぶ。

　自然のなかでも、動物や植物は命ある「生き物」であるという点で重要な環境であるといえる。生き物は自律的に生育（成育）、生長（成長）していくという点において変化があり、子どもが何か働きかけた場合に、逃げたり、飛んだり、鳴き声を出したりなどの応答性がある。積み木や人形などの「もの」とは違う存在として、こちらが一方的に働きかけるだけではない存在、時として思いどおりにならない存在として、貴重な経験の機会を子どもにもたらす。

　たとえば、幼稚園で10年間飼育していたニワトリの死に際して、保育者が子どもなりに「死」を考えてほしいと願い、子どもたちの反応を見守った実践研究では（弘前大学教育学部附属幼稚園、2005)[9]、死んだニワトリを見て子どもたちが「お墓をつくろう」と提案したり、花をあげたり、どうしていいかわからない気持ちを友達に伝えたり、2週間を過ぎても手紙を書いたり花を供えたりするなどの姿が見られたことが記されている。

　時として「死」に直面することも含めて、ウサギや、ニワトリ、ザリガニ、カメ、金魚などを園やクラスで飼育し、その世話をすることは科学的な理解だけでなく、生き物をいとおしむ気持ちや「命」を感じ、生命を尊重する心情や態度を養う重要な活動であるといえる。

　また、子どもが周囲の環境に関わることは情動的経験と強く結びついている。探索活動やいたずら、遊びといった子どもが自発的に行う活動では、自分の興味に沿って自由に関わる楽しさを伴う。また、とくに自然との関わりでは、思い通りにならないもどかしさのほかに、未知のものに驚いたり、美しいものに感動したりするという心を揺さぶられる経験を伴う。

　たとえば、夕暮れどき、空一面が茜色に染ま

る景色や、青虫だった姿からは想像もできない鮮やかな姿に蝶が脱皮するのを見たときに抱く驚きや感動を「センス・オブ・ワンダー」(Rachel L. Carson, 1996)[10]と呼ぶ。「センス・オブ・ワンダー」とは、日本語に訳すとすれば「驚異の念」という意味になる。子どもが周囲の環境と関わるなかで、未知なものに驚いたり、美しいものに感動したりするといった情動的経験をさす概念である。こうした豊かな驚きの体験が、子どもが周囲の環境とよ

り深く関わり、より深く知ることを支えるのである。したがって、とくに乳幼児期においては、物事を知るという知的経験と情動的経験とは一体となっているといえる。

2 乳幼児と「もの」との関わり ──「もの」の提供する意味

　子どもを取り巻く環境を捉える一側面として、「もの」としての側面がある。これには自然物だけでなく人工物など多様な種類のものが含まれる。それゆえに多様な経験を子どもにもたらす。しかし、それは単に種類が多いというだけでなく、ひとつのものであっても非常に多様な意味をもっているという意味での「多様な」ということでもある。

　前述したように自然物は時間（季節）とともに変化し、自律的に動くなどの応答性がある。一方、人工物は無機的であり、応答性に欠けると思われるかもしれない。しかし、人工物も自然物同様に豊かで多様な「意味を提供」しながら存在している。この「環境が提供する意味」を「アフォーダンス」と呼ぶ（コラム「アフォーダンス」）。

アフォーダンス

　生態心理学や認知心理学の分野を中心として、「アフォーダンス（affordance）」という概念が注目され、保育においても重要視されている。「アフォーダンス」とはわかりやすくいうと、「環境が提供する意味」ということである。

　たとえば、園のテラスで子どもが靴を履く場面で、片足を上げて体が不安定になったときに、その子どもが偶然そばに立っていた保育者の腕をつかんだとする。このとき、保育者の腕は子どもにとって「つかまって体のバランスを保つもの」という意味を提供したのである。

　また、子どもが地面に見つけた小さな穴を掘るために、そばに落ちていた小枝を使うとする。このとき小枝は、「穴にさしてほじくる道具」という意味を提供したのである。アフォーダンスはその場の状況とそこでなされる行為によって生み出されるものなのである。

> **事例 2-2**　「見つけたー」
>
> ● 3歳児クラス　10月
>
> 　秋の陽射しが暖かい日。園庭につながる「お山」の広場で保育者、A花、B美、D子、F代たちは、かくれんぼをする。子どもの腰ほどの高さに茂った草は、しゃがむとすっかり子どもの姿を隠してしまう。保育者と子どもたちは草のなかにしゃがんで隠れる。誰かが「もーいーよ」と言うと、鬼役の子どもが草のなかを歩いて「見つけたー」と声を上げて、とても楽しそうにかくれんぼをしている。保育者は最初、草のなかに隠れていたが、銀杏の木の後ろに隠れる。子どもたちが保育者を見つけると、保育者は「見つかっちゃったぁ〜」と言う。
>
> （事例／写真：お茶大）

　事例2-2の「お山」の草はかくれんぼのために生えているわけではない。けれど、それがちょうど子どもの腰ほどの高さに茂り、しゃがむと全身が見えなくなるという特徴を生かして、子どもたちはかくれんぼを楽しんでいる。これは草の高さや密度が「隠れる」という意味を子どもたちに提供しているということである。こうしたことからわかるように、アフォーダンスとは決して固定的で一律的なものではなく、多様に変化するものなのである。

　アフォーダンス理論を下敷きにして、佐々木は、幼稚園や保育所の環境は子どもにとって豊かな意味（アフォーダンス）を提供すべきだとしている。「「動機」とか「意欲」とか「好奇心」とか、子どもの内面にありそうなことの「種」は、実は子どものまわりに豊富にあるべきなのです」（佐々木、1996）[11]という指摘は、幼稚園教育要領における「環境を通して行う保育」のあり方に重なるものである。

　また、無藤（1996）[12]もアフォーダンス理論に基づいて、環境のなかで出会うさまざまなものに対する動きに習熟すること、「身体知」を獲得することが子どもの発達とそれを援助する保育の重要な課題であるとしている。したがって、保育の物的環境は子どもにとってできるだけ多様な意味をそこに見いだせるものであるべきだといえる。人工物であっても、それは一定の関わり方だけが可能なのではなく、多様な関わり方を子どもが発見できるような環境構成や援助が求められているといえる。

　上記のアフォーダンス理論に基づく環境の捉え方は、環境との関わりの多様性に注目したものである。同時に、ものとの関わりを考えるうえでは、ものに多様に、かつ、繰りかえし関わっていくなかで、その関わりが「洗練」されてくるという側面も重要である。たとえば、毎日積み木やブロックで遊んでいると、その性質に知らず知らずのうちに精通し、積み木やブロックを「使いこなす」ようになっていき、自分のイメージに沿って複雑なものをつくるようにもなっていく。

§3 乳幼児と環境との関わりを支える「人」

　子どもが周囲の環境に関わるとき、それは単に関わる対象物があればそれでよいということではない。子どもが周囲のものに興味をもって、能動的に関わろうとするとき、そこにはそれを支える人との関わりが存在するのである。

　前述の「探索活動」(p.46参照) のところでも述べたように、子どもはハイハイやつかまり立ちができるようになると、積極的に周囲のものと関わるようになる。子どものまわりは目新しい、興味を引くものでいっぱいである。このとき、子どもの好奇心だけが子どものそうした活動を支えるわけではない。身近にいる信頼できる大人（多くの場合は養育者）がそばで見守っていてくれるという安心感が、子どもが外の世界を積極的に探索することを支えているのである。

　養育者など特定の人物と子どもとの情緒的な絆を「愛着関係」と呼ぶが、子どもは愛着関係にある養育者が見守ってくれている（もし、何か怖いことがあっても養育者が助けてくれるだろう、養育者のもとに戻ればよい）という安心感をもち、養育者を「安全基地」として探索を行うのである。また、未知のものと関わる場合に、子どものそばにいる養育者を始めとする大人の子どもに向ける表情やしぐさなどから、そのものの意味を判断するようにもなる（コラム「社会的参照」参照）。

> ### 社会的参照
>
> 　生後8か月ころになると、子どもは自分が見知らぬものに遭遇した場合、母親など身近にいる人の表情を見て、その表情からそのものがどういうものであるかを判断したうえで行動するようになる。これを社会的参照（social referencing）という（遠藤・小沢、2000)[13]。人の「顔色をうかがう」ようになるともいえるこの現象は、他者が自分と同じものを見ていることがわかっていること（共同注意）、他者の表情の意味することがわかっていることなどが前提となるもので、子どもの発達のうえで重要な現象である。
>
> 　このことから、子どもと「もの」との関わりは、単に子どもと「もの」との間で生じるのではなく、その間をつなぐ人との関わりに支えられる部分が大きいといえる。見知らぬおもちゃを大人がおもしろそうにさわったり、それをさわろうとする子どもに対して大人が笑顔を向けたりすると、子どもの「もの」への興味や関心がかき立てられ、恐怖心や不安は少なくなるのである。

そして、園での子どもたちはひとりで環境と関わるだけでなく、自分と環境との関わりから生じたおもしろさや楽しさを、保育者や友達などの周囲の人々と分かち合うようになっていく。

> **事例 2-3　「お待ちください」「先生見ててー」**　　3歳児クラス　2月
>
> 　3人で遊ぶことの多いM介、N哉、R太はドーナツ型のブロックの中心に四角い棒型のブロックをさしたものを持っている。M介はブロックをマイクに見立てて「お待ちください」とそばにいるS也に声をかける。N哉もブロックを持って「お待ちください」とニコニコ笑ってふざける。
> 　S也も加わり、4人とも同じブロック（ドーナツ型＋棒型）を持ち、壁際に立って棒型のブロックを押し出して飛ばす遊びを始める。保育者も加わり、一緒に棒型のブロックを飛ばす。保育者は「あー、むずかしーい」と言う。S也は「先生見ててー」と保育者に自分がブロックを飛ばすのを見てほしがる。保育者は「S也ちゃんの（やり方）教えてください」とS也に声をかける。
>
> 　　　　　　　　　　　　　　　　　　　　　　　　　　　　　　　　　（事例：お茶大）

　事例2-3では、S也が「先生見ててー」と声をかけている。幼稚園や保育所で子どもたちが園庭で鉄棒やうんていで遊ぶときなどに、子どもはそばにいる保育者や友達など周囲の人に「見て」あるいは「見てて」とよく声をかけることがある。そうした発話にはさまざまな意味があることが指摘されているが、とくに保育者に対してなされる場合には自分自身の活動に対する承認や賞賛、共感を求めていることが指摘されている（福崎、2002）[14]。

　このことから、子どもが周囲の環境に能動的に関わり、主体的に行動する場合、子どもが周囲にいる人々のまなざしを意識し、それに支えられることによって、より意欲的に活動に取り組むものであることが示唆される。

　また、事例2-3のなかで保育者は子どもたちのブロックを押し出して飛ばす遊びに加わり、「あー、むずかしーい」「S也ちゃんの（やり方）教えてください」と声をかけている。このように保育者が一緒に遊ぶことで、子どもは遊びのおもしろさを共有してもらえたこと、自分の楽しい気持ちを受け止めてもらえたことを感じ、よりいっそう意欲的に遊ぶようになったり、保育者の言葉に刺激されて、よりおもしろい遊び方を工夫するようになったりする。

そして、事例2-3では、最初はブロックをマイクに見立てて遊んでいたが、それが棒型のブロックを押し出す遊びへと変化している。その変化はとくに説明したり、誘ったりしなくても、自然と子どもたちの間に広がっている。このように、子どもたちの遊びでは「おもしろそうなこと」が自然にすぐに広まるものである。その意味で、人と共にいることはそれだけで子どもの環境との関わり方の幅を広げるといえる。

このように、保育者やほかの子どもたちという他者の存在とそうした人たちとの関わりが、子どもと環境との関わりをよりいっそう広げていくのである。とりわけ、ほかの子どもたちとの関わりは、5歳児ごろになると共通の目的や課題をもって協力・工夫する「協同的な学び」の活動へとつながっていくものであり、その素地として他者とおもしろさや楽しさを共有しながら共に環境に関わることは重要であるといえる。

―――― この章で学んだこと ――――

- 子どもを取り巻く環境には、物理的環境、人的環境、雰囲気や風土など、ありとあらゆるものが含まれる。

- 乳幼児期の子どもを保育するための環境には、子どもを守り育てるための環境と、子どもの豊かな学びを導くための環境のふたつの側面がある。

- 乳児期から、子どもは身のまわりの事物に関わろうとし、その好奇心が子どもが周囲の環境と関わる原動力になる。

- 乳幼児期に子どもが周囲の環境と関わる経験は、知的経験や情動的経験と一体となっている。

- 子どもが周囲の環境に能動的に関わるためには、それを支える人との関わりが重要である。

第 3 章

乳児、1〜2歳児の世界と環境

―― この章で学ぶこと ――

誕生からおよそ3歳までの時期は、人生で最も著しい心身の発達を遂げる時期である。
この時期の子どもたちにとって環境がもつ意味は非常に大きい。
本章では、乳児、1〜2歳児の子どもたちが、周囲の人やものなどの環境に出会い、
興味をもって関わっていく姿について、事例をもとに理解を深める。
さらに、この時期の子どもにふさわしい環境を構成する保育者の役割についても考える。

§1 さまざまな環境との出会い

1 まわりの環境との応答

新生児にとって周囲の人やものはまだぼんやりとした存在である。しかし、置かれた環境へ自分の体を溶け込ませるような仕方で、外界の状況に応じてさまざまな応答をしている。たとえば暑い・寒いといった温度に応じて快・不快を全身で表したり、沐浴のお湯の心地よさにまどろんだり、裸になることの心許なさに泣いたりする。

視覚や運動機能の発達に伴い、徐々にまわりの人やものを知覚（自分の身体の感覚をもって外界の事物を捉えること）しはじめ、能動的に周囲の環境に関わるようになると、いわゆる探索活動がさかんになる。探索活動は遊びと一体化していることが多く、動いているものを目で追ったり、周囲のものに手を伸ばしたり、つかんだものをなめたり、ものを引っ張って落としたりなど、自分の身体動作とまわりの環境との応答を全身の感覚で楽しむ。

1歳を過ぎて歩行が安定し、さまざまな動きができるようになると、環境との応答も多様で複雑になる。身近にあるさまざまな環境が遊び相手であり、石や砂、枯れ葉や枝、小さな虫、段差や衝立、雨どいや駐車場のポール、縁石など、身近なありとあらゆるものが、子どもを遊びへと誘う。

> **事例 3-1　ヘリコプターの音**
>
> 1〜2歳児　3月
>
> 　隣接している幼稚園の園庭に出て遊んでいると、ヘリコプターが飛んでいる音が聞こえてきた。空を見上げて指さしたり、「ヘリコプター！」とさけぶ子どもがいる。ほかの子どもたちも動きが止まり、みんなで空を見上げる。保育者も一緒に「おーい！」と手を振る。ヘリコプターが見えなくなり、子どもたちは保育者と両手をプロペラのように広げて走りはじめた。

（事例／写真：お茶大いずみ）

　この事例では、園庭で遊びながらもヘリコプターの音にいち早く気づいた1〜2歳の子どもたちが、空を見上げてヘリコプターの存在に引き込まれている。どこからともなく聞こえてくるあの独特の音がヘリコプターの存在を意味することは、1〜2歳児の子どもたちも知っているようであった。耳に飛び込んでくるさまざまな音のなかで、自分にとって重要なもの、興味があるものを受信する子どもの感受性はかなり豊かである。

　ヘリコプターを見送ったあとは、両手を広げて走り、ヘリコプターとの応答を全身で楽しんでいる。子どもたちのうれしい発見や動きを共有し、一緒に楽しむ保育者の姿もある。

　子どもたちは物理的な環境を客観的に正しく知覚したり、大人と同じように意味づけたりするのではない。自分の身体でさまざまな環境と直接応答することで、人やものや出来事などが、その子どもなりに意味づけられ、世界は彩られていく。保育者は、子ども一人一人の感じ方や意味づけを肯定的に受け止め、世界の広がりを支えていくことが求められる。

2 乳児、1〜2歳児の保育に求められる環境

　この時期の子どもがさまざまな環境と感受性豊かに応答しながら生活し、遊ぶためには、それにふさわしい環境を保育者が配慮し、構成していく必要がある。

（1）安全な環境

乳児保育では「生命の保持と情緒の安定」が基本となっているが、言うまでもなく保育の場は子どもにとって安全な環境でなくてはならない。「口に入れてはいけないもの」「近づいたら危ない状況」など、子どもたちは大人と同じように周囲のものや状況を認識し、価値づけているわけではない。歩行前の乳児であっても、手で何かをつかんで口に持って

いってしまう。急に寝返りやつかまり立ちをしはじめることもあり、一見安全に見える保育環境でも、誤飲や落下などの事故が生じる場合もある。

保育者は、子どもの運動機能の発達に応じて、子どもにとって危険となりうる環境に対して敏感でなければならず、必要に応じて取り除いたり、目を離さずに見守ったり、危ないことを繰りかえし伝えたりすることが必要である。とくに乳児においては、大きなけがや事故につながりうる保育環境の改善を保育者間で話し合い、安全で自由な生活を保障しつつ、運動機能のめざましい発達を支えていくことが求められる。

（2）心地よく安心できる環境

子どもが生活する場所として、心地よく安心できる環境であることも重要である。乳児であれば、ガーゼやお気に入りの遊具を手に取ることで落ち着くことも多い。ロッカーや靴箱など、自分の持ち物を置く場所が位置づけられることで、子どもが園を自分の居場所と感じ、園での生活を安心して進められるようにもなる。

子どもを包む空間の雰囲気やその変化も、子どもの情緒と密接につながっている。保育者は、子どもの状態や人数、気候などで変容する場の雰囲気や子どもの気分を敏感に察知し、環境や保育内容を再構成するなど、その都度、柔軟に対応していくことが求められる。

保育者の役割は一緒に遊んだり食事や着替えをしたりなど、子どもと直接関わることだけではない。とくに乳児、1～2歳児の保育では、心地よい生活の流れをつくり、安定した雰囲気が醸し出されるような環境を整えるといった、間接的な関わりが非常に重要である。たとえば、食事から睡眠へ移行していく場面では保育室の採光や音にも気を配り、少しずつ睡眠へ子どもたちを誘う雰囲気を意識的につくることで、子どもたちは安心して眠りにつくことができる。

また、子どもの情緒が安定し、安心して生活するためには、人的環境として心身をゆだねられる保育者の存在が欠かせない。

事例
3-2 一緒だと安心、やってみたい！

● 1歳児 8月

　1歳になったばかりのＡ子。この日は月齢が高い子どもたちがスポンジスタンプで製作をしており、Ｚ保育者は「Ａちゃんもやってみる？」とＡ子と一緒に座る。Ａ子はＺ保育者の腕をさわりながらほかの子どもの様子を見ているが、少し経つと、Ｚ保育者と一緒にスポンジスタンプを楽しみはじめる。

　スタンプを一通り楽しんだあと、絵の具がＡ子の腕についているため、Ｚ保育者が濡れタオルを取りにその場を離れる。すると、Ａ子からは先ほどまでの楽しそうな表情が消え、不安な様子でまわりを見渡し、Ｚ保育者を求めて泣きはじめた。Ｚ保育者が戻ってくるとすぐに落ち着きを取り戻し、Ｚ保育者はていねいにＡ子の腕についた絵の具を拭く。

（事例／写真：お茶大いずみ）

　情緒的な結びつきが形成された特定の保育者の存在があるからこそ、Ａ子は安心してスポンジスタンプを能動的に楽しむことができている。こうした保育者の存在に支えられて、さまざまなものや出来事は子どもの世界で確かな存在となり、子どもは安心してそれらを経験し、応答することができる。

　また、この事例でＺ保育者はていねいにＡ子の腕についた絵の具を拭いているが、遊びや生活のなかでのこうしたていねいな関わりが、子どもと保育者の関係をつくると同時に、保育の場が心地よく安心できる環境となり、子どもの情緒の安定につながっていく。

（3）好奇心や探求心が保障される環境

> **事例 3-3　ペタペタしたい！**
>
> 2歳児　3月
>
> 机に色模造紙を広げ、フィンガーペインティングをする。手のひらにたくさんの絵の具をつけ、ダイナミックに色をつけていく子どももいれば、指先でちょんちょんと慎重に色をつける子ども、なかなか手が出ない子どももいる。
> しばらくすると、自分から両手に絵の具をつけ、楽しそうに模造紙に手をこすりつけていたB男は、床やガラスのドア、服に手形をつけはじめ、楽しくなってくる。友達の服にもつけようとするので、保育者は「服にはやらないよ」とB男に言いながら、急いで床に新しい模造紙を貼り、「こっちもやっていいよ」と言う。B男は床に貼った模造紙に手形を押すことを楽しみはじめた。
> フィンガーペインティングを終え、作ったものを壁に貼ったあと、子どもたちは手洗いに行き、必要な子どもは着替える。B男は着替えながら、「ペタペタしちゃったの？」と自分がつけたガラスのドアや友達の洋服の手形を指さす。
>
>
>
>
> （事例／写真：お茶大いずみ）

　この事例でのB男は、机の上の模造紙に収まることなく、絵の具のついた手で部屋のいたるところをさわりはじめた。保育者は表情で「それは少しやりすぎでは」といった思いを何気なく示したり、友達の洋服につけはじめたときは「服にはやらないよ」と言葉で伝えたりしつつ、模造紙を床に2枚敷き、B男のやりたい気持ちが満足するような環境を新たにつくった。十分に楽しんだB男は、模造紙の手形も、床や友達の洋服についている手形も、自分で「ペタペタしちゃった」ものであることをよくわかっている様子であった。

　みんなが心地よく安全に過ごすために、時には子どもの行為を止めたり、方向づけることもある。しかし、動きをただ制止するのではなく、子どもが好奇心や探求心を存分に発揮し、満足感を得る経験ができる環境を保障できるよう、臨機応変な対応が重要である。自分のやりたいことが十分にでき、自己を発揮できたうれしさや楽しさを保育者や仲間と共有することで、満足感とともに自己肯定感が育まれていく。思いを実現する喜びを一人一人の子どもと共有することを大切にしながら、みんなが気持ちよく過ごすことができる場のあり方を考えたい。

（4）発達に応じた環境

乳児、1〜2歳児の運動機能や情緒の発達はめざましく、発達に合わせた環境を構成する必要がある。たとえば乳児では、寝転がりながら見て楽しめるものや、ハイハイでくぐれる遊具、つかまり立ちできる高さの棚を置くなどする。2歳ごろにはごっこ遊びを楽しめるもの、たとえば食器や食べ物に見立てられるものを並べたりする。

ただし、物的環境を整えるだけではなく、どのようにそれらの環境に関わっているか、子どもの経験を捉えることが重要である。たとえば木のリンゴなど本物を模した玩具も遊びを支えるが、積み木など何にでも見立てられる玩具が遊びの可能性を広げるように、何をどのように遊びに用いるかによって、子どもの経験は異なる。

また、保育者が子どもの動きを見届けたり、遊びを共有したりすることが、子どもの満足感や楽しさにつながることも忘れてはならない。

自分を閉ざすこと、距離をとること、ひとりでいることを保障する環境

乳児や1〜2歳児は、運動機能や情緒がめざましく発達する時期ではあるが、つねに周囲の環境との活発な応答を楽しんでいるわけではない。情緒が不安定な状態では、周囲の環境に対して自分の体を閉ざすこともある。月齢や年齢が高い子どもの遊びに興味をもって近づいたものの、その勢いに圧倒されて体が固まってしまうこともある。周囲の様子を少し高いところからじっと眺めることもある。保育者や仲間に「あっちいって！」と言ってみたり、自分だけの場所に安心したり、ワクワクしたりすることもある。

　周囲の環境からいったん自分を閉ざしたり、距離をとったり、ひとりで過ごしたりすることは、情緒の安定につながるだけではなく、環境に対する感受性をより奥深いものにする。保育者はこうした子どもの心の揺れ動きに敏感になり、それぞれの子どもの思いやペースに合わせた空間と時間を保障することも大切だろう。

§2 身近な環境に親しむ

1 ものに対する情緒的な関わり

とくに乳児や1～2歳児のころは、気分や感情を基盤としてまわりの環境を情緒的に理解する。ものでいえば、あると安心するもの、興味はあるけれどさわることはためらうもの、怖いものなど、物理的な存在ではなく情緒的な存在としてのものが、子どもたちの世界を構成している。

また、乳児期から身近な他者のものに対する関わりをよく見て、他者の思いを感じとり、他者のものに対する思いを身体的に捉えている。誰のものかもわかるようになり、たとえば、外に行く前に保育者や友達に帽子を渡すといった姿も見られる。保育者の表情を確かめながらものに手を伸ばしたり、

先生の帽子もどうぞ

お友達が欲しいの、これだよね

友達が欲しがっている遊具と似ているものを見つけ、渡そうとしたりもする。友達の楽しげな様子から、その子どもが使っている遊具が欲しくなって取ろうとし、保育者が誰も使っていない同じものを渡しても「ちがう！」と受けとらなかったりすることもある。このような姿から、子どもたちは自分や他者と情緒的に結びついた存在としてものを捉え、関わっていることがわかる。

事例 3-4　こっちのお花は怒ってる　　●2歳児 2月

D子は散歩の途中に、花壇に植えられたビオラを見つけ、かけよる。しゃがみ込み、じっと見ているので、筆者が「きれいだね」と声をかけると、「こわい」「怒ってる」とD子は言う。紫のビオラの花びらの模様が怒っているように見えたようだ。隣に植えられている黄色のビオラは模様がなく、「こっちは怒ってない」と言う。

（事例／写真：筆者）

この事例のD子は、紫のビオラの花びらの模様を「こわい」「怒っている」と捉えている。「お日様が笑っている」「お月様が追いかけてくる」といった表現に代表されるように、この時期の子どもは、人間ではないものにも表情や感情を捉え、人間と同じように意志をもっていると感じている。天井の染みに恐ろしさを感じて泣き出したり、冷たい風に揺れる樹木を見て「葉っぱさん寒そう」「葉っぱさんがんばれ！」と声をかけたりもする。

　客観的に眺めたり、観察したりするような仕方でものを見るのではなく、情緒的に交わり合い対話するかのようにものを見ることで、おのずとものの表情が感じられるのだろう。このように、ものに対して単に目に見える以上のことを知覚していることも、子どものものに対する感受性の豊かさのひとつの現われであるといえるだろう。

2 人的環境としての他者の存在

　子どもたちは、安心できる特定の保育者の存在を基盤として、ほかの保育者、共に生活するクラスの子ども、園に出入りする保護者など身近な他者にも親しみを覚えるようになる。

　とりわけ、クラスの子どもの存在は子どもにとって特別なものになっていく。保育者を媒介に、その場の雰囲気を共有し、楽しさや悲しさを身体的に感じ合いながら一緒に過ごすなかで、乳児であっても、クラスの子どもの存在がそれとなくわかるようになる。いつも一緒にいる子どもが休んだりすると、その場の雰囲気の微妙な違いを感じ、言葉にしなくとも、いつもと違う様子を見せたりする。それぞれに生活し、遊んでいるように見えても、お互いの存在を感じ合っており、ものを取り合ったり、遊びが響き合ったりすることを重ねるなかで、特定の子どもの存在がはっきりと自分の世界に現れてくる。名前を呼び合ったり、散歩で特定の子どもと手をつなぎたがったり、その場にいなくとも特定の子どもの話をしたりするようにもなる。

Column

相貌的知覚・アニミズム

　事例3-4のように、ものや自然界の出来事にも人間と同様の感情が宿っているとし、そこに表情や意志を捉えることは、「相貌的知覚」や「アニミズム」といった言葉でも理解されている。ただし、古典的な発達理論では、自他未分離な幼児の自己中心性による一方的な感情移入、幼児期に特有の未熟で原始的な考え方として説明されることも多い。

　しかし、すでに述べたように、「相貌的知覚」や「アニミズム」的なものの理解は、子どもの発達的未熟さの現われではなく、むしろものに対する感受性の豊かさの現われとして捉えられるべきであろう。子どもたちは、ものや出来事と情緒的に交流し、本質を直感的に捉えている。こうしたものに対する感受性の豊かさが、のちのちになって単なる知識の獲得を超えた発見や、手ごたえのある生きた科学的思考へとつながっていくのではないだろうか。

> 事例
> 3-5　E太とF夫

1歳児　3月

　午睡明けに、E太とF夫は牛乳パックで作られた電車の遊具を床に走らせて遊んでいる。そこへ、「ピーポーピーポー」と、外で救急車の音が聞こえた。F夫は「ピーポーピーポー」と言い、牛乳パックの電車の上に青と赤の積み木をふたつのせる。E太は、「きゅーきゅーしゃ」と緑の積み木を同じようにのせ、またふたりで走らせはじめる。

　お散歩で行った広場では、それぞれに遊びだすものの、F夫がE太のあとを思い出したように追いかけてみたり、葉っぱを一緒に見たりしている。F夫が「アリさん!」と足を開いて、トンネルのようにすると、E太も同じような格好をする。E太はF夫と一緒が楽しくてしょうがないといった様子で、F夫を抱きしめ、上に乗る。F夫もうれしそうであるが、保育者は「それは重いなぁ」と、E太をそっと立ち上がらせる。散歩の帰りに出会った男性に、「お散歩かな」「いろいろ拾ったね」と声をかけられたF夫は、「Eくん!　Eくん!」と、拾ったものではなく後ろにいるE太の存在を一生懸命伝えようとする。

(事例／写真：お茶大いずみ)

　E太とF夫は、お互いの動きや言葉が響き合うかのように、同じものを持ったり、同じ動きをしたりすることを楽しんでいる。散歩先でも、いつの間にか一緒に過ごしていた。

　E太がF夫の上に乗ったのは、F夫と一緒にいることが楽しい、うれしいという思いを体全体で表わした行動であろう。帰り道、F夫は通りがかった男性にE太の存在を一生懸命伝えている。F夫にとっては、広場で実を拾ったりアリを見つけたりしたことを、ほかでもないE太と一緒にしたことに意味があったため、「Eくん!　Eくん!」という言葉でE太の存在を伝えようとしたのではないだろうか。

　大人でも、誰と食事するかによって場の雰囲気や味が異なって感じられるように、他者の存在によって見え方や感じ方、出来事の意味は変化する。この事例のE太とF夫は、ふたりで見るからこそ葉やアリが生き生きとして見え、一緒に動くからこそ、その動きを楽しんでいる。他者の存在によって変わる子どもの知覚や情緒に保育者は敏感であるべきだろう。

3 散歩で出会う環境

　散歩など日常的な園外保育は、地域の自然と触れ合う機会となっている。また、道行く人、電車やバス、商店の看板、信号や標識などのさまざまな人やものとも出会う。散歩は、この時期の子どもたちにとって、季節や行事、地域の生活に興味関心をもつ機会のひとつである。

事例 3-6　バス来るかな、ネコさんいるかな　　　　　　　　　1歳児　3月

　お散歩カー（避難車）で、隣接している大学のキャンパスへ散歩に行く。バスが通ると、子どもたちは「バ！（バス）」「バス！」と言い、保育者も「バスだね！　バイバーイ！」と手を振る。子どもたちも手を振ると、バスの運転士も手を振りかえしてくれた。大学のキャンパスには何回も来ていて、保育者は「今日はカメさんいるかな」「ネコさんいるかな」と声をかける。カメがいる池では、コイも泳いでいる。子どもたちはお散歩カーから身を乗り出してコイやカメの姿を確かめ、じっと見つめる。

　ネコがいつもいるところに行くと、ネコは台の上で丸まって寝ている。子どもたちはネコがいる場所を指さしたり、じっと見つめたりする。保育者は「ネコさんのごはんがなくなっているね。ネコさんもごはん食べてお昼寝かな」と言う。

（事例／写真：お茶大いずみ）

　3月ともなると、散歩のコースも子どもたちにとってなじみのあるものになっており、今日はバスが通るか、ごみ収集車が通るか、期待しながら道を眺めている姿があった。散歩先にいるカメやネコの存在もわかっていて、今日もいるか、様子はどうか確かめるように見ていた。この日ネコはいたが、丸まって寝ていた。保育者は「ネコが寝ている」という目の前の事実だけではなく、ごはんがなくなっており食べたであろうこと、自分たちと同じように昼寝をしていることなど、ネコに親しみ、身近に感じられるような言葉をかけていた。

　こうした地域の環境も保育環境にほかならない。乳児であっても散歩で出会う地域の環境を身近に感じ、あるものの存在が気になったり、変化に気づいたりする。散歩は単なる気分転換ではなく、園とは異なる環境と応答し、世界を広げていく機会となる。保育者は園での生活や遊びとのつながりを踏まえつつ、子どもの気づきや興味関心が広がるよう散歩など園外保育のあり方を考え、計画的かつ柔軟に保育内容に位置づけていくことが必要だろう。

§3 自然と触れ合って生活する・遊ぶ

1 自然との身体的な響き合い

　乳児期から、子どもたちは自然を体で感じながら生活している。季節に応じた暑さや寒さ、風の心地よさ、雨の匂い、太陽のまぶしさ、夜の暗さ……自然をまるごと体で感じ、そこに溶け込んで生活している。その都度感じられる自然環境の状態は、子どもの情緒とも密接に関係している。

　身体の諸機能が発達してくると、目の前にある花や草木、石や砂や水、虫や動物など、各々の自然環境に引きつけられ、応答を楽しむようになる。たとえば、落ち葉をさわったり、踏んだり、ちぎったり、集めたり、投げたり……、体全体で対象と関わること自体を楽しむ。

事例 3-7　砂と水と　　● 2歳児　8月

　G太郎は裸足で砂場に座り込み、水で湿った砂の感触を確かめるように両手で砂を持ち、自分の足にかける。少しして、カップで砂をすくって自分の足にかけはじめた。砂場に置かれた大きいボウルから水をすくい、自分の足に少し水がかかると、今度は水を自分の足にかけることを繰りかえす。足は砂場に埋まって、ズボンはどんどん濡れていく。

　しばらくして水の入った大きいボウルをひっくりかえそうと、何回もボウルの端を持ち上げようとする。しかし、水が入っているので重く、なかなか持ち上がらない。それでも何回も繰りかえしていると、ボウルの端が浮き、水が流れはじめた。水がなくなって、ずいぶん軽くなったボウルを全身を使ってひっくりかえす。ずっと見守っていた保育者が「おお、やったね！」と声をかけると、満足そうな表情を見せる。

（事例／写真：お茶大いずみ）

　G太郎は体を投げ出し、砂をかけ水をかけ、砂や水に触れると同時に触れられながら、砂と水とからみ合って遊んでいる。水の重さを感じつつ、ボウルをひっくりかえすことに全身

のエネルギーを注いでいる。砂で何かを作ろうとしたり、何か目的があって水を流したりしているのではなく、砂や水との関わり自体を体全体で楽しんでいる。

　止まった蝶をじっと見、飛び立てば一緒に走り出すなど、静と動の多彩なリズムで子どもの身体と自然は呼応する。保育者は、子どもと自然の身体的な響き合いを保障し、軽やかな心と身のこなしをもって、子どもと経験を共有していきたい。

2 自然の事象に対する気づき

　以上のような自然との身体的な関わりを通して、子どもたちはさまざまなことに気づく。日陰の涼しさ、昼に出る月、雨の音など、身体の諸感覚で感じられた自然の事象と、喜びや驚きといった心の動きが結びつく。すでに述べたような、身近な自然の事象に対する情緒的な理解から、さまざまな気づきが生まれる。

黒いところは冷たいね

事例 3-8　水と風の流れを感じる　●2〜3歳児　8月

　隣接する幼稚園の園庭の木陰に、杭を打ってビニールシートをかけた、手作りの「森のプール」が造られた。子どもたちと保育者は服のままそっと入り、プールを歩き、足に伝わる土の感触、水の感触を味わう。

　H奈（3歳）がプールのそばの葉を取り、水の上に浮かべる。歩くと水面が動き、葉が動く。水を蹴るとさらに水面が動き、葉が大きく動く。H奈がプールの外にいるⅠ男（2歳）のほうへ葉を流し、それをⅠ男が受け取る、というやりとりを楽しむようになる。

　少しして、シャボン玉を始めた。たくさんのシャボン玉が空に上がっていき、風が吹くとシャボン玉が揺れ、一斉に同じ方向に動く。今度は別のほうから風が吹き、先ほどとは反対のほうへシャボン玉が動く。自分のほうへ来たり、離れていったり、ゆっくりと上がっていったり。子どもたちはシャボン玉の動きを見つめたり、シャボン玉が行くほうへ回って手でつかまえようとしたりする。

（事例／写真：お茶大いずみ）

　水に映って揺れる日差し、プールのまわりの木々がつくる影、暑いけれども涼しげな雰囲気で、水の冷たさも足の裏から伝わる感触も、いつものプールとは違う特別なものであった。H奈やⅠ男は葉を浮かべて泳がすことや、シャボン玉の気まぐれな動きにおもしろさを感じ

ながら、水や風の存在を捉えていた。このように、子どもたちは心地よさやおもしろさ、驚きや不思議さなど、自然のものに対するさまざまな感覚を身体的・情緒的に豊かにしている。

3 季節を感じる生活

　日本には四季があり、私たちは季節の移ろいとともに生活している。季節の折々には日本の文化でもある伝統的な行事もある。自然だけではなく、店に並ぶ商品や食べ物、絵本や歌からも季節を感じられる。季節を感じながら生きることは、生活を豊かにすることでもある。

事例 3-9　春を感じて

● 1歳児　4月

　4月の暖かい日、隣接した大学の構内へ散歩に出かける。座り込み、土の温かさを感じながら地面を掘りはじめる子どももいれば、モンシロチョウを見つけて「ちょうちょ！」と追いかける子どももいる。タンポポの綿毛を保育者と飛ばしたり、草木を手にして保育者に見せたり、それぞれに楽しむ姿がある。

　帰り道、保育者が童謡を口ずさみながらバギーを押す。風が吹くと桜の花びらが舞い落ち、その様子に見入る子どもたち。花びらがたまっている場所で、保育者が「パラパラ！」と花びらをすくって落とす。保育者がバギーに乗っているJ太郎に見せ、「どうぞ」と花びらを差し出すと、J太郎は手を伸ばして取り、帽子の中に入れる。

（事例／写真：お茶大いずみ）

　事例の子どもたちは春のおだやかな気候のなかで、保育者とともにさまざまな自然に出会い楽しんでいる。この時期の子どもたちは、季節にまつわる知識の獲得ではなく、生活や遊

びを通して季節ならではの自然や行事を全身で感じる経験が大切である。自然や行事、季節のものに身体的に関わる生活を乳児期から積み重ねるうちに、身近な環境に季節を感じるようになっていく。季節に応じて保育の環境を整え、行事などは保育内容に無理なく位置づけていきたい。

§4 ものや道具に触れて生活する・遊ぶ

1 身のまわりのものや道具を用いる

　ものは人間とのさまざまな応答によって、ものとして意味をもち、存在するようになる。乳児であっても、見たり、持ったり、なめたりなど、もののとのやりとりを楽しむ。ものによって体の動きが引き出されたり、やりたいことの実現のためにものを使ったりもする。

　たとえば、乳児は遊具のスプーンを持ったり、なめたり、何かをたたいたりして楽しんだりする。離乳食が始まり、保育者がスプーンを用いて食事の援助をするようになると、スプーンは食事を口に運ぶ道具であることがわかるようになり、自分でスプーンを持ってみようとする。最初はすくえなかったり、口と手の動きが協応せず口に入る前にこぼれたりする。

　いつの間にか、ずっとなめたり、食器をたたいたりして、遊ぶものに変わってしまうこともよくある。経験を重ねていくと、スプーンの持ち方を意識することなく一人でこぼさず食べたり、スプーンよりもフォークのほうが食べやすいものはフォークで食べたりするようになる。食事に使うスプーンと、ままごとで使うスプーンは違うものであることもわかり、ままごとでスプーンが見当たらなければ、葉っぱや積み木などをスプーンに見立てて使ったりもする。

使ったタオルはここに入れよう

　このように、生活や遊びのなかでの直接的な関わりを通し、そのものはどのように用いられるものなのか、そのものをどのように用いると自分のしたいことが実現できるのかが、身体的に理解されるようになる。

　ものや道具が適切に用いられるようになるためには、保育者のその都度の配慮と関わりが必要不可欠である。ただし、それは使い方を教え込むということではない。生活や遊びのなかで、子ども

のほうに「こうしたい」「こうしたほうがいい」といった思いが伴うからこそ、ものや道具を用いる必要性、適切に扱う必然性を感じることができ、子どもともの、子どもと道具が身体的に結びついていく。

このような必要感は、ものや道具をどのように扱ったり収めたりすれば、自分自身の生活や遊びがより心地よく楽しいものになるか、ものや道具の特性を子どもが感じる力ともつながる。

"赤ちゃん"が"お休み"する場所

こうした力は日々の保育のなかで、保育者の動きや保育環境によって育まれていくものである。保育者自身がものや道具の特性を感じとる力を磨き、ものに対する自らの関わりを振りかえり、保育環境を工夫することが求められる。

事例
3-10　ボウルとシャベル

1〜3歳児　3月

天気もよく、隣接する幼稚園の園庭に出かけた。
K太（2歳）は、ボウルとシャベルを手に取り、築山のふもとの掘りやすそうな土をすくって、ボウルに入れる。少したまると土を戻し、今度は場所を移動して、再び土を掘ってボウルに入れる、といったことを繰りかえしている。
N太郎（2歳）はボウルを帽子のようにかぶって、落ちないように歩いたり、保育者に見せたりしている。
S美（1歳）は、ボウルを持って葉っぱの上を踏みしめるように慎重に歩いている。しばらく持って歩いたあと、ボウルを地面に落とし、保育者がいるほうへと走っていく。
N太郎もK太と同じように、シャベルで土をすくってボウルに入れはじめる。生垣のそばの段差には、穴が開いて落ち葉がたまっている場所があり、P男（3歳）は「工事」と言い、穴をさらにシャベルで掘ろうとする。K太やN太郎も、さらに穴を大きくしようとシャベルで掘ろうとするが、硬い土や木の根に当たって、なかなか掘り進められない。集まってきた子どもたちみんなで頭を寄せ合いながら、穴の中に入って根っこを引っ張りはじめる。

（事例／写真：お茶大いずみ）

事例からは、子ども一人一人に応じてさまざまな意味がボウルに付与され、使われていることがわかる。子ども一人一人の思いや状況に応じて、同じものでもさまざまな用いられ方

をする。その道具を手にしてみたい、使ってみたい、という子どもたちの自発的な思いがあるからこそ、その道具との関わりが自由で豊かなものになっている。

　また、この事例ではシャベルで土を掘るＰ男の姿から、まわりの子どもたちにも穴を深く大きくしたいという思いと動きが生まれ、シャベルを持ち寄って土を掘りはじめる。しばらくシャベルを使っていたものの、硬い土や根に当たって掘り進められずにいると、シャベルを置き、今度は自分の手を使って根を引っ張り、穴を大きくしようとしている。

　子どもたちはシャベルという道具を通して土の硬さや根の力強さを感じており、シャベルが土を掘って穴を大きくするという目的に適切な道具かどうか、身体感覚を通してわかっているのだろう。このような子どもの姿から、道具は、自分の体を延長するようなものとして使われているといえる。

手のほうが掘れるね

道具と身体

　この時期の子どもたちにとっては、まずは自分の体が何よりの道具である。スプーンやフォークではなく、手でつかんで食べたり、筆ではなく指や手のひらで絵の具を塗ったりする。まずは自分の体でまわりの環境に働きかけ、さまざまな身体感覚が養われることで、ものや道具を扱う感覚も豊かになっていくといえる。

2 共同の遊具で遊ぶ

　乳児は興味をもったものは自分のものか他人のものかにかかわらず、何でも手を伸ばしたり、つかんだりする。さわってみたい、好きといった思いははっきりしてくるが、その対象が「自分のもの」か「他者のもの」か「みんなのもの」かは明確に意識されていない。

　友達と同じもので遊んだり、遊具を引っ張り合うこともあるが、「自分のもの」「みんなのもの」といった認識に基づいてではなく、遊びたい、さわってみたい、手元にないと不安、という情緒的な感覚のもとで、ものに関わっている。保育者は、子どもが満足感を得、安心して生活が送れるよう、一人一人の子どもの欲求に温かく適切に応えていく必要があり、共同の遊具についても、種類や数、出すタイミングや提示の仕方などに配慮と工夫が求められる。

　また、§2でも述べたように、子どもたちは身近な他者が周囲のものにどう関わっているかをよく見ており、保育者の表情を確認しながらものをつかもうとしたり、生活のなかでよく使うものを保育者に渡したりするようになる。「みんなのもの」に対する感覚も徐々に養われていくが、保育者自身が共同の遊具やものを大切にする態度をもち、「みんなのもの」に対する子どもの思いを調整するなど、「みんなのもの」の存在を知らせていく必要がある。

こうしたものをめぐる経験を重ねるなかで、1歳を過ぎると、自分と他者との区別がつくようになってくると同時に、"ものの所属"の感覚が明確になり、「自分のもの」と「他人のもの」との区別もつくようになってくる。他児のタオルやカバンを「〇〇ちゃん（のもの）」と言うなど「誰のもの」かもわかるようになる。また、自我が芽生えてくるからこそ、子ども同士で思いを主張し合うようになり、「みんなのもの」を取り合うことも増えてくる。

事例 3-11　電車をつなげて　　　　　　　　　　　　　　　　　1〜2歳児　2月

　Q介（2歳）は、木製のレールをつなげて、黙々と線路を作っている。保育室に置いてあるほとんどのレールを使い、駅やトンネルも作っている。線路が完成すると、長くつなげた電車を線路の上に走らせはじめる。女児が興味をもって走る様子を見ている。
　そこへR太（1歳）とS夫（1歳）も来て、Q介がつなげていた電車を取ろうとする。Q介は「ダメ！」と言い、電車を手元に引き寄せる。保育者は「今はQちゃん使ってるからね」「線路すごく長いでしょう」とR太とS夫に言う。「電車ないかなー」とQ介が使っていない電車がないか探すが、やはりない。最初は使いたそうにしていたR太とS夫は、Q介が走らせる電車をじっと見ている。

（事例／写真：お茶大いずみ）

　ここでのR太とS夫は、電車の遊具が「みんなのもの」であることを理解し、自分の感情を抑制しているわけではないだろう。電車を使いたい気持ちはもちながらも、Q介がつなげた線路や電車の長さ、Q介の真剣さに引き込まれ、無理やり取ろうとする動きが止まり、Q介が動かす電車に見入っているように思われた。保育者はQ介の姿を見守っており、やっと長い線路を完成させ、電車を走らせはじめたところだとわかっていた。だからこそR太とS夫の使いたい思いを受け止めつつも、今はQ介が使っていることを伝えている。
　一見すると、Q介は線路も電車もひとり占めしているように見える。しかし、ここで「みんなのものだから仲よく半分こして使おう」などと言ってしまっては、Q介の思いは実現することができない。Q介のやりたい思いを叶えるためには、今は線路や電車がすべて必要なのである。「半分こ」や「順番こ」といった対応だけでは、子どもたちはものに対する他児の思いの深さには気づくことができない。自分の思いが通ったり通らなかったり、納得したり納得できなかったりしながら、ものに対する自分の思いと他児の思い、その両方に気づき、「みんなのもの」の存在に気づいていく。保育者も形式的な対応ではなく、その都度、何を大切にしたいか、子どもたちに伝えたいかを考え、援助していくことが求められる。

§5 言葉・ものの形や性質などに対する感覚を育む

1 言葉を楽しむ

　子どもは、言葉を発したり、文字を読んだり、理解したりする以前より、その文化の言語活動に身をひたして生活をしている。保育においては、保育者や他児の話す言葉、リズムや抑揚、音域といったすべてのものが、子どもにとっての言語環境となる。

　たとえば、保育者が子守唄を歌いながら、抱いた乳児の背中を優しくトントンすると、保育者の存在とともに言葉と体の心地よいリズムを感じ、安心して眠る子どもの姿はよく見られる。また、1～2歳児になると、バスが通るたびに「バ（バス）!」と言ったり、「オスクリヤ（お薬いや）」など、生活で使う言葉を自分なりに発するようになり、言葉を使って身近な環境に働きかけたり、やりとりすることを楽しむようにもなる。

　絵本やロッカーなどにある自分の名前も身近な言語環境だが、言葉の獲得や文字の習得のためにあるのではない。読み聞かせでは保育者や仲間との情緒的な結びつきや言葉のリズムのおもしろさを、ロッカーの名前からは自他の存在や安心感など、子どもたちは、これらの状況や環境から、言語に関する知識とは異なる様々な感覚も培っている。

事例 3-12 「てつや」

2歳児 6月

　もうすぐ3歳になるU子は、自分の名前の文字に興味をもつようになり、父親や母親の名前の簡単な文字にも気づくようになってきた。ある日、「てつや!（父親の名前）」と言うと、「て」は手を広げて「手」、「つ」は手をすぼめてその形を表し、うれしそうに筆者に見せる。

（事例／写真：筆者）

事例3-12でのU子は、自分の手で父親の名前が表現できることを発見し、それを身近な他者と共有することを喜んでいる。

　大切なことは、言葉や文字を知識として蓄えたり正しく使ったりすることではなく、身近な他者や身のまわりのものとの生きた関わりを通して、言葉や文字に親しみを覚え、やりとりを楽しんだり、発見に驚いたりする子どもたちの感受性である。こうした感受性は言葉や文字を認識するようになる年齢になってから培われていくものではない。言葉を発したり、文字や数字を使う以前より、子どもの内面で醸成されていくものである。保育者も、言葉や文字を単なる知的な概念として捉えず、子どもと楽しみながら発見や驚きを共有していく姿勢が求められる。

> **Column**
>
> ### 言葉以前の豊かな感受性
>
> 　乳児、1～2歳児における3年間で、言葉を獲得し、文字や数を理解する力はめざましい発達を遂げる。言葉を話せるようになった、自分の名前が読めるようになった、10までかぞえられるようになったというように、周囲の大人も「できるようになった」と、能力の獲得を喜びがちである。とりわけ言葉や文字、数の獲得に関する発達は「できる・できない」という指標で評価されやすい。ただし、こうした能力を獲得する以前の子どもたちが未熟だということでは決してない。他者の思いを自分の思いであるかのように感じとり、自分の思いを身体で訴える力は、言葉を獲得する以前の乳児のほうが、はるかに豊かであるともいえるだろう。

2　ものの形、大きさや量、性質などを楽しむ

(1) 形を楽しむ

　乳児や、1～2歳児における形を楽しむ遊びというと、ブロックやパズルといった玩具を思い浮かべる人も多いだろう。たとえば、丸や三角、四角の形をしたブロックを、それぞれの穴の形に合わせて入れたりするが、子どもたちは、形の概念を理解し知的操作をしているのではなく、形が一緒、同じ、はまった、といった感覚のおもしろさを身体的に楽しんでいる。

　また、右上の写真のように、玩具の遊び方に限定されず、ものの形の特徴に応じて、入れたり、重ねたり、転がしたり、新たな遊び方を見出し、楽しむこともある。

　子どもたちは、ものの本質を形から捉えることも多い。たとえば、イチョウの葉、ウサギ、ゾウなど、言葉を獲得する以前より、そのものの特徴的な形を感覚的に理解している。さら

に、空に浮かんでいる雲や紙を破いてできた形を見て、「わんわん！」や「ゾウ！」と言ったり、事例3-12のように手の形を「つ」とする姿からも、子どもたちは形に対して非常に豊かな感受性をもっていることに気づかされる。

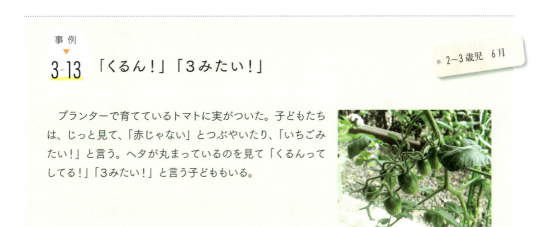

事例
3-13 「くるん！」「3みたい！」

● 2～3歳児　6月

　プランターで育てているトマトに実がついた。子どもたちは、じっと見て、「赤じゃない」とつぶやいたり、「いちごみたい！」と言う。ヘタが丸まっているのを見て「くるんってしてる！」「3みたい！」と言う子どももいる。

（事例／写真：筆者）

　事例3-13では実の色やヘタの形を不思議がったり、「いちご」や「3」と形が同じことにうれしさを感じ、自分なりに言葉にしている子どもたちの姿がある。ものにはすべて何かしらの形や色があるが、自然のものの形や色は、人工のものとは異なるおもしろさや不思議さがある。身近な自然がもつおもしろさや不思議さを子どもと一緒に感じ、共有していきたい。

（2）大きさや量に気づく

　ものに対する大きさや量に対する気づきも、生活や遊びのなかで身体的、情緒的に育まれていく。

　たとえば、右の写真のように、たくさんの箱車を押す場合と、ひとつの箱車を押す場合とでは、それを押すときの身体の感覚はまったく違う。また、下の写真のように、好きな食べものを「半分こ」するとき、少しでも大きいほうを選ぼうとする。

　また、会話のなかでも「ちっちゃい」「おっきい」「ちょっと」「いっぱい」など、数量や程度に関する言葉も使うようになる。3歳ごろには「チョットダケイッパイホシイ」など、自分の思いをなんとか成就させようと、こうした言葉で他者とやりとりをするようにもなる。

　以上の姿からも、ものの大きさや量に対する気

づきは子どもの身体感覚や情緒に支えられながら育まれていることがわかる。

（3）ものの性質に気づく

上下や左右、一定といったものの性質も、「なんとなく違う」「気持ち悪い」「変な感じ」といった情緒に結びつけられ、「きれい」「ちゃんと」「あってる」といった感覚に基づいて理解されていく。あるとき、1歳になったばかりの子どもが絵本『おへそのあな』（長谷川義史・作／BL出版）の表紙を見て、本の上下を逆さまにして、しまい直す姿があった。頭が下にあることの違和感があったのであろう。

また、下の写真にあるように、ダンボールの中にあったみかんを同じくらいの大きさで集めて、自分で何かしらルールを決めて並べてみたりすることもよく見られる姿である。科学的・客観的な理解以前に、子どもたちなりの感覚によってものの性質に気づき、仕組みや法則といったものを楽しみながら発見しているといえる。

以上のように、ものの形、大きさや量、性質や仕組みなどに気づくための環境は特別に用意されるものではなく、これらの事象は子どもたちの日常的な生活や遊びを通して気づかれるものである。保育のいたるところに潜在的に含まれているこれらの事象に対する子どもたちの瑞々しい感性を捉え、共に楽しみ、驚く感覚を保育者も大切にしていきたい。

———— この章で学んだこと ————

- 乳児、1～2歳児は、心身ともにめざましい発達を遂げる時期であり、この時期の子どもの環境との関わりの特徴を捉え、適切な保育環境を整えることが必要である。

- 乳児、1～2歳児は、周囲の環境である身近な人やもの、地域の生活に、身体的・情緒的に関わり、親しんでいる。

- 乳児期から、子どもはさまざまな自然の事象や季節を体で感じながら生活している。

- 乳児からの生活や遊びを通して、身のまわりのものや道具の存在を身体的に理解するようになる。

- 言葉や、ものの形、大きさや量、性質や仕組みなどに対する感覚は、乳児期からの直接的な体験を通して育まれる。

第 **4** 章

自然に親しみ、植物や生き物に触れる

───── この章で学ぶこと ─────

自然は、普遍の法則をもち、生命を育む。時に厳しい面を見せ、
思いどおりにならないのも自然である。人間の力を超えた自然だからこそ、
子どもたちは心が揺さぶられ、さまざまな発見をし、工夫を凝らそうとする。
この章では、子どもたちが自然のなかで体験すること、学んでいることを捉える。
また、体験を深める保育者の関わり、自然を生かした環境構成を考えていきたい。

§1 自然の美しさや大きさ、不思議さに触れる

1 自然に出会う

私たち大人はどのような場合に自然を感じるだろうか。山登りしたとき、キャンプに行ったとき、海で泳いだときなど、日常生活と離れた時間や場所で自然を感じる人もいれば、森や海のそばで生活しているのでいつも感じているという人もいるだろう。

一方、子どもと散歩に出かけると、立ち止まって落ちているものを拾ったり、歩いている虫をじっと見たりして、なかなか目的地に着かないことがある。また、園庭で全身泥まみれで遊んだり、木の実や花びらを集めたりして、夢中になっている姿もよく見られる。

大人も子どもも自然に触れることで美しさに出会い、不思議に思い、時には脅威を感じるなど、さまざまに思いをめぐらしながら自然と向き合っているところは同じである。しかしながら、多くの子どもにとって場所は関係なく、身近な場所であれ非日常的な場所であれ、自然を感じているといえる。とはいえ、昨今、社会生活の変化や天災の影響、家庭環境などにより、子どもたちの体験不足が指摘されている。汚れるのを嫌がり戸外で遊ばない子、虫を嫌がりそばに寄ろうとしない子、すぐ疲れたといって歩かない子が見られるようになってきており、入園までの経験の違いを強く感じることがある。

事例 4-1 園内の自然に出会う

● 3歳児クラス 4月

入園当初の3歳児。保育者と一緒に庭に出るが、保育者のそばにいるだけで、自分から動き出すことが少ない子どももいる。保育者は、紙を巻いて作った棒に蝶に見立てた画用紙を貼ると、「散歩に行こう」と園庭に出た。庭にはチューリップが咲いていて、チューリップの蜜を蝶に吸わせるように止まらせた。「おいしいって言ってるね」と保育者が言うと、「これ、欲しい」と言う。製作コーナーで蝶を作ると、さっそくチューリップに止まらせ、保育者の顔を見る。毎日、繰りかえしているうちに、さまざまな花に止まらせて遊ぶようになった。

（事例／写真：学大小金井）

事例4-1は、新しい環境に不安を感じていた子が、保育者の姿や教材がきっかけとなって遊び出した事例である。さまざまな自然物が身近にあっても、ただあるだけでは注目されないこともある。保育者の言葉や表情、動きが引き金になって、子どもたちは注目し、興味をもち、やがて保育者の動きをまねしながら、自然環境に出会うことにつながっていく。

事例 **4-2** 水たまり　　　● 3歳児クラス　6月

　前日の雨で園庭に大きな水たまりができた。N保育者は、着替えがひとりではできない子どもが多いことを考慮し、水たまりをなくすために環境整備しようかと考えていた。しかし、水たまりの魅力も感じていて、結局そのままにして保育を行うことにした。
　登園すると、子どもたちは保育室に入らず、水たまりのところに行く。足をそっと浸けたり、水に映った自分を見たりして、身支度を忘れるくらい夢中になっている。
　身支度を終えた子もやってきた。初めこそ慎重だったが、瞬く間に両手を浸け、中腰の状態で水たまりに入ったり、ジャンプして跳ねかえる水しぶきを喜んだりしている。徐々に遊ぶ人数が増え、全身で水たまりを楽しんだ。
　保育後、K保育者に「水たまり、そのままにしてよかったね」と声をかけられ、N保育者は「はい」と返事をした。

（事例／写真：学大小金井）

　事例4-2では、衛生面や保護者対応への不安を抱えたN保育者だったが、水たまりで遊ぶ子どもの姿を見たり、一緒に遊んだりすることで、子どもたちに水たまりの魅力を教えてもらったと感じた。加えて、同僚のK保育者の言葉で安心感を得ることができ、保育環境としての価値を見出すことができた。園庭を整備しながら安全に配慮したり、遊んだあとの体を清潔にしたりしながら、自然環境に触れ合う体験の大切さを保護者に伝えていくことが必要である。

事例
4-3 「チョコレートだ」

● 4歳児クラス　1月

　登園時に霜柱を見つけて大事にもってくる子が増える季節になると、保育者は氷作りができるように、ステンレスでできたクッキーの型やシリコン製のおかず容器などを遊具として出している。
　そのようななか、K美が型に泥を入れはじめた。よく見ると、おままごとのお皿の代わりのようだ。保育者としては氷作りのために出したものだったが、しばらく様子を見ることにした。片づけの時間となり、K美は保育者に「とっておきたい」と言った。保育者は残してもよいことを告げ、園庭の隅っこに置いておくことにした。
　翌日、K美がままごとで遊ぼうと容器のところに行くと、「先生、凍ってる！」と言う。泥に含まれた水が固まり、さわるとカチカチであった。シリコン製の容器をそっと外すと、型のまま凍った泥ができあがった。K美は思わず「チョコレートだ」とさけんだ。保育者もその形の美しさと偶然に驚き、しばらく眺めていた。

おこのみやき

チョコレート

（事例／写真：学大小金井）

　事例4-3では、まるでチョコレートのような泥の氷ができあがったことに驚き、子どもと保育者が一緒に美しさや発見を味わう体験ができた。K美に対する援助が予期せぬ氷作りになったように、自然に対しては予測できなかったこと、知らなかったことに保育者自身も直面することがある。
　その予期せぬ出来事を環境に取り込みながら保育を行っていきたい。また、保育者同士が自然環境の魅力を語り合い、それぞれの知識を得ることは自然へのさまざまな着眼点となる。

2 自然を体感できる環境構成

　園のある地域や置かれた状況により、自然環境をどのように取り入れるかが異なってくる。園バスに乗って近隣の海に出かけ、海の生き物と触れ合う活動を取り入れている園の実践例や、近隣に里山があり計画的に活用している園の実践例を聞くと、そのダイナミックさ、活動の豊かさ、事後の活動への連続性をうらやましく思う。一方で、狭い園庭の園では、不足する経験を近隣の公園に出かけて補ったり、プランターなどを活用して自然物に触れる機会を取り入れたりしており、創意工夫に納得させられることもある。
　このように、自然環境が豊かでもそれを取り入れる保育内容を構想しなければ生かされず、自然環境に恵まれない場合でも環境を工夫することで自然と触れ合うことが可能である。

事例
4-4 園内オリエンテーリング

● 5歳児クラス　5月

毎年5月の連休後、保護者が園に来て子どもと過ごす行事がある。3歳児は園庭や保育室で一緒に遊びながら穏やかに過ごす。4歳児は隣接する小学校の体育館を借りて思い切り体を動かし解放感を味わう活動を行う。

5歳児は主に園内の自然物に触れて親しんでほしいというねらいのもと、園内オリエンテーリングを計画した。それぞれの親子は、ポイントごとの活動項目が書かれたカード（取り組む項目はいくつでもよい）を手に順次出発した。そのひとつに「四つ葉のクローバーを探そう」とある。さっそく探しはじめるのだが、なかなか見つからない。根気よく探す親子もいれば、親が必死になっている親子もいる。「あきらめよう」と声をかけてもなかなかやめることができず、ついに見つけた子もいる。結局、見つけた親子も、見つからなかった親子もいた。

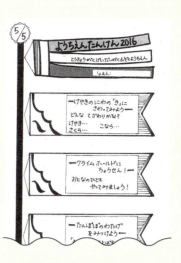

次の保育日、K馬が保育者の手を取って「いっしょに四つ葉のクローバーさがそう」と誘ってきた。一緒に探したが、なかなか見つからない。すると、近くにいたM子が「こっちにあるよ。だって、お父さんが見つかった近くにあるって言ってたもん」と言う。言われたとおりその付近を探してみたが、保育者はあきらめてしまった。しかし、K馬はあきらめず、その付近を探していた。

（事例／写真：学大小金井）

5月になると園庭の大部分がシロツメクサでいっぱいになり、冠やブレスレットにして遊ぶ子どもがいる。子どもたちが楽しんでいる遊びを保護者にも味わってほしいと思い、誰でも取り組みやすく、でも簡単にはいかない、四つ葉のクローバー探しを項目に入れることにした。そして、オリエンテーリングのポイントごとの活動をわかりやすく示したカードを作り、親子で楽しめる工夫をした。自然を取り入れて遊ぶには、季節や地域性、園の戸外環境を考慮することはもちろんだが、保育者の教材研究がその魅力を支えることになる。

後日、保護者からのアンケートでは、「私のほうが必死でした」「ふだんあまり草花に興味

を示さない印象があったので、クローバーを探す姿に成長を感じた」「なかなか見つけられずすぐにあきらめてしまったが、見つけた友達がいたら再び探しだした」という意見があり、大人も子どもも楽しめる活動になったことがうかがえた。その時期ならではの自然物との関わりは、行事の日のみならず、ふだんの遊びへとつながるとともに、親子での会話がほかの子どもへも広がっていくきっかけになった。

事例 4-5 「あっ、マンモスだ！」

● 5歳児クラス　5月

　ある晴れた日、大学内にある農場へ散歩に出かけることにした。農場には大きな畑や田んぼ、ビニールハウスや池、施設などがある。植物や生息する昆虫に目を向けながら一通り歩き、果樹木が植えられた場所で休憩することにした。

　休憩後、約束事を聞いてから好きな場所で遊びはじめた。薄暗く、涼しい感じが興味をそそる竹林で遊ぶ子が多かった。地面は笹の葉の落ち葉が敷きつめられていて、ふかふかとして起伏があり、転びそうになることもある。まるで冒険でもしているような気分になっていたとき、S介が「あっ、マンモスだ！」とさけんだ。その声を聞いて、数名の子どもがさっと集まる。そこには茶色いシュロの樹皮が落ちていた。S介は「みんな、気をつけろよ」と言うと、落ちていた枝でつついて様子を見ている。別のところでもR治が「こっちにもいるぞー」とさけび、冒険の雰囲気を楽しんでいた。

　果樹木の広場では、あちらこちらで木登りをして、下にいる友達や保育者に手を振っている。H乃も「見て」と保育者を見下ろすのだが、その表情は得意げである。

（事例／写真：学大小金井）

　近隣の公園や広場などを活用することで、園内にはない植物や生物、広さや起伏などを体験することもあるだろう。事例4-5では、5月の心地よい気候のなかで、戸外で過ごす快適さを感じつつ、園内にはない竹やぶや木登りなどができるように計画し、出かけることにした。S介の姿からは、ありのままの自然を体感するだけでなく、自然物や気温、明るさなどを含めた状況を感じとってイメージをふくらませ、ごっこ遊びを生み出していることに気づかされる。また、日頃引っ込み思案なH乃は、まわりの友達が木に登っている姿や、それほど高くない木だったことから、思わず登ってみたくなったようだ。どちらの姿も、自然物が子どもの言動のきっかけになっている。このように園内では体験できない自然環境に触

れることで、子どもたちの豊かな動きや言葉、イメージを引き出すこともある。

　なお、活動に適した樹木や植生、生き物か、安全に活動できるものであるか、自然保護の観点から自然物を必要以上に傷めることはないか事前に考えておきたい。

　では物的な環境を整え、活用する意識をもてば、子どもに豊かな環境を与えることができるかといえばそうではないこともある。子どもたちにとって、自然の魅力を伝える大人の存在も大事である。

事例 4-6 「これ、何ていうトカゲだろう」

● 5歳児クラス　7月

　毎日のように虫取りをしていた男児たちは、日に日に捕まえ方がうまくなり、じっと見ては「こいつはショウリョウバッタだ」などと、名前をつぶやくようになった。周囲の子どもも誰かが捕まえると、寄ってきては知っている情報を伝え合う。

　7月、暑い日にも関わらず、Y斗らはふだんどおり北側の庭に行き虫捕りをしていた。すると、Y斗が黒々と光るトカゲを虫かごに入れてもってきた。Y斗は「先生見て！　つかまえたんだ！」と興奮している。すると、近くにいたT保育者が「これ、何ていうトカゲなんだろうね」と言った。それを聞いて、N保育者とY斗は園内のトカゲに関する本で調べてみたが、該当するトカゲが見つからない。その様子を見たT保育者が「じゃあ、隣の小学校の先生に聞いてみよう」と提案し、電話をかけてくれた。すぐに小学校のS先生が来てくれ、トカゲをじっと見ている。それをY斗や虫好きの男の子たちが見つめる。S先生は「これはニホントカゲだね。それにおなかに卵をもっている」と言った。Y斗が

これまで以上に真剣におなかを見ると、ほんのちょっとのふくらみを捉えて「たしかに卵だ」と言った。

　それから卵のかえし方をN保育者と調べ、大事に育てた。後日、卵が産まれ、さらに数日後、卵から小さなトカゲが生まれた。Y斗はやさしく微笑むと、親子共トカゲを庭に放した。

(事例／写真：学大小金井)

　この事例では、小学校のS先生にトカゲの名前やおなかの卵を教えてもらったことで、Y斗の興味や関心の高まりがわかる。その後もY斗の虫取りは続いたが、9月のある日、トカゲをさわろうとしたF郎を怒って、けんかになったことがあった。理由をよく聞くと、F郎はこれまで昆虫の扱い方が粗く、Y斗はそれを不満に思っているということだった。保育者がどうすればいいか聞くと、「こうやって持てばいいよ」と片手を受け皿にして、力を入

れすぎず持つ様子を見せた。それをＦ郎もまねしてトカゲを持つことができ、満足したのだった。

このように、自然の魅力を感じて楽しむ人の存在が、子どもの興味や関心を高め、好奇心をもち、大切に扱うことを促すことがある。場合によって、専門家の話を聞く機会を取り入れてもいいだろう。共感してくれる人、教えてくれる人、一緒に捕まえてくれる人など、さまざまな役割を意識しながら、人的環境を保育に取り入れる工夫をしていきたい。

ネイチャーゲーム

　実習生の自己アピールシート（東京学芸大学幼児教育部会、2015）[1]の項目のなかに「苦手なこと」がある。そこに「虫が苦手です」と記す学生が少なくない。子どもだけではなく、将来保育者をめざす学生や保育者として働いている者も含めて、自然体験の個人差や経験差を踏まえつつ、自然の不思議や美しさ、おもしろさを感じる経験の重なりは必要である。その手がかりとしてネイチャーゲームがある（田代、2013）[2]。

　ネイチャーゲーム（Joseph Cornell、1979）とは、いろいろなゲームを通して楽しく体験しながら自然について興味を抱いたり、自然のことを学んだりする活動のことを指し、「自然をわかちあう」こと、「自分が感じたことを互いに共有する」ことが活動の本筋である（山口、2013）[3]。このような教材に触れるなかでさまざまな自然体験へのアプローチを知り、自然への着眼点を増やしたり、参考にしたりし、園の環境や子どもの実態に合わせて取り入れながら保育の質を高めていきたい。

カモフラージュ
目立たないように置かれた人工物を注意深く探す

森の万華鏡
さまざまな種類の自然物に目を向け、形や色、模様などへの気づきを促す

フィールドビンゴ
自然に関するいろいろなテーマを扱い、感覚を研ぎ澄まし、観察力を高める

出典：フィールドビンゴ®カード
（公社）日本シェアリングネイチャー協会

ミクロハイク
虫メガネなどを使って、足元に広がるミクロの世界を体験する

§2 自然を取り入れて遊ぶ

子どもの着替えを手伝っているとき、ズボンのポケットから、ドングリ、石、草が出てきた。その子にとってポケットは宝箱なのだろう。大人はなんとも思わない自然物が、子どもには一つ一つ、光輝いていたのかもしれない。子どもは自然を取り入れて遊ぶなかで、さまざまなことを感じ取っており、対話しているのである。

では、どのような遊び方をしているだろうか。3歳児では、さわる、つつく、集めるなど直接的に接して遊ぶ姿をよく目にする。4～5歳児になると、意図的に操作しながら、変化する・変化させることで、対象の性質や仕組みなどを感覚的につかんでいく。そして自分なりの論理として身につけ、使いこなしていく。

1 身近な自然素材を使う

身近な自然素材は繰りかえしさわることを促し、そして学びを与えてくれる。

事例 4-7 鉛筆アイスクリーム

3歳児クラス 5月

K太はカップに砂をのせ、「こうやって」と言いながら両手で砂を盛って固めようとする。K太はその形から鉛筆に見立てる。すると、鉛筆を作るという目的ができ、砂を盛っては両手でぎゅっぎゅっと砂を固める。そこに白砂をかけ、「鉛筆にクリームをかけたの」とA保育者に見せる。

次に、砂場の外の砂をカップにのせようとするが、砂が乾いているのでこぼれてしまう。砂場のなかの湿った砂をのせ、「鉛筆アイスクリーム」と言いながら再びA保育者に見せる。カップの砂の量を見ては、「ちっちゃくなる」や「すごい山盛り」と言葉にして、笑っていた。

(事例／写真：学大小金井)

この事例はK太の砂との素朴な関わりを記したものである。K太のありのままの表現を

振りかえると、とがったから鉛筆、白いからクリーム、冷たいからアイスクリームといったように、目や手を通して感じたことを言葉にしていることがわかる。また、砂場はつねに木陰の場所にあり、そこの砂は冷たいのだが、園庭の陽の当たる場所にある砂は温かい。K太は温かい砂をさわってからは、意図的に砂を選んでいた。この遊びは１時間近く続き、いかに砂自体の魅力がK太を夢中にさせたかがわかる。と同時に、繰りかえしたからこそ、K太なりに砂の特性を感じとることができたことも読みとれる。

　幼い時期は目的をもって対象を操作するというよりは、行為を行うなかで対象の形状や状態を捉えて見立てることがよくある。保育者は、子どもの言葉や行為が何を意味するのか踏まえて援助を行っていきたい。

事例 4-8 オオバコ相撲

4歳児クラス　9月

　保育者とK子でオオバコを摘み、引っ張り合う遊びを始めた。初めはきょとんとした表情をしていたK子だったが、保育者が「あ、負けた」「今度は勝った！」「次はどれにしようかな」と言いながらオオバコを選んでいるうちに、徐々に自分でも選んで遊ぶようになった。
　そうして遊んでいると、A奈やY佳が「私もやりたい」とやってきた。A奈やY佳はさっそく自分でオオバコを摘み、保育者とオオバコ相撲をした。保育者が茎の太いものを選んで勝負に勝つことが増えると、２～３本くらいを束ねて勝負するようになり、勝っては喜んでいた。

（事例／写真：学大小金井）

　園庭には意図的に栽培している植物と、自然に生育している植物がある。この事例では、その時期になると生えてくるオオバコを遊びに取り入れたものである。初めは目についたオオバコを抜いて遊んでいたが、だんだんと茎の太さを選んだり、２～３本を束ねることを見出したりして、勝とうとする様子が見られた。

　このように遊びのおもしろさを感じながら、徐々に勝つための工夫に意識を向けることや、友達の行為を取り入れることへの学びが読みとれる。保育者はこれまでの経験から、つい先走って答えとなるようなものを言ってしまうこともある。しかし、遊びながら子ども自身が気づいていくことが大切である。答えや効率の良さを優先するのではなく、子どもの気づきに寄り添うことが、その子らしい学びを得ることになると考える。

Column

遊べる草花

草花にはさまざまな遊べるものがある。子どもたちは触れながら不思議がったり、おもしろがったりして、好奇心や探究心をもつようになる。

木の実などを使ったケーキ

アサガオの色水

葉っぱのお面

シロツメクサの冠

ワラのストロー

2 生き物との生活が遊びにつながる

　多くの子どもは動くものに興味がある。とくに昆虫は、その動きや形、色が魅力的で、子どもは捕まえることに真剣である。捕まえると逃がしたくなくてケースなどに入れる。世話をし、観察しながら、生態に触れ、親しみ、生命の不思議さに立ち会う。生き物との生活が遊びのイメージやテーマに派生していくこともある。

　ここでは、5歳児6月から約1か月続いた、ザリガニ釣りから始まった遊びに関する保育者の記録を一部紹介する。

事 例
4-9 ザリガニ釣りから広がる・つながる ● 5歳児クラス 6〜7月

6月4日　小学校の池を借りてザリガニ釣りをした。約1時間のなかで全員が釣ることができた。家に持ち帰る子がほとんどだったので、保育者が釣ったザリガニ数匹を園で飼うことにした。

6月5日　保育室前のテラスに、飼育ケースと図鑑、虫メガネを置いておく。子どもたちはじっくり見るというよりは、さわりながらハサミの動きや体の動きを見て喜んでいる。H子が何気なく歌うと、ザリガニの体の一部がクルクルと回る。偶然だったが、H子はとてもうれしそうにしていた。

6月10日　新聞紙やカラーポリ袋、ボール紙、モール等を用意しておく。子どもたちはそれを使ってザリガニを作ると、積み木を池に見立ててザリガニ釣りが始まった。磁石が弱くて、なかなか吊り上がらなかったが、それがおもしろいようだ。

6月11日〜　死んでしまったザリガニを見て、油性ペンで絵を描く。ザリガニをよく見て絵を描く子もいれ

ば、ザリガニ釣りを思い出して描いている子、ザリガニが楽しそうに遊んでいる様子を描く子もいる。

6月17日　ザリガニのお面やハサミを身につけたC保育者をY代たちが見て、「作りたい」と言ってきた。できあがって遊びはじめるものの、ハサミが邪魔で手を使えず、遊びがあまり盛り上がらない。

6月17日〜　絵本『ざりがにのおうさままっかちん』を読む。
主人公の気持ちに共感しているようで、真剣に聞いている。ザリガニが釣れた場面では、「うぁ」という歓声のような声が漏れ聞こえてきた。

6月18日〜	7月にある夏季保育のテーマをザリガニにし、それに向けてグループごとに大きなザリガニを描くことになった。分担をすること、用意された絵の具を混ぜて作った色で描くことをねらいにして取り組んだ。
6月19日	プール前の準備運動で「エビカニクス」を踊ったら、どこからか「ザリガニクスで」と聞こえてきた。それを保育者が歌うと、大盛り上がり。一体感を味わいながら準備運動を行った。
	その他、夏季保育や誕生会で、ザリガニに関する製作物を使ってお話を楽しんだ。
↓	
7月中旬	

（事例／写真：学大小金井）

ザリガニ釣りの過程では、生息する場所の情報収集、手に感じる振動、釣り上げるうれしさといった、さまざまに心を動かす様子が感じられた。釣り上げたザリガニは家に持ち帰ってもよいことにしたが、数匹は園で飼うことにした。

翌日、登園すると、さっそくザリガニを飼育ケースから出して動きをおもしろがったり、近くに置いておいた図鑑や虫メガネを使って観察したりしていた。その姿からは興味や関心をもっている様子を強く感じ、ザリガニに関する遊びが見られるに違いないと保育者は思っていた。しかしながらザリガニに関する遊びをする子どもはおらず、しだいにザリガニコーナーに来る子どもも少なくなっていった。しかし、保育者がザリガニの絵を描くことやザリガニを作って遊べるような材料を設定したことがきっかけとなり、ザリガニに関する遊びが見られるようになった。

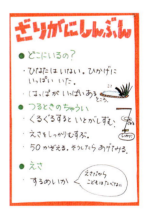

あらためて記録を読みかえし、まとめてみると（次ページ参照）、ザリガニ釣りが共通体験となり、遊びや活動の基盤になっていたことがわかる。また、釣り上げたザリガニを家庭に持ち帰ったことで、園での経験と家庭での経験がつながり、興味や関心が持続していったと推測できる。一方、子どもがザリガニに心を動かしているといっても、興味や関心を表現する手段をもてずにいると、遊びは生まれにくい。生き物との生活を遊びにつなげたいときには、遊び出せるような材料や道具、モデルとなる動きといった環境の構成を行う必要がある。その際には、長期的な指導計画を軸に、子どもの実態に合わせて内容を考えることも加味しておきたい。

遊びの時間に作ったザリガニ紙芝居

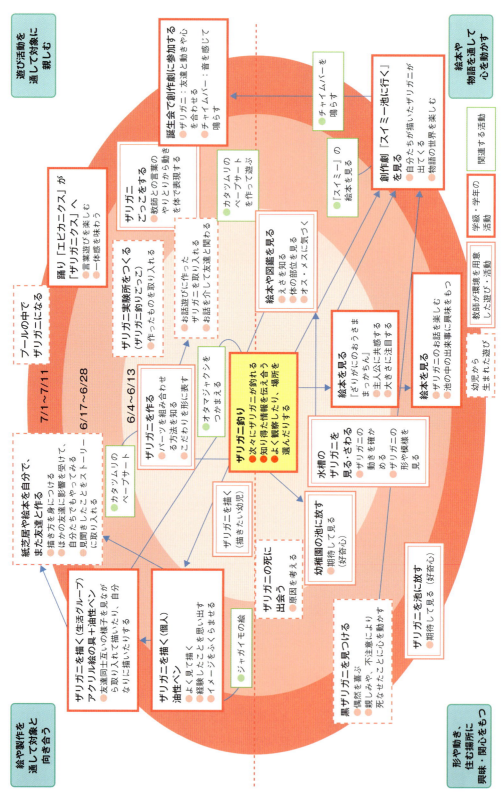

図 4-1　ザリガニ釣りから広がった遊び・活動の一覧

§3 季節の変化に気づく

　園は遊びの場であると同時に、生活の場でもある。毎日、園に来て生活するなかで、子どもは四季の移り変わりを肌で感じながら遊んでいる。しかし、子どもが感じている四季の変化は漠然としているだけでなく、ともすれば流れ去り、意識のなかに残らないものとなってしまう。これは、肌では感じていても、それを言葉で表す術を知らなかったり、それがその季節ならではのものであるということを知らなかったりするためである。

　保育者は、子どもが季節の変化を感じている姿を捉え、それを共に感じたり、楽しんだり、具体的な形である言葉にしたり、友達と一緒に共通の体験になるようにしたりしながら、子どもの心に内在化していく必要がある。

　四季の変化が、心地よく、美しく、儚く、時には厳しいものだということを、体験を通して子どもが感じられるようにしたい。そして、1年が経ち、もう一度同じ季節がめぐってきて同じような体験をしたときに、「ああ、この季節が来たな」や「もう春だね」などといった思いを抱けるような心を育てていきたい。

1 季節を感じるきっかけ

事例 4-10　水遊びが楽しい　●3歳児クラス　6月

　6月後半から気温が高くなり、プールでの水遊びを楽しむ子どもも増えてきた。顔に水がかかって、水で遊ぶのが少し怖くなってしまったA哉。毎日みんなが水遊びを楽しんでいるのを、ジャングルジムの上から眺めている。保育者は無理にプールに誘うのではなく、水に親しめるように、プールのそばにペットボトルで水遊びができるコーナーを設置した。A哉はそのコーナーに寄ってきて、ペットボトルに水を入れては出し、入れては出しを繰りかえして遊びはじめた。汗がにじむほど暑い季節、手だけでも水に触れると涼しく感じるようだ。水をさわって遊ぶのが楽しくなったA哉は、着替えコーナーに行って、水着に着替えはじめた。そーっと保育者のそばにやってきて、「せんせー」と手を握ってきた。保育者は浅いプールでペットボトルの続きができるようにA哉を促した。

（事例／写真：学大小金井）

暑い季節になってくると、どこの園でもプールを出したり、プールに遊びに行ったりするようになる。プールで遊んだり、水遊びをしたりするなかで、子どもたちは素直に「冷たい水は気持ちいい」と感じたり、手に当たる水の感触を楽しんだり、水の流れをじっと見つめたりしている。

この楽しみを支えているのは、暑い季節である。夏、子どもたちは汗をかき、シャツを濡らし、髪の毛をおでこに貼りつかせて遊びながら、「暑い」と感じる。体がほてったところで冷たい水に触れ、「ああ、気持ちいい」と感じ、「涼しい」と感じる。

最初の水遊びでは、泳いだり顔をつけたりではなく、最も基本にある水の気持ちよさや涼しさを経験させたい。このことが次につながる。何度も繰りかえして十分に楽しむことで、夏ならではの水の楽しみ方を体験できるのである。「水」という素材を子どもが楽しむことが大切である。そのような場面を設定したり、状況をつくったりすることが保育者には求められる。水を楽しみ、水で遊ぶことで、子どもは夏の暑さを感じるのである。

事例 4-11 落ち葉を集めよう

● 4歳児クラス 12月

12月、みんなで育てたサツマイモを使って焼きイモをすることになった。保育者はそのための落ち葉を集めている。K介、M男が「何やってるの?」とかけ寄ってきた。保育者が「今度の焼きイモのための落ち葉を集めてるの。いっぱいいっぱい必要なんだよね」と言うと、「ぼくもやりたい」と、一緒に落ち葉集めをすることになった。

園庭のケヤキの木の落ち葉は、集めはじめるとしだいにうず高くなり、小山のようになってきた。初めはせっせと落ち葉を集めていたK介とM男だが、落ち葉が集まってくると楽しくなり、あとから来た友達に投げかけたり、宙に投げ上げたり、葉っぱの中にもぐったりして遊びはじめた。K介は「葉っぱのお風呂みたい」「あーいい湯だなあ」と言いながら、葉っぱの中に体をうずめていた。

(事例/写真:学大小金井)

秋、木々からは葉が落ちはじめる。大人はさまざまな色に染められた葉を見るだけで、「あ

あ、秋が深まってきたな」「もうすぐ冬だな」と感じることができる。それは、これまでに何度となく四季の繰りかえしを経験してきたから得られる感覚である。生まれてきて、まだ幾度も秋を経験していない子どもにとっては、赤く色づいたモミジも、黄色く染まったイチョウも、園内に積もった落ち葉も、どれもみな新鮮である。そしてそのことに気づけるように目を向けさせたり、楽しみ方を知らせたりするのも、保育者の役目である。

一年のなかでその時期にしか味わえないものや経験できないことは、ほかにもある。青い空とその手前のイチョウの深い黄色のコントラスト、落ち葉の軽さともろさ、保育者はそれらの一つ一つをていねいに、子どもと一緒になって感じ、記憶のなかに留めていくのである。

何より大切なのは、保育者自身もモミジを美しいと感じたり、落ち葉に埋もれて遊ぶことを楽しいと感じたりする心をもつことである。

2 季節を生かす保育

事例 4-12　雪だるま作り　　5歳児クラス 1月

　突然降った大雪に子どもたちは大喜びだ。登園してくると、どの子どもも一目散に園庭へかけ出していく。友達同士投げ合ったり、寝転がったりしながら雪の感触を楽しんでいる。だれからともなく雪だるま作りが始まった。ひとりでは転がせなくなってくると、数人の友達と一緒に転がしはじめる。手袋がしだいに濡れてきて、「先生、手が冷たいね」と言う子どももいる。「どうする？　手袋濡れちゃったけど、やめる？」「ううん、つくる。まだ途中だもん」。かじかんでくる手足を精一杯使って、身の丈ほどもある大きな雪だるまを作った。

（事例／写真：学大小金井）

雨の日も計画していた保育を修正する必要があるが、雪はさらに保育がガラッと変わる自

然現象である。ふだん雪が降らない地域では、雪が積もると、保育者はその日に計画していた事柄をあとまわしにしてでも雪で遊びたいと思うであろう。なぜならば、園庭や裏の畑に積もった雪を見れば、その上を歩きたくなるし、雪は次の日には積もっていないかもしれないからである。

つまり、雪が積もったその日を逃してしまうと、もしかしたらあと1年、雪遊びはできないかもしれないのだ。雪の冷たさ、感触、雪を使った遊び。保育者は自分も楽しみながら、それらの楽しさを子どもたちに伝えていく。手袋に染み込んだ雪解け水は冷たい。何度も口で息を吹きかけながらも遊びを続ける子どもたちは、言葉では伝えられない雪の感触を味わっている。

四季のはっきりしている日本では、雪にかぎらず、その時期、その季節にしか体験できないことがたくさんある。それを子どもたちが身をもって体験できるような環境づくりと計画、また、臨機応変な対応をしていかなければならない。

§4 植物を育てる

　園にはさまざまな植物が栽培されている。園内に自然に生息している植物もあれば、子どもが毎日水をあげて栽培しているものもある。また、園として栽培している植物もある。どちらにしても、それらは保育者が意図的に保育に取り入れることができるものである。そしてそれらの植物に触れることで、子どもはさまざまなことを感じたり、自分の遊びに取り入れたりしながら園生活を送っている。したがってそこには、保育者の「この植物を栽培することで、子どもにはこういうことを経験してほしい」や「こういう経験をしてほしいから、この植物を利用しよう」などというねらいや願いが込められている。

　保育者は一つ一つの植物に、どのようなねらいや願いをもって、保育のなかに組み込んでいるのだろうか。また、自然に生息している植物をどのように保育に取り入れようとしているのだろうか。ここでは、それぞれの植物のもつ特性や、そこに込められた保育者のねらい、それにより子どもがどのような経験をしていくのかを考えていく。

1 園内の植物を保育に取り入れる

　園内には自然に生息している植物も少なくない。そのなかでも、タンポポやシロツメクサ、レンゲなど、花の咲く植物は子どもたちにとって格好の遊びの材料になる。

事例 4-13　それだけで楽しい
5歳児クラス　5月

　5月、園内ではさまざまな雑草が生い茂ってくる。タンポポ、シロツメクサ、ハルジオンなど、花を遊びに使うものもあれば、ドクダミのように臭気に特徴があるものもある。F夫は、摘みとったシロツメクサを集めて手に握っていた。次々とシロツメクサを集め、握りきれなくなっていたので、保育者は「これを使って見やすくできないかな」と厚紙を提示してみた。遊びにくいと感じていたのか、F夫はそれに自分の摘んだシロツメクサを貼りはじめた。それを見ていたG哉は「ぼくもやろう」と、同じように厚紙にシロツメクサを貼りはじめた。
　F夫もG哉も、そのあとは自分たちで好きな草を摘んでは貼りつけ、次々とコレクションを増やし、ファイルを作っていった。時々互いのファイルを見せ合っては、「それ、どこにあったの？」「こっちこっち」などと言いながら園内を散策していた。

（事例／写真：学大小金井）

鉢植えや花壇に咲いている花だけが子どもにとっての遊びや学びを誘発するものではない。どこにでも生えているような雑草や名も知らない野花でさえ、子どもたちの手にかかれば遊びの材料になってしまう。ここではただひたすらに園内の植物を摘み取っては貼りつけるということを繰りかえしているのだが、ふたりにとってはそれだけでも十分に楽しく、充実した遊びとなっている。保育者は草を摘みはじめたその何気ない姿を捉え、楽しさを子ども自身が内在化できるようにしたり、友達と共有できるようにしたりするための、ひとつの手段として、厚紙に貼りつけて押し花にするという方法を提示している。

　子どもが身近な植物に対して興味をもったり、親しみを感じたりするきっかけは園内にたくさん潜んでいる。その小さなきっかけに子どもが気づいたときに、保育者がしっかりと受け止め、安心して身近な植物に関われる雰囲気をつくっていくことで、さらに遊びは深まり、楽しいものになっていくのである。

2 自分たちで植物を育てる

事例 4-14 「今日はどうなった？」 ● 4歳児クラス 2月

　N夫は登園してくると、クラスで栽培している水栽培のヒヤシンスにかけ寄った。「今日はどうなった？　おー、すげー」。昨日までは根が短かったものが、容器の底につくほど伸びている。その様子を見てN夫は感嘆の声を上げている。「おーい、来てみろよ。根っこが伸びてる」。その様子に、周囲にいた子どもも集まってくる。「ほんとだ。ひげみたい」「ニョロニョロだね」と、さまざまな会話が飛び交う。次の日にはさらに伸びて容器いっぱいになっている根を見て、驚いていた。

（事例：学大小金井　写真：学大竹早）

　まず、クラスで栽培する植物を選ぶにあたり気をつけたいことは、「成長が見た目でわかりやすい」ものを選ぶということだろう。「植物というものは初めから地面に生えているもの」ではなく、「少しずつ育っていくもの」であるという実感をもつためには、育っていく

様子がわかりやすく、しかも見ていて楽しいものにしたい。

　そういう意味で、第一歩としてよく栽培されるのはヒヤシンスである。水栽培をすれば、根がぐんぐん伸びていく様子もわかりやすく、毎日少しずつ変化するので見るたびに様子が変わっているのも楽しい。また、開花まで比較的早く進むので、「以前は球根だったものがきれいな花になった」という実感ももちやすい。さらに、子どもが栽培するにあたり、「花が咲かない」という失敗も起きにくい。花が咲くまでのサイクルが長すぎると、球根を植えたことを忘れてしまったり、何を植えたのかわからなくなったりしてしまうこともありうる。もちろんヒヤシンスでなくてもいい。

　保育者は、どのような植物を栽培し、どう育てるかを考慮し、植物は少しずつ育っていくということを、身近な環境から経験を通して学んだり気づいたりできるような配慮をしたい。

事例 4-15　早く大きくなーれ！

4歳児クラス　3月

　ひとり1鉢チューリップを育てている。登園してくるとかならず自分の鉢に水をやるB実。ある朝、自分の鉢に小さな芽が出てきていることに気づき、保育者に話しかけてきた。「チューリップが咲いたよ」。保育者はほほえみかけながら、「本当だね、チューリップの芽が出てきたね。早く大きくなって花が咲くといいね」と返した。C花はそれを見て「C花のは出てこない」と、目に涙を浮かべている。保育者は「C花ちゃんのチューリップは寒がりなんだね。まだお布団から出たくないようって言ってるんだね。早く出ておいでーって言ってあげようね」と話しかけながら、C花と一緒に鉢を眺めていた。

（事例／写真：学大小金井）

　ひとり1鉢、何らかの植物を育てることにも意味がある。自分だけの鉢をもっているということに対して、子どもはとても大きな楽しみを抱いている。自分の鉢に対して、毎日欠かさず水をやりつづける姿は健気でほほえましい。かならず花が咲くと信じ、水をやりつづけるなかで、いとおしむ心を育てたい。こうした経験があると、事例4-16のように長期的な見通しをもった栽培活動にも、主体的に取り組むようになる。

　また、毎日繰りかえすことの日常性のなかに、ときおり現れる変化を喜び、次への希望を抱く心を育てたい。さらに、すべてが同じ日、同じときに芽を出し花を咲かせるとはかぎらないことも保育者は忘れてはならない。毎日、目の前の植物に思いを寄せ、大切にし、心を注ぐという過程を、子どもも保育者も大切にしたい。そこには、植物は育てれば大きくなるという確信からなる期待が前提としてあり、それまでの経験がここでの子どもの育ちを支えているということはいうまでもない。

事例 4-16　田んぼを通して

5歳児クラス　5月・10月

　食べられる植物を育てて、自分たちや園全体でそれを食べるということを楽しみにしていることも多い。5歳児はもち米の苗を使って春に田植えをし、秋に稲刈り、冬に餅つきをするという活動を行った。長い時間をかけてひとつの作物を育てる過程のなかで、子どもたちはどのようなことを感じ、体験しているのだろうか？

〈5月　代かき〉

　田植えをするためには前年度の秋に稲刈りをしたままの田んぼを耕し、田植えのできる状態にしなければならない。大人の力や、機械を使っても代かきはできるが、自分たちが作った田んぼで自分たちのお米を育てるんだという気持ちがもてるように、代かきも自分たちでできるようにした。ただ、代かきといっても、みんなでどろどろの田んぼに入って泥遊びをするというもので、どの子どもも初めて入る泥のプールに、初めは緊張していたが、徐々に慣れてきて、最後には体全体で泥の感触を楽しんでいた。

〈5月　田植え〉

　田植えは保育者だけではなく、保護者や地域に住む方なども来て行われた。苗の束を小さな手でつまみ、泥の中に入って植えていく姿は頼もしくもあり、ほほえましくもある。「みんなはお米を食べるけど、お米は何を食べるかな？」とたずねると、子どもたちからは「水」「土」「お日さま」「風」などの意見が出ていた。目の前にあるものを見てさわって、自らが体験することで、植物にとって必要なことを肌で感じ取っていく。

〈10月　稲刈り〉

　夏の間の草取りや穂が出てからの案山子作りを経て、秋にはいよいよ稲刈り。子どもたちはいつの間にか頭を垂れている一株一株に感動し、歓喜している。自分たちが植えた苗に穂が実り、その稲を自分たちの手で刈り取る。それまでの活動に意味があったのだということを、実感として学び取っていく。またそのためにも、保育者は子どもたちにわかりやすい形で、今までの取り組みを思い出せるような言葉がけや、視覚的な提示の仕方などの工夫をする必要がある。

（事例／写真：学大小金井）

§5 生き物に親しみ、命を大切にする

身のまわりにいるさまざまな生き物や、園内で意図的に飼育する生き物。保育者はそれらを保育のなかに位置づけていなければならない。小さな虫から哺乳類まで、生き物は子どもたちを引きつける大きな力をもっている。子どもたちがそれらの生き物に向き合ったとき、保育者が伝えていきたいことは何なのだろうか。

入園して間もなく、友達と打ち解けることに時間のかかる子どもも、小鳥やモルモット、ウサギなどの小動物には気軽に関わり、一日の拠り所となることもあるだろう。そこに集まってきた友達と一緒にえさをあげたり言葉を交わしたりするうちに、少しずつ友達とも関係を深めていくきっかけになるかもしれない。毎日熱心に虫探しをする子どもたちは、動く虫に魅力を感じ、何匹も何匹もつかまえるだろう。しだいに同じ虫でも一つ一つ形や模様が異なることに気づいたり、その虫をもっと知りたいと感じ、図鑑を開いたりするかもしれない。図鑑で見てみると、この虫は成虫で、実は同じ草の葉にいた小さな虫がその幼虫だということに気づくかもしれない。小さな虫や生き物が子どもたちの興味・関心をかき立て、次への意欲を引き出していく。

さらに、つかまえた生き物や園で飼育している生き物が生きていくためには必要なこともたくさんある。つかまえて楽しいだけではなく、それを飼育していくためには、えさの考慮や飼育する場所の整備に始まり、毎日世話を続けていくという日常性と継続性、また生き物はかならず死んでしまうという現実に突きあたることもあるだろう。そういった、すべての生物が直面する現実を、園という生活の現場で体験を通して実感として受け止めていく援助も忘れてはならない。

1 生き物との安心した関わりから

事例 4-17　ごはん食べる？　　　● 4歳児クラス　4月

　入園してから間もないS美は、登園してくると毎日テラスにあるモルモットのゲージに近寄っていく。今日も荷物を置くとゲージに近寄り、モルモットを指でなでている。保育者が用意しておいたキャベツを手に取り、そっとゲージの隙間から差し込むと、モルモットが寄ってきて小さな歯で勢いよくかじっていく。その姿をS美はじっと見ながら立っている。毎朝このことを繰りかえし、S美は園という新しい環境に慣れようとしているのかもしれない。
　そこへ同じクラスのT香がやってきた。お互いにまだ名前もよくわかっていない。T香はゲージに近寄ると「ごはんあげてるの？　キャベツ食べる？　ニンジンも食べるよ」と勢いよく話したあと、S美に向かって「かわいいね」。S美はこくりとうなずいて、再びキャベツをあげはじめた。

（事例／写真：学大小金井）

　小動物を拠り所として自分の安定できる場所をもつ子どもは少なくない。ひとりでいること、小さくてかわいらしい動物と向き合い触れ合うことで自分の居場所を確認し、少しずつ新しい環境に適応していこうとしているのかもしれない。その姿を保育者は受け止めて、ゆっくりと見守っていきたい。
　また、それらのゲージやかごを部屋の隅ではなく、だれからも見えやすい場所、ある程度の広さのある場所に設定することで、数人が集まって囲むことができるようにする配慮も必要である。子どもたちがひとつの場所に集まり、同じ対象に向けて頭を突き合わせ、顔を寄せ合うことから生まれてくる会話や、安心感、関係の広がり、あらたな発見などを期待しながら、保育者は場所を設定していく。

2　生き物と生活する工夫と配慮

　生き物と共に生活するなかで、どのようなきっかけがあれば幼児と生き物との関わり合いが深まるか、保育者は考えていく。また、生き物が生命をもっていることや成長していることを幼児が感じるような出来事の際に、一人一人の受け止め方に寄りそうことも大切である。

> 事例
> # 4-18 クロアゲハの羽化

5歳児クラス 6月

園内の夏みかんの木にアゲハチョウの幼虫がいたので、つかまえて保育室で飼育をしていた。保育者は、4匹もいる幼虫の成長に子どもたちが興味をもちやすいように、1匹ずつ個別の飼育箱を作り、それぞれの育ちが見えやすいようにしたり、自由にさわったり世話をしたりできるようにしていた。A介は「これはクロアゲハだ」と図鑑と幼虫を見比べていた。

6月の中旬、A介がクロアゲハだと教えてくれた幼虫がさなぎになった。保育者は子どもたちにチョウの羽化を見せたくて、大体の日数を計算し、羽化しそうな日にビデオカメラを設置しておいた。

その日、子どもたちがプールに入る前にはまだ羽化していなかったさなぎが、プールから戻

ってくると見事なクロアゲハになっていた。保育者はさっそくビデオカメラを保育室内のモニターにつなぎ、羽化の様子を子どもたちに見せた。じっと動かなかったさなぎがピクピクと動き出し、殻に亀裂が入り、少しずつクロアゲハが出てくると、「わー」「出てきた出てきた」「動いてる」と興奮気味に話す子どもや、食い入るようにモニターを見つめる子どもがいた。

（事例／写真：学大小金井）

　小さな虫や生き物は子どもたちの興味を惹きつける。どんなふうに動くのか、何を食べるのか、どうやって大きくなるのか、それらを図鑑やテレビで見ていたとしても、直接的な体験として出会わせたいと思う。大切に飼育したい気持ちと、さわったり遊んだりしたい気持ちを同時に受け止めつつ、バランスを取りながら関われるようにしていきたい。ビデオカメラやタブレット端末など、気軽に録画できるものもある。それらを保育のなかにも取り入れていくことにより、一緒に生活する幼児が体験や感動を共有できる可能性もある。

　このように、ICT機器（第9章§1参照）の活用も、今後はさらに求められていく。

第4章 ▶ 自然に親しみ、植物や生き物に触れる

> 事例
> 4-19　動物当番

● 5歳児クラス　10月

飼育しているニワトリの世話の時間になった。動物当番の子どもたちは、まず長靴に履き替える。次に残ったえさを捨てる。その後、新しいえさをあげ、水を取り替える。そこまで取り組むと、子どもたちの動きが鈍くなった。動物当番を始めて半年も経てば、仕事の内容に見通しがつく。次はニワトリのフンの掃除だ。

G子が「Y哉くんウンチ取らないと」とY哉にフンの掃除を押しつけようとしている。Y哉はY哉でやらなくてはいけないことはわかっているが、汚いのが嫌で渋っている。保育者が「えー、気づいたならG子ちゃんがやればいいんじゃないの？」と反論してみると、「えー、だって臭いんだもーん」と答えた。ほかの子どもたちも、「そうなんだよ」というように目を見合わせている。保育者は「そうなんだよね。臭いんだよね。でもじゃあ、誰がやればいいんだろうねえ。コッコちゃんに自分でやってもらうかねえ」と独り言のようにつぶやくと、G子とY哉は仕方なくといった様子でフンの掃除を始めた。

（事例／写真：学大小金井）

　動物を飼育している園も多くあるだろう。飼育動物は、かならず残飯やフンの始末をしなければならないが、それらの仕事は誰の仕事になっているだろうか。保育者だろうか。主事さんだろうか。清掃業者だろうか。しかし、園での動物の飼育は、できる範囲で子どもたちが行えるようにしたい。

　3歳児は小鳥にえさを与えるだけかもしれない。4歳児はモルモットの小屋の掃除をするかもしれない。ヤギを飼っている園もあるかもしれない。ヤギとはいわなくてもウサギを飼っているかもしれない。そのなかで5歳児にはどんな仕事ができるだろうか。

　残飯やフンはにおいがきついものもある。それらは保育者でも苦手な人はいるだろう。しかし、園で動物を飼育することにはどんな意味があるのだろうか。かわいいから、という理由だけで動物を飼育している園はないと思うが、かわいがったり、世話をしたりするなかで、子どもたちは動物が生きていくために必要なことに気づいたり、自分たちで考えたりする機会になるのである。汚いこと、臭いことは本当に子どもたちが感じたことであり、そう感じることも、汚れやにおいを嫌だと感じることも間違いではない。

　だからこそ保育者は、動物の飼育を通して子どもたちに何を感じてほしいか、どうなってほしいかを考える必要がある。身近な小動物の世話を通じて命について考えたり、日常的な世話の繰りかえしが絶対に必要であることを感じたりすることなど、子どもにとっての意味を考えなければならない。

事例
4-20　チャボの命、アオダイショウの命

● 5歳児クラス　7月

　園内で飼育していたチャボが謎の死を遂げた。血が出ているわけでもなく、ネコなどに襲われたような形跡もない。獣医さんに調査をしてもらったところ窒息死だそうで、「もしかしたらヘビかもしれないね」と言われた。
　その2日後、飼育小屋の影に150cmほどのアオダイショウがいるのを子どもが見つけた。園内は大騒ぎだったが、アオダイショウには毒

がないので、保育者ふたりがかりで捕獲し、袋に入れて口を縛っておいた。卵をねらって飼育小屋に侵入したアオダイショウがチャボと格闘し、チャボは絞め殺されたということで間違いないだろうということになった。
　保育者は子どもたちを集めて話しはじめた。「どうやら、チャボはヘビと戦って死んだそうだけれども、このつかまえたヘビをどうしたらいいかわからないで悩んでいるの。まず、ヘビはなぜチャボを殺しちゃったんだろうね」。そうすると子どもたちは口々に思ったことを言いはじめた。「おなかが減ってたんじゃないの」「卵が食べたかったんだよ、きっと」「きっと卵の殻がパリパリしておいしいんだよ」「私は黄身のほうがおいしいと思う」。それぞれがそれぞれに思ったことを言っている。
　保育者は「じゃあ、そのヘビをどう思う?」と質問した。するとまた「悪いやつだよ」「私たちがごはんをあげたりウンチの掃除とかをして、お世話をしてたチャボを殺したから悪い」「卵を食べたら、ひよこが出てこなくなる」「ヘビは怖い」などの意見が出た。
　さらに保育者は次の質問をした。「じゃあ、その悪いヘビをこれからどうしたらいいんだろうか」。子どもたちは口々に「殺したほうがいい」と言いはじめた。そのなかでE香は、「殺すのはだめ。命だから」と言った。保育者は「命ってどういうこと?　命ってなあに?」とE香に聞いてみた。するとE香は「生きてるってこと。みんな生きているから、命があるの。けど1個しかないから、殺したら、命がなくなるから、殺すのはだめ」と考えながら言った。
　保育者は「でもみんなはさっき、悪いやつだって怒ってたよね」と言った。E香は「悪いやつでも殺したらだめ」と言った。それを聞いた別の子が「じゃ、逃がせば」と言った。保育者は「逃がしたら、またチャボの卵がなくなったり、チャボが死んだりするかもしれないよ」と投げかけた。
　すると子どもたちは少し考えて、こんなことを言いはじめた。
　「もっとおいしい卵を買ってきて、動物小屋の前に置いておけばいいんじゃないの?」「茶色い卵がおいしいんだよ」「遠くに逃がせばいいよ。卵よりもおいしいものがあるところ」「A動物園に逃がせばいいよ。お世話をしてくれる人がいるもん」
　……話し合いは続いた。

（事例/写真：学大小金井）

生き物を飼育していれば、死を経験することもある。寿命もあれば、この事例のように外敵によって死んでしまうこともあるかもしれない。そのようなときに、大人のあるひとつの価値観を押しつけてしまうのではなく、子どもたちがその出来事をどのように受け止めているのかを聞いてみるようにしたい。子どもは子どもなりに、死というものを感じている。

　もちろん大きく心を動かされている子どももいれば、そうでもない子どももいる。そのようなときには保育者とその子どもだけで話すのではなく、ほかの友達の考えていることに触れられるような機会をつくることもひとつの方法である。自分とは違う考えを聞くことで、新たな考えに出会うきっかけにもなるはずである。

　この事例で保育者は、子どもたちがさまざまな面から命について考える機会をつくりたいと考え、ヘビを生け捕りにしている。飼育をしているチャボが死んだからといって、ヘビが悪者であるとも言い切れないからである。事例においても、E香の一言によって子どもたちの考え方の幅が広がっていったことがわかる。だからこそ、ひとつの考え方や価値観に縛られることのないように、心に揺さぶりをかけていく必要がある。

　もちろん、命を軽く扱うような考えに傾きそうなときにそれを正すことや、大人のもっている知識として自然のなかでの生き物の生き方などを知らせることも必要である。そのようなときも、子どもたちの生活や経験に根ざした伝え方ができれば、生き物と共に暮らす生活をしている意味がきっと深まるだろう。

――― この章で学んだこと ―――

- ●子どもたちが園庭の土、草花、石、木など、身近にある自然物や自然環境に目を向け、直接触れる体験ができるように、時間のゆとり、保育者自身の立ち振る舞いを意識する。

- ●自然への興味や関心、親しみを表現することで、思いを自覚し、深い関わりになっていくこともある。直接体験だけではなく、感じたことを表現できるような環境構成を行う。

- ●豊かな四季を感じられるように、保育者自身も感じる心をもち、その時期にしか体験することができないことを遊びや生活のなかに取り入れていけるように計画を立てる。

- ●植物を身近に感じられるよう保育環境に取り入れていく際は、子どもの発達を考慮し、変化のわかりやすいものや、長期的な見通しが必要なものなど特性を踏まえて教材を選択する。

- ●飼育している虫や小動物などは、生活や遊びのなかで子どもたちが興味をもちやすいようなディスプレイの仕方などを工夫し、特徴や変化、問題点などをみんなで共有できるように配慮する。

第 5 章

ものや道具に関わって遊ぶ

———— この章で学ぶこと ————

園では、子どもに経験してほしいねらいに基づいて、ものや道具を整えている。
一見ありふれたものや道具にも、発達に必要な経験を得るための保育者の意図がある。
何気ない関わりの姿にも、試行錯誤を繰りかえし、技能を身につけ、
自信と満足感を得て次に向かう、豊かな学びがある。
この章では、ものや道具と出会い関わる姿から、その意味と学びの姿を捉えていく。

§1 遊具を使って遊ぶ

　園にある遊具には、年齢・発達や季節などに応じて選択・加減されるものと、ジャングルジムやアスレチックなど、年間を通していつでも同じ場所に同じ形態で設置されるものがある。いずれの場合でも、それぞれの遊具には多様な使い方や意味がある。ここでは、積み木や固定遊具など、基本的な遊具で遊ぶ姿を取り上げる。保育者とともに使い方や楽しさを知り安心感をもつ姿、「やってみたい」と興味を高め、繰りかえし挑戦し自信を深める姿、自分たちの遊びに合わせて遊具を選択し工夫する姿など、一人一人の子どもが遊ぶ姿に、豊かな経験や学びの姿を捉えてほしい。

1 保育者とともに遊ぶ

事例 5-1　ぼくの車ができた　　　　　　　　　　　3歳児クラス　5月

　「車ごっこしよう」と乗り物が大好きなＡ男が保育者を誘った。ふたりでウレタン積み木の前に行くと、Ａ男は「赤と、黄色と……」とウレタン積み木を指さしたり、「トラックだよ」と言ったりしている。保育者は「いっぱい荷物が積めますね」「運転席はどこかな」などと言葉を交わしながら組み合わせていき、完成させた。
　「できた!!」とＡ男は声を上げて喜び、さっそく乗る。「速そうだね」「行ってらっしゃい」などと保育者に言葉をかけられると、ますますニコニコと満足げな表情になる。すると、その様子に気づいたＢ也、Ｃ介、そしてＤ太が次々とやってきて「乗りたい！」と保育者に言う。
　保育者は「どこに行くのかな？」「何色にする？」など、子どもたちひとりずつに話しかける。子どもたちは「ぼくは△△△（電車の名前）がいい」「うちの車は◇◇だよ」などと言いながら、組み立てる保育者のそばで積み木を選んだり、組み立てる様子を見たりしている。それぞれ自分の乗り物に乗った子どもたちは、まわりを見回したり、「ぼくのは○○行きだよ」「ぼく、□□行ったことある！」などと言い合ったりしながら、互いに顔を見合わせてほほえんでいた。

（事例／写真：学大小金井）

　保育者は、子どものペースに合わせて、乗り物のイメージや使いたい色、形などを聞きながらやりとりをし、積み木を扱う操作を示している。そのため子どもたちは、できあがった

乗り物が「自分の車（電車）」であるという気持ちが高まった。そして、より楽しい気持ちがふくらみ、自分のイメージを言葉や動きで表しながら遊ぶことにつながったのである。

このように、保育者が一緒に楽しく遊具と遊ぶことで、それぞれの子どもが遊具そのものの使い方や楽しさを知ることができる。さらに心地よく遊んだ親しみや安心感、自分でできた自信や満足感につながるのである。このような保育者との関わりは、この遊具だから、何歳のこの時期だからと決まったものではない。たとえ5歳児であっても、今まで扱った遊具であっても、その時々のねらいに応じて保育者が関わり、積み重ねていくことが大切である。この積み重ねが、「また遊びたい」「今度はこうしてみたい」という次への意欲や工夫につながっていくのである。

事例 5-2　怖くてもやりたいの

● 4歳児クラス　5月

「いやー‼」。アスレチックの吊り橋で、M夫が泣きさけんでいる。数人が乗った吊り橋が揺れ、怖いらしい。保育者がそばに行き「戻る？」と聞くと、「いやだー」と泣く。そこで、できるだけ揺れないように保育者が支えながら一緒に渡り終えた。

「渡れたね！」と保育者が声をかけると、小さくうなずいてアスレチックから降りていった。そして再び吊り橋を渡ろうとしている。そっと一歩踏み出そうとすると後ろから来た子どもに押され、「こわいー‼」と泣き出す。それでも、手すりのロープをギュッとつかんで渡りはじめた。「揺らさないで！」と近くにいる子どもにさけびながら、結局ひとりで渡りきった。見ていた保育者に自分から「できたよ！」と手を振り、また吊り橋を渡りに行った。

一方、登り棒のステージでは、G美が「たすけて！」と泣きさけんでいる。保育者が近くに行くと「降りたい」と言うので、下から支える。怖さのためなかなか力が抜けず、スルスルとすべり降りることができない。途中で止まるのも怖がっていた。それでも、降りきって地面に足が着くと、すぐに「また押さえてて」と言って再びステージに上っていく。毎回「こわい、こわい」と半泣きになりながら、この繰りかえしが続いた。

（事例／写真：学大小金井）

これは、全員がアスレチックで遊ばなければならない時間ではない。周囲では、草花を摘んだり、築山をかけまわったりして遊ぶ子どもたちもたくさんいた。それでも、M夫もG美も自分からアスレチックに登り、怖さに泣きさけび、保育者に助けられ、再び登り、と何度も繰りかえしていた。

目の前にある遊具への「何だろう」という興味、そこで遊んでいる友達の姿、保育者が近くにいる安心感、そのようなことが重なって、

ジャンプ（3歳児）

「持ってあげる」

「自分も渡りたい」「すべり降りてみたい」などの気持ちが高まる。泣くほど怖い、でもやりたいのである。その気持ちと動きを保育者が支えることで、満足感や自信が生まれ、「もっとやりたい」気持ちを促す。この満足感や自信が、ほかの遊具にも挑戦しようとする気持ちにつながっていくのである。

2 目的に合わせて選ぶ

事例 5-3 あっちの場所のほうがいいね

● 5歳児クラス 5月

　前日から保育室でおすし屋さんを始めたU子たちは、積み木のテーブルを作り、握りずしを作って並べていた。「いらっしゃいませ」「いらっしゃいませ」と何度も声を上げるが、ほかの子どもたちは自分たちの遊びに夢中で、お客さんになる子どもはほとんどいない。保育者とたまたま一緒にいたY香が客になると、Y香は「おすし屋さんは回ってるんじゃないの?」とT哉たちに言う。おすし屋さんをしているS代はそれを聞くと、「私もいっぱい回ってるとこ行ったことある」と言い出した。すると、ほかのメンバーも次々と「回ってるよね」「丸いよね」と言い出し、「ここだとせまいね」「引っ越す?」と相談を始めた。

　そして、保育者に「もっと広いところでくるくる（回るように）したい」と言いにきた。保育者が「どこがいいかな?」と相談に参加すると、「（園舎中央にある屋根つき）テラスがいいよ」「前も大きい組のお店があった」「遊戯室からもっと運べるよ」などと口々に言う。互いのイメージや気分が盛り上がり、「引っ越そう」と道具を運びはじめた。「もっと広い店にしようね」と言い、保育室や遊戯室から大型積み木や巧技台を運んできて円形の土台を作っていた。ドーナツ状のカウンターを作り、中央で店員がすし作りができるようにしようとしている。

　保育者はそれぞれの動きを認めながら、全体の形やバランスを見て積み木の位置を調整し、一緒に段ボールで円形のカウンターを作った。おおよそお店ができると、子どもたちはおすしを作る材料とお

（事例／写真：学大小金井）

客さん用のイスを保育室から運び、いよいよおすし屋さんがオープンした。
　「いらっしゃいませ」と大声で呼び込みをするが、なかなか客はやってこない。するとS代は4歳児の保育室に行き、担任保育者に「おすし屋さんに来る人いない？」と誘った。保育者とともに4歳児がお客さんになると、まわりで見ていた4歳児や5歳児も次々と客になり、おすし屋さんは瞬く間に大繁盛になっていった。

　Y香の「くるくる回るおすし屋さん」という一言がおすし屋さんメンバーの興味を引き、気持ちが高まった。そして、保育者がそれぞれの考えを互いに伝え合う場にいることで、相談も盛り上がり、新しく決めた場所に次々と大型積み木や巧技台などを勢いよく運ぶ姿にもつながったのである。

　このとき、子どもたちは保育室や遊戯室など、さまざまな場所から遊具を運んでいる。

このように、遊具を自分たちが選んだ場所に移動させて自分たちの遊び場所を作ることは、このとき突然始まったわけではない。子どもたちは今まで保育室や遊戯室など、それぞれの場所でそこにある遊具を使って十分に遊び、楽しんできた。そのなかで、園内のどこに、どのような遊具があるか、それぞれの遊具でどのような遊びができるか、ということを学び、積み重ねてきたのである。

　また、園生活では異年齢の子どもたちが遊んでいるのを目にする。たとえば、前年度の5歳児の遊びの姿からも「ここでは、こんな遊び方ができるんだ」「あんなふうに遊んでみたい」という刺激を受け、自分たちの遊びに生かしていくのである。

学校ごっこ（5歳児）

パーティー（4歳児）

第5章 ▶ ものや道具に関わって遊ぶ　　111

§2 身近なものを使い、工夫する

　生まれてわずか数か月の赤ちゃんも、「何だろう」と興味をもったものを手に取り、口に入れ、振りまわす。自らさまざまな扱いを繰りかえすなかで、ただの"おもしろそうなもの"に価値や扱い方があることを知り、可能性の広がりを知っていくのである。

　ここでは、遊びの「切る・貼る・作る」活動のなかで、ものと出会い、自分のものとしていく姿を捉えていく。はさみやセロハンテープなどの道具は、その使い方を身につけてこそ、より可能性が広がるものである。しかし、子どもが自ら作り出す生活のなかで、ものの扱いをただ練習するということは不自然であり、意味がない。さまざまなものとの魅力的な出会いや保育者の援助など、自分から「関わってみたい」という気持ちが高まる環境づくりが重要であり、そのようななかで、繰りかえし取り組む姿が促され、扱いを身につけ、さらに工夫する姿につながっていくことの大切さに目を向けてほしい。

1 繰りかえすなかで身につける

事例 5-4 チョキチョキー

3歳児クラス　4月

　入園して初めてクラス全員ではさみを使った製作をした翌日、J哉が製作コーナーで「チョキチョキー、チョキチョキー」と言いながら、片手にはさみ、もう片方の手に紙を持っている。とてもうれしそうにはさみを動かしているが、紙は刃の間に挟まっているだけで、まったく切れていない。
　保育者は「チョキチョキね」と同じ言葉を言いながら、紙に手を添えて切れるように支えた。「切れたね」と声をかけると、J哉は満足げににっこり笑う。何度か保育者と一緒に紙を切ったあと、保育者はほかの子どもに呼ばれてその場を離れた。J哉は再び切れなくなったが、「チョキチョキー」とはさみを動かしつづけて楽しんでいた。

（事例／写真：学大小金井）

　入園前の家庭での経験は一人一人、大きく異なる。はさみのように大人にとってはありふれた道具でも、園生活のなかで初めてその道具に魅力を感じ、興味をもつ子どももいる。
　J哉にとって前日の活動とそのときの「チョキチョキ」という言葉が、はさみへの興味を高めたのだろう。楽しく心地よい体験は繰りかえしたくなる。そこで、翌日には自分ではさ

みと紙を持って、楽しかった活動を再現しはじめたのだろう。この日は、はさみ本来の機能である「切る」という目的はまったく果たせていない。しかしそれよりも、自分の手にはさみと紙を持って操作し、「チョキチョキ」と言葉を言うこと自体がＪ哉の満足感につながっているのである。

　子どもがひたすら楽しそうに同じ動作を繰りかえす姿はよく見られる。大人でいえば、「練習」になるのだろうが、子どもには「練習」という気持ちはない。切れなくてもはさみを持ち、「チョキチョキ」という言葉を繰りかえすこと自体が遊びであり、満足が得られることなのだ。しかしここで大切なのは、その満足感を壊すことなく、保育者がさりげなく助けている点である。ひたすら繰りかえす楽しみを受け止めつつ、手の向きや紙の押さえ方を知らせている。このようななかで、瞬く間にこの道具の本来の「切る」という機能を生かした扱いが身についていく。

事例
5-5　年長さんみたいにしたい

4歳児クラス　12月

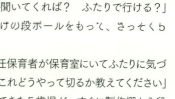

　5歳児のお店屋さんが盛り上がり、4歳児も連日いろいろなお店に招待されていたある日、Ｇ男が「大きい組みたいな店にしたい」と保育者に言いにきた。5歳児のケーキ屋さんのショーウインドーをまねしたいらしい。それは段ボールの枠組みにビニールを張ったものだった。5歳児とは違うが、自分たちで作ったケーキもすでにできている。

　そこで、保育者が段ボールを用意すると、Ｇ男とＦ太ははさみをもってきて切ろうとしはじめた。「（手が）痛いね」「もう切れない」などと、段ボールと格闘している。保育者は「大きい組にどうやって切ったか聞いてくれば？　ふたりで行ける？」と声をかけた。ふたりは勢いよく「うん」と答え、切りかけの段ボールをもって、さっそく5歳児の保育室に向かった。

　保育者がそっと後ろからついていくと、ちょうど5歳児の担任保育者が保育室にいてふたりに気づいた。「どうしたの？」という声に促されるように、ふたりは「これどうやって切るか教えてください」と、いつもよりもかしこまった言葉で聞く。様子を見て近寄ってきた5歳児が、すぐに製作棚から段ボールカッターをひとつもってきて「これで切るんだよ」とＧ男に手渡す。5歳児の担任保育者は「何ができるのかな。使い終わったら返しにきてね」と言ってふたりを戻した。

　戻ってきたふたりは保育者に「貸してもらった」と言い、さっそく段ボールを切りはじめた。初めて扱う段ボールカッターは切るのも支えるのも力加減が難しい。子どもたちが支えて保育者が切ったり、保育者が支えて子どもが切ったりして、ショーウインドー作りが続いた。

（事例／写真：学大小金井）

　5歳児のお店に招待され、扱っている材料や、お店の作り方など、自分たちの遊びにはなかった刺激をたくさん受けた。そのなかでも、G男とF太が魅力を感じたのが段ボールでできたケーキのショーケースだったのである。自分たちなりにケーキを作って、次はショーケースを作りたいという気持ちになったふたりに、保育者は初めての道具である段ボールカッターを使わせることにした。

　5歳児の遊びに魅力を感じ、自分たちもまねしてみたいふたりにとって、初めての段ボールカッターという道具は、ますます魅力を高めるものとなったのである。特別な道具を使って、あの大きい組のようなお店が作れる。このように、魅力を感じたものをぜひ作りたいという強い気持ちがあるからこそ、慣れない道具を扱う難しさよりも、新しい道具を使う喜びが大きくなった。だからなかなかうまくできなくてもすぐにあきらめることなく、保育者や友達と一緒にゆっくりと粘り強く扱うことにつながったのだろう。

　また、この道具はひとりでは扱いにくい道具である。保育者が手伝いながら子どもたちは切ったが、しだいに保育者が力を抜いていくことで、子どもたちは互いに力のバランスを感じて、段ボールカッターや段ボールの扱いを身につけていくと考える。あこがれや、「こうしてみたい」という気持ちがあり、それを保育者が支えて道具の扱いが身につく。危険を遠ざけるのではなく、気持ちと技能を支えることが、子どもの世界を広げることにもなる。

2 身近な材料を工夫して使う

事例 5-6　虫かご作り　　　●5歳児クラス　7月

　夏のイベントの日に、地域の方の協力でホタルが来ることになり、みんなで観賞したあとはもち帰ることになった。そこで、5歳児は自分でもち帰るための虫かご作りをすることにした。牛乳パックに切り込みを入れてネットを張り、紐をつける。「こっちだっけ」「そうそう」「ちょっと難しいね」「これでいいかな」などと、近くの友達と会話をしながら、時々相手の様子を見たり、互いに手伝ったりしている。

　また、「ホタルってさぁ、おしりが光るんだよね」「おじいちゃんちの近くで見たことある」「いつ？」「夜、真っ暗だったよ」など、ホタルの話題もあちこちでしながら作っていた。突然、「失敗しちゃった」とU也が大声を上げた。切り込みを入れすぎてしまい、その牛乳パックは使えなくなってしまった。すかさず、隣で作っていたY夫が「まだあったよ」と声をかけた。U也が立ち上がるとY夫も一緒に材料コーナーに行き、まだ使われていない牛乳パックをもってきて、ふたりは再び作りはじめた。(事例／写真：学大小金井)

　牛乳パックは、中を洗って乾かしたものを各家庭から適宜集めておくと、好きな遊びのなかでさまざまな使い方ができる。長方形の形が保ちやすく、丈夫なので、そのままつなげて電車のイメージで遊んだり、ロボットを作ったり、多少の水は大丈夫なので戸外の砂場でも利用することができる。ただし、厚みのある素材でできているので、はさみで切るのは難しい。セロハンテープでつなげることもできるが、短いテープではすぐに取れてしまう。発達に応じてさまざまな扱いが可能な材料である。子どもが自由に取り出せる場所にこのような材料があることで繰りかえし遊びのなかで使い、自分の思いどおりに切ったり組み合わせたりする方法を学び、身につけていくことができる。

　事例5-6の虫かごは、虫が逃げないように、また子どもがひとりで作れるように作り方が決まっていた。決まった形のものを作るためには、各工程を理解していなくてはならない。今まで牛乳パックで遊んだ経験があるからこそ、その作り方を理解し、それぞれのペースで、しっかりと虫かご作りができたのである。また、子ども同士の関係が安定しているため、互いに教え合ったり、ホタルの話題で会話が進んだり、失敗した友達にも心を配ったりしながら活動が進められた。こうして友達と関わりながら活動を進めることで、よりいっそう作り方や扱い方の工夫や加減を学ぶ機会となり、身についたことが十分に発揮される機会となる。

§3 ものの性質や仕組みに気づく

　子どもたちは出会ったものを、言葉での説明や、筋道だった段階を経て理解するのではない。全身で触れ、見て、感じ、それらを繰りかえす。自分の体の感触、喜怒哀楽の感情、一緒にいた保育者や友達の様子などがつねに伴うなかで、たくさんの気づきをし、学んでいる。

　ここでは、園で最も身近な土や砂と関わる姿を見ていく。近年、子どもたちのまわりから土や砂が減り、集団生活の場でさえコンクリートや合成樹脂などの園庭も増えている。たとえ限られたスペースでも、土や砂から子どもたちは豊かな体験をしていること、また、土や砂から学ぶことの深さなど、その重要さと貴重さに目を向けてほしい。

1 発見を続ける、繰りかえす

> **事例 5-7　軌跡に気づく──地面に絵**　　3歳児クラス　11月
>
>
>
> 「次は〜国分寺〜国分寺〜。……次は〜西国分寺〜西国分寺」
> ときおり駅名をつぶやきながら、Ｅ介は地面に線を描いている。軌跡はどんどんつながり、大きな四角い電車が描けた。Ｅ介はゆっくりと電車に窓枠や車輪を描き、「もうひとつ」とつぶやくと、別の車両を描きつづけた。
> 　Ｅ介の電車に気づいた子どもが「何やってるの？」と近づいてきた。Ｅ介は「線路に入らないでくださーい」と、地面に向かって描きつづけながら声をかける。まわりにはひとり、またひとりと子どもたちが集まってくる。地面に描かれた大きな電車の周囲を回りながら、描かれていない線路と描かれている電車を踏まないように、Ｅ介の描く様子をそっと眺めていた。
> 　　　　　　　　　　　　　　　　　　　　　　　　　　　　　（事例／写真：学大小金井）

　Ｅ介はこの日、最初は手に持った木の棒を引きずって歩きまわるのを楽しんでいた。その途中でふと立ち止まると、今までただの「地面」でしかなかった園庭が、まるでクレパスやペンで描くときの「紙」のようになっていることに気づいたのだろう。この気づきがきっかけとなって、大好きな電車を描くことになった。しかも園庭は、日頃絵を描いている紙よりもずっと大きく、広い。また、運よくこのとき園庭にはほとんど遊んでいる子どもがいなかった。Ｅ介は心ゆくまで好きなだけ、大きな電車を描くことができた。

　この日、園庭の状態がこのような線を描くにはちょうどよい硬さと乾燥具合だったこと、

E介の使った棒がしっかりとした強さの枝だったことなど、描くための条件についてはE介は理解していない。しかし、「いつも遊んでいる園庭は絵を描くこともできる」ということは、E介にとって大発見であり、大好きな電車が描けるという遊びと満足感に結びついた学びとなったのである。

事例 5-8 砂の研究所

4歳児クラス　10月

庭の端に座り込んでK男とM哉が砂を集めている。しばらくすると「おお」と声を上げ、再び砂を集めはじめる。しばらく集めると、また顔を見合わせて「おお」と言い合っている。保育者が近づくと、「見て見て」と呼び寄せる。「見てて」とふたりで言い、穴の開いたプラスチックパネルの上に砂を集めて置く。パネル全体に砂がかぶると、そっと持ち上げる。すると、その下にパネルのデコボコの跡ができた。

「デコボコだね」「砂の研究だね」と保育者が一緒に喜ぶと、ふたりは満足そうに顔を見合わせ、K男は「研究所なんだよ」と保育者に向かって言う。M哉が「あのね、今度はこうやってみるよ」と、パネルを4～5枚重ねてその上から砂をのせていった。しばらく砂をのせると、「もういいかな」「もういいよ」とふたりは声をかけ合い、上から1枚ずつ外していった。

パネルが少しずつずれて重なっていたので、少しずつ穴の跡が残る。下に行くにしたがって、跡がはっきりと残っていくのに気づいたふたりは、最後の1枚を持つと「せーの」「そーっとね」と言葉をかけ合いながら、とくにゆっくりと外した。今までで一番はっきりとした跡ができあがり、「すごーい」とふたりで喜び、保育者を見ると、満足げに「次だ」と言って繰りかえし続けた。

（事例／写真・学大小金井）

ふたりは、プラスチックパネルの跡を偶然目にしたのだろう。そこで「おもしろい」「不思議だな」という気持ちが生まれ、その跡がパネルと砂でできていることに気づき、それを再現しようとした。「おもしろくて不思議なもの」を自分たちで作り出すことができる、その楽しさと満足感が遊びを続ける大きな原因になったと考える。

パネルにのせる砂の量によって、できる跡もいろいろになる。たくさんのせればくっきりとした跡になり、すぐにパネルを上げると淡い跡になる。ふたりはそのことにも気づき、回を重ねるごとに砂をたくさんのせていた。また、パネルを重ねるだけではなく、並べてより

広い面積の跡ができるように試す様子も見られた。庭の片隅でもこのような大発見、学びが、静かに行われているのである。

デコボコの形を発見！（4歳児）

葉っぱのフロッタージュ（5歳児）

2 仲間と気づきを共有する

事例 5-9　いくぞー！　　5歳児クラス　5月

「硬くなってきた？」「どんどん（砂を）のせていいよ」。シャベルで砂を盛るＪ夫とＮ也、盛られた砂を固めるＳ太たち。朝からずっと砂場で続けている。「いっぱい固めないと壊れちゃうからね」「あとちょっとだったよね」などと話しながら、のせては固める作業を繰りかえしている。「もういいんじゃない？」「まだだよ、トンネルの途中でくずれてきちゃうよ」と、なかなか終えようとしない。

「こっちすごいぜ」と、掘った穴にすっぽり入ってみせるＴ介だが、誰もそちらを見ることがない。「もうちょっとだ」「いくぞー！」と、山作りに集中していた。「そろそろいいかな」「いいかも」「ちょっと掘ってみよう」と、やっとトンネル掘りが始まった。「勝手にそっちから掘るなよ」「めちゃくちゃにやると、またこわれるよ」。勢いよく掘りはじめたＪ夫と同時に、Ｎ也も掘りはじめたのを見て、Ｓ太たちがあわてて止めた。

Ｊ夫が穴をかなり掘り進めたころ、「もういいよ」とＳ太たちがＮ也に言い、Ｎ也は掘りはじめた。「ゆっくりだよ」「まっすぐだよ」「（山を）押さえよう」と、Ｓ太たちは互いに言いながら山を押さえたり、交互に入り口をのぞいたりしながらトンネルの進み具合を見ていた。

（事例／写真：学大小金井）

砂場で山を作ったり穴を掘ったりすることが、子どもたちは好きである。シャベルと砂の重みを感じながら、また、「よいしょ」「よいしょ」というリズミカルなかけ声をかけながら、ひたすら積み上げたり掘り進めたりする姿も多く見られる。そして、それぞれが山作りやトンネル作りを繰りかえし楽しみ、ペタペタと固めることやそっと穴を掘り進めていくことなどを、自分なりのやり方で成功したり失敗したりしながら積み重ねていく。そのそれぞれの楽しさと成功、失敗の経験があるからこそ、事例のように友達と一緒に進めていく姿が生まれてくる。

　ひとりでは砂を運び、固める作業を交互に行わなければならないが、友達と一緒だからこそ役割分担ができる。「硬くなってきた？」「まだだよ」という言葉のやりとりも、自分が以前にやったことがあるからこそ、その意味がわかり、相手の言葉に応じて自分の動きを続けたり、やめたりする調整を行えるのである。

　また、トンネル掘りは魅力的でとくに楽しみな作業なので、分担していてもつい自分もやりたくなる姿がある。一方、トンネルの完成という目的に向かうために、友達の様子にも目を配り、動きを調整しようとする姿が見られるようになる。友達と一緒にトンネル作りを進めていくなかでは、直接すべての作業を自分で行わなくても、友達の動きが自分の動きであり、互いにやりとりすることで、友達の気づきや感じたことも共有されて、自分のなかに積み重ねていけるのである。

Column

肌の感触のさまざまな出会い——全身で体感する

　保育の計画のなかでは、発達に応じて、さまざまな肌の感触が得られる活動を意図的に組み込んでいくことが必要である。サラサラ、ベトベト、ドロドロ、乾いて肌に張りついていく感覚、洗ってもなかなか落ちない様子、温かさ、冷たさ、においなど。日常ではなかなか経験しにくい感覚や、今まで経験したことのない感触を全身で体感することで、体のなかに記憶が残る。また、ひたすら感触に没頭するためには、気持ちや体の解放が必要である。気持ちの安定とともに、のびやかに全身で感じる体験もまた、新しい経験につながる大きな力となる。

フィンガーペインティング

小麦粉粘土を作る

馬のしっぽでできた太筆をさわる

§4 身近なものを大切にし、公共心を育む

　自分に大切なものがあるように、他人にも大切なものがある。みんなで一緒に気持ちよく過ごすために必要なことがあり、がまんしなければならないこともある。このようなことに気づき、自分の行動を変えたり考えたりすることは、生活のなかでさまざまな感情を味わい、「～したい」という必要感が生まれてこそ学ぶことができる。また、ものを大切にしたり、相手を思いやったりすることは、友達や保育者と一緒に喜びを分かち合い、自分も満足感を得るために必要な学びなのである。

1　トラブルから学ぶ

事例 5-10　手伝っているのに

4歳児クラス　4月

　片づけが順調に進み、遊びに使っていたプラスチックケースの残りがわずかになった。S男は「おーい、こっちだよ。オーライ、オーライ」と言って、誘導員のまねを始めた。U哉は「オレ、持てちゃうもんねー」と、2個積み上がったプラスチックケースをそのまま運ぼうとする。見るからに危なっかしい様子を見て、「手伝ってあげる」とY介がプラスチックケースをひとつ取ろうとした。微妙なバランスで運んでいたU哉は不意を突かれ、「何だよー！」とさけんで転んでしまう。騒ぎに気づいた保育者が来ると、U哉は「邪魔したんだ」と泣いて訴える。
　友達を転ばせてしまい、動揺したY介は何も言えない。まわりにいたS男たちは、「Y介ちゃんが引っ張った」「ちがうよ、手伝ってあげたんだ」「2個だったから（危なかった）」と口々に言う。保育者は「U哉くん、がんばってふたつ持ったんだね。Y介くんは手伝ってあげようと思ったんだって」とU哉、Y介の双方に言う。Y介は保育者に叱られず落ち着きを取り戻したが、U哉はまだふてくされた表情のままだった。
　保育者はS男たちに、「ちょっとU哉くんは転んでパワーが出ないから、お薬つけてくるね。みんなだけで片づけできるかな」と声をかけた。S男たちは「はーい」と声を上げて、張り切って片づけの続きを始めた。するとU哉は「大丈夫だもん！」とつぶやき、友達の片づけに加わっていった。

(事例／写真：学大小金井)

　4月、新しくなった保育室や遊具にも慣れてきて、子どもたちは張り切って片づけを進めていた。保育者がいなくてもどんどん片づいていくプラスチックケースに気分も盛り上がり、U哉はつい調子にのって2個重ねて持った。重なったプラスチックケースはU哉の頭よりも高く、持ち手が不安定なために上下がずれていった。Y介が手を出さなくても、まもなく崩れてしまいそうな状態だった。

　転んでしまったとき、U哉はせっかくかっこいい、すごいことをしたかったという思いと同時に、ちょっと無謀だったことも感じていただろう。そして、邪魔されたと思ったY介が実は自分を助けようとしてくれてたことも、保育者が来たことでわかった。くやしさと恥ずかしさと、自分でもどうしたらよいかわからない複雑な気持ちから、ふてくされた表情が続いたのだろう。

　また、まわりの友達はU哉を責めなかった。この場にいた子どもたちは、この仕方のない状況を何となく感じ合っていたのだろう。その雰囲気があったからこそ、S男たちはスムーズに片づけに戻り、U哉も自分で気持ちを切り替えることができたと捉えられる。

　使ったものを片づけられてこそ「できた」気持ちが満足し、自信につながる。U哉が「自分が無理なことをしてトラブルになった」と感じたように、自分の力量を知ることもできる。

　また、片づけは今日を振りかえり、次のスタートを整えることでもある。「あれが楽しかったな」「明日はこうしよう」と思いをめぐらす時間でもある。U哉もトラブルのショックよりも、「また一緒に遊びたい」「自分も仲間だ」という思いが、気持ちの切り替えにつながったのだろう。

集まり方いろいろ

　園の生活においては、昼食のときやクラスでの活動のとき、異年齢のイベントのときなど、さまざまな場面で集まる。そして発達やその時々のねらいに応じて、集まり方を工夫する必要がある。その結果、集団で過ごす楽しさや心地よさを感じることにつながり、その時々にふさわしい言動を学ぶ機会となる。

〈クラスで集まる〉

帰りの支度を済ませて紙芝居を楽しむ（4歳児）

互いに手話ソングの見本となる（5歳児）

〈異年齢で集まる〉

全身で楽しめるように床に座る（4歳児）

落ち着いて集中できるようにイスに座る（5歳児）

〈お弁当を食べる〉

いつもより大勢で一緒に食べる（4歳児）

散歩に出かけて戸外で食べる（5歳児）

2 生活の場を整える

事例
5-11 いっせーのーせっ

● 5歳児クラス　4月

今年の田植えに向けて、田んぼの土を耕すことになり、まずは腐葉土や土を運ぶことにした。草の生えたデコボコの園庭を、ふたりでバケツを持って運ぶ。歩くスピードや力の入れ方などをそれぞれが気にしながら進めないと、途中で止まってしまう。「ちょっとまって、手が痛くなった」「よいしょ、よいしょ」「いちに、いちに」「何だか軽いねえ」などと言葉を交わしながら次々と運んでいく。

やっと田んぼに着くと、「いっせーのーせっ」と声を合わせてバケツを返して土を出す。「いくぞ」「おー！」。土を出した子どもたちは次々と戻り、次の土を運びに行った。

ひとしきり土を運び入れると、シャベルで混ぜ合わせる。「こっちに（土を）飛ばさないでね」「足でね、ギュッとやるといいんだよ」と話しながら、進めていった。十分混ざったところで表面を平らにならし、保育者が水を入れる。「わーい」「水田になってきたね」と言いながら、子どもたちは水しぶきを眺めていた。

（事例／写真：学大小金井）

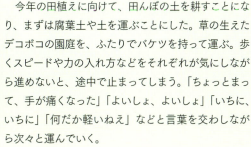

友達とバランスをとりながら重たいバケツを運んだり、靴に土が入りそうになりながら耕したりする作業は、決して楽しいだけではない。しかし、自分たちが小さい組だったとき、5歳児がいろいろなことをしていた田んぼ、収穫した米を使って餅つきをさせてもらった田んぼ、つまり大きい組になった証しの、あこがれの田んぼなのである。その田んぼの作業だからこそ、多少困難でも満足感をもって取り組み、自信につながっていく。また、作業の終わりに水を入れたことで、「いよいよ米作りが始まる」という期待を高めた。

5歳児になると、いろいろな当番活動や園全体の行事の準備など、長期・短期さまざまな見通しをもって取り組みが進んでいくことも多くなる。途中にも小さな節目を示し、一つ一つの取り組みに満足感や自信がもてるようにすることが必要だろう。そのことが自分たちで生活を進めたり、自分たちのまわりに目を向けて物事を捉えたり考えたりする姿勢につながる。

動物当番（4・5歳児）

砂場の片づけでシートをかける（5歳児）

身近な大人から学ぶ

　園の生活のなかで、さまざまな大人がものを扱い作業する姿を見ることも、子どもたちにとって大きな学びのきっかけとなる。自分の親や友達の保護者でも、黙々と作業に取り組む姿は、いつもの見慣れた姿と違って見える。また、専門家の方からは、多少言葉が難しくても、保育者とは違う雰囲気と専門家ならではの言動が感じられる。大人の姿と、その大人との関わりが生活のなかにあることで、扱っている道具や動きを学んだり、大人に対する尊敬や信頼を育み、相手に合った関わり方を学んだりする機会につながる。

〈保護者の姿〉

（左）池のポンプを直す
（右）川作りをする

〈専門家の姿〉　（左下）獣医さんと動物の健康診断　（右下）池の先生と池の生き物観察　（右）田んぼの先生と田おこしを見る

§5 発達に応じたものや道具

　§1～4では、子どもたちがものや道具と関わるなかで、心を動かしたり人との関わりを学んだりする姿を述べてきた。本セクションでは、具体的なものや道具の特徴や留意事項等をおさえたい。以下に園で使われることが多いと思われる遊具や道具等について挙げる。

1 発達に応じた遊具と環境構成

　子どもたちが使用する遊具等は、保育者が必要に応じてその都度選び用意できるものもあるが、積み木や大型ブロック・固定遊具等、設置場所を容易には変えにくいものも少なくない。いずれにしても、保育者同士が子どもにとっての意味やそのときに経験させたい事柄などについて話し合い、整え、構成することが大切である。

（1）ままごとコーナーと道具置き場

　ままごとがそのままできるような設定にしておくことで、子どもが自分から遊びはじめやすい。また、同じ場所にいることで、子ども同士が一緒に遊んでいる気持ちにもなりやすい。

　おうちごっこ以外にも、海賊ごっこ、忍者ごっこなど、自分たちのイメージで遊ぶことが増えてきたら、ままごとの道具だけではなく、その時々の遊びに適した道具や材料を置くようにする。

（2）積み木

ウレタン積み木：感触がやわらかく安心感をもちやすい。重ねたときにすべりにくいので、低年齢の子どもが組み立てても崩れにくく安全である。カラフルなものや木目調のものがある。

中型積み木：保育室に常設するのに適当な大きさである。場所作りの囲みに使ったり、電車や車、恐竜など、イメージに合わせて組み合わせたりできる。組み立てたものの上に座ることはできるが、立ち上がって動きまわったり飛び降りたりするには崩れやすい。安全のため、角にゴムがつけてあるものがある。

大型積み木：遊戯室やホールなど、保育室よりも広い場所に設定されることが多い。中型積み木よりも、大きさも重さも一回り大きく重い。安全のため角にゴムがついているものがある。組み立て方によっては安定感のあるものができ、上を渡り歩いたり、板を組み合わせて天井つきの囲いを作ったりすることができる。友達と一緒に場所づくりをするような時期（4歳児後半以降）に適している。

（3）戸外の固定遊具

　多くは年間を通して常設されるものであり、置く場所の広さや使う子どもの年齢等、安全面への配慮がとくに必要な遊具である。子どもたちは、それぞれに上り下りすること自体を楽しんだり、ほかの友達との出会いの場となったりして遊ぶ。

　さらに、友達と「ここは○○ね」とイメージしてごっこ遊びの場所として使ったり、鬼ごっこの逃げ場所に使ったりなど、固定遊具そのものの使い方から自分たちの遊びに取り入れる使い方などもするようになる。

2 作って遊ぶための道具

　道具や物の扱いは、入園前の個人の経験や興味によって、身についている技能の違いが大きい。そして、個人のものや学級で共有する道具などによって、置き場所の工夫や共通の約束事などを子どもたちと確かめながら進めていくことも大事である。

（1）道具いろいろ

はさみ：子ども用のはさみはいろいろな種類がある。通常、大人が使うものよりも小さく、安全のために刃先が丸くなっている。右用と左用があるので、利き手に適したはさみを選ぶ。

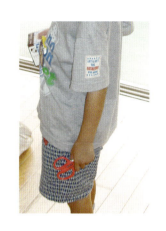

　子どもはクレパスを塗った紙や、のりがたっぷりついた紙、クラフトテープなど、大人ならはさみでは切らないような、切るには適さない状態のものを切ることも多い。したがって選ぶときには大きさだけではなく、べたつきが残りにくかったり、汚れが取れやすかったりといった、切れやすさが保てる素材であることも重要である。また、右上の写真のように安全な持ち方が身につくような指導も大切にしたい。

ステープラー：指先にかなり力を入れること、適した場所をねらって押すことなどが必要になる。また、中途半端に押してこぼれた針は細かいため、落ちていると危険である。押す場所がわかるように印をつけたり、子どもでも針の出し入れがしやすい形状のものを選んだりする必要がある。

テープカッター：安定感が必要なため、かなりの重量がある。子どもは製作コーナーのようなセロハンテープが常設されている場所だけではなく、自分が遊んでいる場所に台ごと運んで使うことがある。その際は、重さがあるので扱いに十分注意を促す。あるいは持ち運びしやすいように、台のサイズは小さいものを選ぶこともある。

のり：チューブタイプのものは量の調節が難しいので、小分けにした状態で用意する。指先につける量や広げ方などをていねいに指導したい。ベトベトした感触を嫌がる子どもがいたり、扱いやすい商品が開発されていたりするので、必要に応じて工夫したい。ただし、一方で指先を使うことやさまざまな感触を体験することは重要であるので、安易な商品の選択は避けたい。

　段ボールに大きな紙を貼るときには、水で薄めて刷毛で塗る。木工用ボンドを割りばしのような棒状のもので扱うなど、作るものや

素材によって、より適したものを適した道具で使用する必要がある。

ガムテープ・クラフトテープ：段ボールカッター（事例5-5）同様、ある程度さまざまな道具を体験する時期に、段ボールを扱うような製作を行うときに取り入れるのが適当と思われる。クラフトテープは重ねて貼れるものと貼れないものがあるので、購入時に気をつける。

色ガムテープをイメージに合わせて使う

（2）道具の置き方

はさみ・クレパス：発達の時期や保育室など場所によって、置き場所にはそれぞれ工夫がされる。年度前半には出し入れしやすく、また紛失の有無などを把握するためにも、全員の分をひとつの場所にまとめて置く方法もある。見やすい場所に個人シールを貼り、子ども同士でもどの場所に誰のものがあるかがわかるようにしている。さらに、自分のものを自分で管理するようになる時期からは、個々のロッカーで管理する方法もある。

（3）材料

空き箱、牛乳パック、トイレットペーパー芯：

牛乳パックは4～5センチ幅に切ったものをふたつ組み合わせて手裏剣にしたり、何枚か組み合わせて剣やピストルを作ったりできる。少し硬い素材でブロックのように形が作りやすく、3～4歳児から扱いやすい。これらの材料は素材や大きさごとに分けて子どもの取り出しやすいところに置くなど、置き方を工夫したい。

小型段ボールをつなげた家

空き箱を組み合わせたギター

事例
5-12 ものを扱う

3歳児クラス 5月

　R男は、たまたま通りかかった砂場でふと立ち止まった（写真①）。砂場では4～5人の子どもがそれぞれに遊んでいた。並んでいる遊具の入ったかごから、R男は電車・スコップ・バケツを選び（写真②）、遊びはじめた（写真③）。

①砂場の様子を見る

②気に入った遊具を選ぶ

③遊びはじめる

　R男は一度座った場所からほとんど移動せずに遊んでいた。2両つなげた電車を砂の上で走らせたり（腕で動かせる範囲）、バケツに砂を入れてスコップでかき混ぜたりなどを黙々と繰りかえしていた。

　しばらくすると、ふと気づいたように、そばにあったプリンカップ（写真④）を手に取り、遊びはじめた。カップに砂を入れてみたり（写真⑤）、バケツの中の砂にカップを押しつけて跡を見つめたり（写真⑥）することを繰りかえしていた。

④たまたまそばにあったプリンカップ

⑤カップに砂を入れてみる

⑥カップの跡に気づく

(事例／写真：学大小金井)

第5章 ▶ ものや道具に関わって遊ぶ

砂場のそばには、種類ごとにかごに入った遊具があり、子どもが自分の好きな遊具を手に取りやすく用意されていた。遊びはじめには好きな電車を選んだR男だったが、たまたまそばにあったカップに目を留めて使うことになった。R男にとって、カップとの出会いは本当に偶然であった。それでも、しばらく電車に触れることなくカップで遊びつづけた姿から、新しいものと出会い、R男なりの気づきを得ていたと捉えられる。

　このように、子どもがものに興味をもち、手に取り、遊ぶ過程には、その時々の子どもの心が動くタイミングがある。分類されて見やすく並べられた状態で手に取ろうと思うこともあれば、たまたま目に入るところにあって使ってみたということもある。あるいは、保育者が使っているから、友達が使っているから、使ってみたくなるということも多々あるだろう。

　先に挙げたように、もの（遊具）や道具には、そのもの本来の使い方があったり、使いこなすまでに習熟が必要なものがあったりする。ものや道具の特性などを保育者が理解し、計画的に経験できるようにするべきである。しかし、「〇歳だから、この道具がこのくらい使えなければならない」と、トレーニングすることや日々の活動と切り離した活動で出会わせるのでは意味がない。子ども自身の心が「そのものや道具を扱いたい」と動いて取り組んでいること、その心の動きを保育者が捉えていることが、極めて重要だといえる。

------- この章で学んだこと -------

- 保育者と一緒に積み木や固定遊具等で遊ぶことで安心感や自信につながる。「また・もっとやりたい」という気持ちを高め、新たなものとの関わりを促す。

- 道具を使う際に擬音の楽しさで繰りかえす、身近なもので遊びに使うものを作るなど、保育者の工夫が技能の習得や新たな使い方などにつながる。

- 生活に必要な片づけや友達とのトラブル場面なども、ものの扱い方や集団のなかでのするべき行動などを学ぶ機会となる。

- ものの特性や扱い方を保育者が知識として学び、意識することが重要である。そのうえで、子どもが心を動かして出会えるようにすることが大事である。

第 6 章

文字や標識、数量や図形に関心をもつ

―― この章で学ぶこと ――

　この時期、日常の生活において、文字を使ったり、ものの数をかぞえたりする経験を積み重ねるなかで、文字への興味や関心、数量や図形の感覚を培うことが大切である。幼児期においては、文字を使って自分の思ったことや感じたことを伝え合う喜びや楽しさを味わうこと、生活のなかで必要感に基づく体験から数量や図形に関する興味や関心、感覚を養うことを重視し、体験を伴わない知識の教え込みに陥らないよう配慮したい。

§1 文字に親しむ

　子どもは、ふんだんな文字情報に取り囲まれて生活している。街を歩けば、建物の看板、乗り物の表示等々、いたるところで多くの文字が目に留まる。それだけに、現代の子どもにとっては、記号としての文字の有意性に気づくのも難しいことではない。

　だからといって、早期に文字教育をしてよい環境にあるというわけではない。昨今、幼児期、それもかなり早い時期から読み書きなど、文字指導を開始する家庭も少なくないが、文字を教える時期については子どもに応じて適切な判断が必要だと考える。なぜなら、文字は合理的な表現方法ではあるものの、子どもの感性をありのままに表現する手段としてはふさわしくない面もあるからである。文字を早くに覚えたために、絵で表現することを億劫がってしまうケースさえある。

「本屋さんでーす！」

　もちろん、文字表現は大切な表現手段であるが、幼児期に描画表現や身体表現など、より自由に自分の感性が表現できる活動をふんだんに行い、感性を養うことがまずは何より大切なのである。

　それだけに、文字についても、初めから「あいうえお」の順に文字の読み方や書き方を教え込むのではなく、まわりの人々（友達、保育者等）と言葉で伝え合うことのよさを感じられるようにしたり、発達に見合った絵本の読み聞かせによって文字に親しんだりする機会をもつことを大切にしたい。このような望ましい経験が、子どもの文字への関心を高めていく。

　「おはよう」「ありがとう」といった挨拶や、「入れて」「お砂場したいな」といった遊びのなかで言葉のやりとりをすることが、幼児の言語的な指導の第一歩である。

　加えて、紙芝居や絵本など、子どもの興味関心、発達、時期など、適時性のある教材を保育者が情感込めて読み聞かせることで、子どもの情緒が育まれ、文字への関心が芽生える。

「だいじょうぶ？」

1 マークシールをきっかけに

登園すると、子どもはまず自分の靴箱を探し、靴をしまったり、上履きを履いたりする。また、カバンやリュックサックを自分のロッカーにかけるなど、身支度を整えることから園生活がスタートする。上履き、リュックサックといった子どもの持ち物にひらがなで名前が記されているのはもちろんだが、靴箱、ロッカーには、「ひらがなで書かれた園児の名前」と「自分固有のマークシール」がつけられ、自分の靴箱やロッカーがどこにあるのかすぐに見分けがつくという配慮がされている。

事例 6-1 カブトムシのマークだね

● 4歳児クラス 4月

入園当初の子どもは、不安と緊張でいっぱいである。2年保育で入園した子どものなかには「お母さんと離れたくないな」と、涙ぐみながら登園する子どももいる。そのため、5歳児と一対一のペアをつくり、入園式からしばらくの間、5歳児に生活の世話をしてもらっている。5歳児が登園時に4歳児を出迎えたり、朝の身支度の仕方を教えてあげたりして、新入園の4歳児がスムーズに園生活をスタートできるように配慮している。

5歳児が4歳児の世話をする

靴箱やロッカーにつけたマークシールは、4歳児と5歳児のペアに同じ形(チューリップ、船、ヒマワリ等)が使用されている。

「ぼくのはなぐみさん(4歳児)もカブトムシのマークだね」

「あのひこうきのマークのお兄さんがね……」

と、まだ名前の識別できない子どもにとっては、このマークシールが相手を覚える手がかりになったり、会話のきっかけになったりすることも少なくない。

入園式。「私の名札あるかな?」

「タオル、どこにかけるかわかる?」

(事例/写真:学大竹早)

文字への関心が高まるにつれ、徐々に子どもは記号としてのマークシールではなく、友達の名前を覚え、文字情報を手がかりとするようになる。そのため、4歳児の世話も一段落する5歳児の6月ごろにはマークシールを取り除き、ひらがなのみで名札や靴箱に記名していく。

　このように、記号としてのマークと文字を併用するところからスタートし、段階を踏んで文字への関心、必要性に気づけるようにする。

2　絵本の読み聞かせを通して

　「今日は何の本読んでくれるの？」と、子どもたちは毎日、絵本の読み聞かせをとても楽しみにしている。子どもは絵本をじっと見つめ、保育者の読む声に耳を傾ける。保育者は、子どもの実態や時期、日頃行われている遊びに見合った絵本を選ぶ。クラスで読むときには、大人数でも見やすいよう挿絵の大きさなどの配慮も必要となる。

大好きな紙芝居

　入園当初は短時間で読める絵本から始めるが、年長になるころには、かなり長いストーリーの本を数日かけて読んでいく。

　ここでは保育者が、絵本の内容に合わせて情感込めて読みすすめることが大切である。それによって、子どものイマジネーションがかき立てられ、子どもは「おもしろかった」「もっと読んでほしい」と、絵本の魅力に気づいていく。この思いが、「自分でも読んでみたい」といった文字への興味を広げるきっかけとなる。それだけに読み聞かせの時間は、子どもが落ち着いた雰囲気のなかで絵本の世界にひたれるようにしたい。

「ねえ、見て見て」

　また、保育室の本棚には、時期に応じてさまざまなジャンルの絵本が揃えてある。子どもは興味ある絵本を選び、ゆっくりと目で追ったり、声に出しながら読んだりしている。まだ文字が読めない子どもも、絵本の挿絵を見てイメージをふくらませる、友達に読んでもらうなど、それぞれに絵本の楽しみ方を心得ている。

事例 6-2 家庭でも読み聞かせを　　　　　　　　　　　3歳児クラス 10月

　日頃から家庭には、保護者が読み聞かせる機会をもち、親子の大切なコミュニケーションの場としてほしいと伝えている。また、家庭でも絵本に親しめるようにと願い、園の生活が落ち着いたころから週に1回、園の絵本を貸し出す「図書貸し出し」の時間を設けている。子どもたちは借りた絵本を家庭にもち帰り、保護者に読んでもらったり自分でながめたりして楽しんでいる。
　この図書貸し出しの時間、保護者に貸し出しの手伝いボランティアを依頼している。子どもたちがどのような本に関心をもっているか、人気のある本はどれなのかといった実態が把握できるため、この取り組みは保護者にも好評である。
（事例：学大竹早）

3 文字遊びを通して

　文字に関心が出てくるころになると、子どもたちは自分や保育者、友達の名前を反対から読んでおもしろがったり、友達の名前と共通の文字があることに気づいて喜んだりする。言葉にも敏感になり、絵本への関心が高まるだけでなく、ダジャレや言葉遊びなど、言葉の音にも強い興味をもつようになってくる。

事例 6-3 "み"のつく人からどうぞ　　　　　　　　　5歳児クラス 7月

　「"やまだ　ゆうか"※を反対から読むと、"かうゆ　だまや"」
　「ぼくは"ゆうや"。"ゆうか"と似てるね」
　「"ゆうじ"くんも似てるよ」
　このように子どもが人の名前に興味をもちはじめる時期に、帰る順番をゲーム感覚の文字遊びで決めることがある。
　「自分の名札を見てごらん」
　「"み"の字のつく人からどうぞ」

　自分の名前であっても、なかなか文字が探せない子どももいる。
　「え〜と、え〜と。あ、"み"がついてる！」。見つけた途端、大喜びで立ち上がる。
　「じゃあ、次は、"い"のつく人いるかな？」
　「あった！」「○○くん、あるじゃない」と友達に教えてもらうなかで、自分の名前に含まれる文字に気づく子どももいる。
※人物名はすべて仮名（事例／写真：学大竹早）

文字遊びを楽しむことも、文字に親しむきっかけのひとつとなる。文字に関心をもつことで、友達の名前に関心をもち、それをきっかけに友達との関わりが深まることも少なくない。子どもは、文字が自分とまわりの世界をつなぐ大切なものであることを感じとっていく。

事例 6-4　「"ママ、だいすき"の⓶」

● 5歳児クラス　1月

　新学期を迎えた保育室に、市販のカルタを出しておき、自由に遊べるようにした。
「家でもやった」
「ぼく、やりたい。先生、読んで」
「私、読める。やらせて！」
と数人が集まってくる。みんなが頭を突き合わせて、絵札に書かれた一文字や絵を手がかりに、文字札に対応した絵札を探しあてる。
　市販のカルタでの遊びをしばらく続けたあと、自分でカルタを作って遊べるように、製作材料置き場にカルタ用の厚紙を用意した。カードサイズに切った厚紙の右上に〇を書いておき、文頭の文字が記入できるようにした。
　この厚紙を見つけた子どもが、さっそくカルタを作りはじめる。
「先生、絵のカードと字のカードをつくるんだよね」
「そうそう。初めは何のカードを作るの？」
「うんとね。"ママ、だいすき"の⓶」
「なるほど。じゃ、ここの〇に"ま"って書いてごらん」
「こっちは、絵を描くんだよね。こっちは、字だよね」
「"む"ってどうやって書くんだっけ……」
　カルタの作り方がわかると、思いつくままにカードを書いていく。そして、できたカルタを保育者に見せたり、なかよしの友達とひとしきり楽しんだりしてから、大事そうに家庭にもち帰っていった。

(事例／写真：学大竹早)

まだこの時期、文字を書ける子ども、書けない子どもの個人差は大きいが、一人一人に応じた文字遊びの環境を整えることが必要だろう。

　このカルタ作りにおいても、率先して文字札を書きたがる子もいれば、文字がまだ書けずに友達が書いているのをただ見ている子もいる。幼児期には、全員が文字札を書けるようにさせることが必要なのではなく、文字を見たり読んだりする経験を重ね、文字に関心がもてるような遊びの場が保証されていることが大切である。

　また、日々の活動の軌跡を文字情報によって示すことが重要であることは言うまでもない。節分の行事に向け、保育者は子どもたちに「自分のなかにいる追い出したい心の鬼」をたずねた。そして、子ども一人一人が話した「こわがりおに」「なきむしおに」といった言葉を紙に書き、子どもが描いた鬼の絵とともに壁面に飾った。それを見た子どもたちは、自分の語った"鬼"が掲示されていることに喜んだり、友達の"鬼"を声に出して読んでおもしろがったりと、生活を楽しみながら文字の有用性にも気づいていくのである。

「追い出したい心の鬼は？」

「何て書いてあるのかな？」

「"しょ"ってどう書くの？ 先生書いて」

　文字を覚えはじめの時期、書きたい気持ちはあっても、まだ完全に書けるわけではなく、保育者に手助けを求めてくることも多い。

　そんなときは、友達の名札やロッカー、身近な絵本などにその文字が使われていないか、できるだけ探してみよう。「どこにあるかな」と文字の探しっこをしているうちに、きっと、お世話好きな子が一緒に探してくれたり、「私、書けるよ」と助けてくれたりするはずである。

§2 標識に触れる

子どもたちは、交通標識を始め、いろいろな標識を目にしながら、家から園までの道のりを通ってくる。園内にも、各部屋の表示、グループの表示、立ち入り禁止の表示といった生活のルールなどを簡潔に示すための標識がたくさんある。

文字の読めない子どもはもちろん、文字の読める子どもにとっても、絵やマークで示された標識は、文字情報以上にその内容を明確にイメージすることができる。それだけに、保育者はわかりやすく親しみやすい表示を園内の環境として整える必要がある。

スタンプラリーで遊ぼう

子どもは標識を見て、その場所が何の部屋なのか、明日の当番は誰なのか、してよいこと、いけないことが何なのかについて理解する。そして、「先生、明日の当番、私？」「先生、ここで遊んでいいの？」と保育者に一つ一つ確認しなくても、自分なりの見通しをもって行動する態度が身についてくる。保育者が「○○ちゃん、今日、お弁当当番よ」と声をかける前に、ほかの子どもが当番表を見て、○○ちゃんに伝えていることも多い。

このような標識の有用性に気づいた子どもは、遊びのなかでも自ら標識を作って活用する。電車ごっこをしている子どもが、本物そっくりの信号や標識を作って遊ぶ。危険な土手に登って遊ぶことを保育者に注意された子どもが、大きな「×」のマークを描き、「のぼらないでね」の文字を添えた紙を土手に貼って、ほかの子に注意を喚起する。

動物当番のやり方を図で示す

このように実際の社会で使われている標識をまねて自分の遊びに取り入れたり、自分たちの生活に必要な内容を標識にして友達に伝えたりする。子どもたちは互いに安全に気持ちよく生活するためにルールがあることを知り、それをみんなで共通理解するための標識の必要性に気づく。そして、生活のなかで標識を積極的に活用する力を身につけていくのである。

1 部屋の看板作りを通して

> 事例
> **6-5 部屋の看板を作ろう！**
>
> ● 5歳児クラス 7月
>
> 　5歳児クラスになり、保育室の引っ越しを行った。園内の環境を大幅に見直し、保健室を別の場所に移動させた直後でもあった。
> 　「看板がないと、はなぐみさん（4歳児）も、ここが何のお部屋かわからないよ」との子どもの声。保健室前の壁に"ほけんしつ→"と紙に書いて貼る子どもも出てきた。
> 　これまで、それぞれの部屋に通称としての名前はついていたが、名前の表示がない部屋も多くあった。そこで、園舎の一つ一つの部屋に看板（掲示ボード）を作って貼りつけることにした。
>
>
> 「このビーズどこに貼る？」
>
> 　まずは、看板をつける場所と新しい名称の相談から始める。みんなで園舎内を見て歩き、場所の相談をしていった。
> 　「ここが"ほけんしつ"ね」「"トイレ"もつけよう」
> 　「こっちが"つきぐみさんのへや"」
> 　「自分のへやにつきぐみさんって"さん"をつけるのおかしくない？」
> 　「そうだね、"つきぐみのへや""はなぐみのへや"にしよう……」
> 　無事、名前も決まり、次は看板作り。やかん、救急車など、それぞれの部屋のイメージに合った看板の形を子どもたちと相談し、保育者は看板用の板、ネームプレート用の切り文字、ビーズの飾りを用意した。
>
>
>
> 　「（"け"の文字を指さして）"ほ"の次は、その"け"だよ」
> 　「貼る前にみんな並べてみようよ」
> 　「"ほけんしつ"じゃなくて、"はなぐみのへや"の看板がつくりたかった。だって、"はなぐみのへや"のほうが字が多いよ」
> 　水性ペンキやポスターカラーを利用し、色を塗ったり、ボンドで飾りを貼ったり。グループごとにわいわい相談して、かわいらしい看板ができあがった。
>
>
>
> （事例／写真：学大竹早）

　この看板作りでは、子どもたちが「『ぐ』は『く』に『゛（てんてん）』だよ」「ほけんしつは『ん』がつくね」など濁音や撥音に気づいたり、「『よおむいんしつ』じゃないよ。『よう

むいんしつ』」といった文字表記の仕方を新たに学んだりした。

　また、看板に並んだ文字をかぞえたり比較したりすることで、文字数にも着目する姿が見られる。子どもたちは看板作りを通して、自分たちの園舎に対する愛着を深めたとともに、生活のなかから文字への必要性を感じ、文字を学んだと考えられる。

2 街づくりを通して交通標識の必要性に気づく

事例 6-6　信号もあるよ　　4歳児クラス　10月

　保育室の床で、お手製の車を走らせる子どもたち。そのうちに、積み木を組み合わせて坂道を作りはじめた。

　「ここに信号つくろうよ」と、積み木に信号を貼りつける子ども。遊びのイメージがふくらむよう、保育者が大きな模造紙を床に敷いたところ、道路や横断歩道が描かれた。空き箱のビルも加わり、どんどん街ができあがっていく。

　「信号は青じゃないよ。緑色だよ」
　「いつになったら信号が赤になるの？」
　「じゃあ、10かぞえたら、走っていいです」
　「ここの"×"のところは通れません」
　などと楽しそうに車を走らせて遊んでいるところへ、電車をもった子どもが「入れて」と仲間入り。
　「だめだよ。ここは車だけ。電車はだめ」
　と、電車を拒む子ども。
　「いいことがある。ここは踏み切りにしようよ」
　「信号もあるよ」
　「いいねえ」
　「それなら電車もいいよ」
　結局、無事、車と電車が上手に街を住み分けて走れることになった。

線路を作ろう

（事例／写真：学大竹早）

　子どもたちは、自分たちのもっている交通標識の知識を活用して街づくりを進めていった。家族で出かけたときに見た電車、園の行き帰りに見つけた交通標識、園外保育で利用した信号等、実生活のなかで得た知識を生かして、自分たちの遊びをより楽しく広げていく。「赤なら止まれ、青は進めるよ」と実際の信号と同様の交通ルールで遊んだり、「10かぞえたら進める」等、子ども独自のルールを考案したりしながら遊びつづける。

また、数人の友達と街づくりをするなかでルールを共通理解し、みんなでルールを守るうえで交通標識の必要性に気づく。そして、友達と遊ぶときにもルールがあること、みんなでルールを守ると楽しく生活できることを、遊びの体験を通して実感するのである。

3 当番表を活用して

　園では、自分たちの力で生活を進めていくためにいろいろな当番がある。5歳児は、かわいがっているモルモットやウサギの飼育の当番、4歳児は、金魚のえさやり当番などである。机を拭いたりお茶を注いだりするお弁当当番は、子どもたちの実態を見ながら徐々に仕事を増やしていく。

　子どもたちが当番の順番を知ったり、自分から行動したりできるように、保育室や金魚の水槽前など、それぞれの当番の活動場所には、さまざまな工夫がされた当番表が貼ってある。ある飼育動物の当番表はカード式になっており、あいうえお順につづられている。子どもは当番が終わると、自分の当番カードにスタンプを押し、当番カードを1枚めくる。翌日の当番が誰かを当番カードで確認し、自分の胸についている当番バッジをその子どもに手渡す。

事例 6-7 お当番はいつかな？

4歳児クラス　9月

　4歳児は「金魚当番、まだかなあ」と、当番をとても楽しみにしている。当番カードに関心をもち、当番カードをめくって自分の名前を探してみる子どももいる。なかには当番でもないのに、スタンプ（本来、当番の子どもだけが使用する約束になっているもの）を自分のカードにペタッと押してしまう子どもまで……。

　お弁当当番の当番表も同様である。当番表には、マグネットや洗濯ばさみで今日の当番が誰かを示してある。当番が始まったばかりのころは、当番が回ってくる日が待ちきれずに、自分のところに勝手にマグネットを移動させてしまう子どももいる。

　それでも、しばらくして慣れてくると、ルールも守って当番表を使いこなすようになる。

（事例／写真：学大竹早）

「明日のお当番はね……」

5歳児が金魚当番のコーチ

当番バッジが手渡された子どもは、翌日が自分の動物当番であることを知り、家庭でえさ（キャベツなど）の準備をしながら当番を心待ちにする。生き物の飼育当番、お弁当当番といった当番は、子どもたちにとって待ちきれないほど楽しみな活動であるが、その当番活動がより楽しいものとなるために、当番表、当番カードなどにも工夫が求められる。当番カードに自分で好きな絵を描くことで、一目見て識別しやすくなるし、愛着もわく。当番バッチをつけることで、「ぼくは当番だ」という自覚をもつことができるし、まわりの子も誰が当番かがすぐにわかる。

　また、当番を終えたら当番カードにスタンプを押したり、シールを貼ったりすることで、当番を行った達成感がもてる。さらに、当番カードを1枚めくったり、当番表のマグネットや洗濯ばさみを移動させたりして次の当番がわかるようにしておくという引き継ぎのルール、マナーも身につけていく。

4 実際の交通標識に気づく

事例 6-8　交通ルールを守って歩こう！

● 5歳児クラス　4月

　日々の送り迎えは保護者と一緒であるが、園では保護者の付き添いなしで園外保育に出かける機会がある。歩いて15分ほどの目的地まで、ふたりずつ手をつないで歩く。

　出発前には、クラスのみんなで道を歩くときのルールについて話し合う。

「横断歩道って知ってる？」
「知ってるよ。白い、渡る道が書いてあるところ」
「信号がある」
「青になっても、すぐに飛び出さない」
「右や左を見てから、片手を上げて渡る」

など、それぞれが個別にもっている知識がみんなのものとして共有されていく。

　そして出発。

「白い線から出ちゃいけないんだよ」と、歩道を示す白線からはみ出して歩く男児を注意する声も上がる。

「（地面を指さし）何でここ緑色なの？」とスクールゾーンの意味をたずねる子どももいる。子どもたちは、交通ルールを一つ一つ確認しながら、ルールを守って歩き出す。

（事例／写真：学大竹早）

出発前に集まって

みんなで並んで歩く

園から一歩外に出ると、歩道を示す白線、立ち入り禁止の表示など、子どもの生活にとって大切な交通標識や表示がいたるところにあり、子どもはたくさんの交通標識や表示を目にする。友達と一緒に道を歩きながら、交通標識などの意味を初めて知ったり、再確認したりする。こうして自分たちで活用することによって交通標識が身近なものとなったり、交通標識を守ることの意義を知ったりする貴重な機会となる。実際に活用することによって、本や大人の話から得た知識も、より確かな学びとなるのである。

保育環境としての掲示物

　保育室や廊下などには、さまざまな掲示物が貼られている。園でのルールや約束事を掲示することで、子どもたちはルールを守って行動したり、自らの生活をよりよくしようと心がけたりする。

　たとえば、子どもたちの動線が交錯する場所に、注意を喚起するため「ゆっくり」の文字がイラストを交えて掲示されている。掲示物を目にした子どもたちは、走らないよう心がけたり、走っている友達に声をかけ注意を促したりする。保育者は、この掲示物を活用しながら状況に応じて安全指導を進めていく。

　お誕生表も欠かせない掲示物のひとつであろう。ただし、一人一人の名前が掲示されるため、個人情報保護の観点から不特定多数の人の目に触れやすい玄関などには貼らない、といった配慮が求められる。そして当然のことながら、名前の間違いはないか、園児の転入・転出が生じた際に速やかに修正を行っているかなど、つねに掲示物を点検することも大切である。

　また、掲示する際には、子どもが見やすい位置に掲示されているか、曲がったり、はがれたりしていないか、画びょうなどは安全に配慮して使用しているかなどを入念に確認したい。

§3 数や数字に親しむ

「1、2、3、……8、9、10。もういいかい？」
「もういいよ」
「郵便屋さん、落し物。ひろってあげましょ、1枚、2枚……」
「1、2、……9、10。おまけのおまけの汽車ぽっぽ。ぽーっとなったら代わりましょ」

かくれんぼ、縄跳び、順番待ちなど、子どもは園庭での遊びのなかで、歌に合わせてリズミカルに時間をはかったり数をかぞえたりする場面にたくさん出会う。拾い集めたドングリの数をかぞえる、サッカーのメンバーの人数をかぞえる等の経験を積み重ね、ものの個数と数字が対応していることを実感していく。

「郵便屋さん……1枚、2枚、3枚」

数を比較し、どちらが多いか、少ないか、同じにするにはどうしたらよいか、3人で分けるにはどうしたらよいかなどについて考えようとする。また、保育室の壁面には、クラスの友達のお誕生日表やカレンダー、日付表が貼ってあったり、時計がかけてあったりすることで、日付や時間という抽象度の高い数に関しても、視覚的に理解しやすい工夫がされている。子どもにとっては捉えにくい日付の感覚も、カレンダーを見ることで「あと3つ寝たら、お餅つきだね」といった、子どもなりの見通しをもつことができる。

体験なくしては、数や時間などの感覚は育たない。5個、3人、100円といった具体的な場面における数を抽象的な「5」「3」「100」といった数字として見なせるようになるには、数多くの具体的操作の経験が必要なのである。たとえば「コオロギ、3匹もつかまえた。あ、こっちにも2匹いるぞ。1、2、3、4、5。全部で5匹つかまえたよ」など、数を活用する経験である。「3＋2＝5」の数式を記憶するだけでは育たない数への関心、数の感覚を遊びのなかで育みたい。

子どもと作ったお誕生日表

1 時計を活用して

子どもが自ら生活を進めるための手がかりとして、時計は大切な道具である。時計の時刻を目安に行動することは、みんなが気持ちよく過ごすためのルールのひとつとなる。

事例 6-9 お片づけの時間は？

5歳児クラス 4月

「じゃ、長い針が8になったらお片づけしようね」

どの子どもでも一目見てわかりやすいよう、"長い針が8（のところ）になったら"との表現で、片づけの時刻10時40分を伝える。保育室の時計の8のところに目印をつけ、いつでも確かめられるようにしておくこともある。

子どもたちは、「片づけ、もうすぐだね」「8になったよ。みんな、お片づけだよ！」と時計を見て行動するようになる。

5歳児のなかには、「それって何時のこと？」「ぼくわかる。10時40分でしょ？」と、時計の読み方に関心をもつ子どもも少なくない。時計に関心をもつことは大切であるが、知識としての時刻を理解するだけでなく、生活を通して時間の感覚も十分に培ってほしいと願っている。

（事例／写真：学大竹早）

「8になったら、お片づけ」

時間の感覚、とくに子どもの時間の感覚は、あくまで個人の感情に左右されやすい。遊びに没頭していると、あっという間に時間が経ってしまうだろうし、体が疲れていて、何となくダラダラ過ごした日は、いつもより時間の流れが遅く感じるかもしれない。

それでも、できるだけ毎日同じ生活の流れで過ごすことで、時間の感覚が養われていく。行事のために、片づけがいつもより30分ほど早い日、片づけの時間になると、「え？　いつもより早い！」「だって、今日はこのあと、豆まきじゃない」「あっ、そうか」と、子ども同士で教え合う声が聞こえてくる。

なるべく、毎日の時間の流れを一定にすること、そして、子どもの生活のリズムを無視して一日の時間の流れをあまり細切れにしないこと。これが時計に縛られずに、子どもの時間

の感覚を育てるポイントではないだろうか。そのうえで、「今日のお帰りは1時半です」「あと10分くらいで全員集まれるといいね」など、時計を用いて時間を伝えることで、子どもたちは単に"時計が読めるようになる"だけでなく、"自分たちで生活を進めていくために時計を活用する"態度を身につけていく。

2 遊具の数をかぞえる

　たくさんの友達と共に過ごす園のなかは、家庭と比べてもたくさんの種類や数の遊具にあふれている。子どもたちはその遊具を使って遊んだり、それを片づけたりする活動を通して、実際に数をかぞえる機会を何度となく経験する。初めは正しくかぞえられなかったり、ゆっくりとしかかぞえられなかったりした子も、遊具を一つ一つもとの場所に戻しながら、「1、2、3……」と数をかぞえていくことを繰りかえすうちに正確にかぞえられるようになる。対象物を移動（収納）させながらかぞえることで、対象物と数を一対一対応させながら間違いなくかぞえられるというコツを身につけるのである。

事例 6-10 「あれ、1台足りない！」　　　4歳児クラス　9月

　共有のはさみには、1～5までの番号が書かれたシールが貼ってあり、いつでも5本あるか、確かめられるようになっている。また、10台のミニカーをしまう収納箱は、10に仕切ってあり、ひとつの仕切りにミニカー1台ずつを収納していく。
　片づけが始まると、ミニカーで遊んでいた子どもたちが、「車庫」と呼んでいる収納箱にミニカーをしまう。
「あれ、ここに入れる車がない」
「1、2、3、4、5、6、7、8、9。9台しかない」
「1台足りない」
「青いスーパーカーは、A太くんがもってたよ」

片づけやすい材料ワゴン

　ミニカーが1台足りないことに気づいた子どもたちは、A太にたずねに行ったり、ピアノの下、棚の下など、あらゆるところを探しはじめたりする。無事、ミニカーが見つかり、10台が「車庫」に収まると、子どもたちもほっと一息。
　片づけ後、ビー玉が2～3個見あたらないときには、保育者は「このごろ、ビー玉の迷子が多いんだけど」と、クラスで話題にすることもある。「使ったら箱に入れてから、お外に遊びに行くといい」など、遊具を使うときの約束が話し合われ、クラスでのルールが決められていく。

（事例／写真：学大竹早）

園では、はさみなど扱いを誤ると危険を伴うものや、ミニカー、ビー玉など散逸しやすいものや数の多いものは、片づけたときに一目で数がわかるように収納できる工夫がしてある。みんなで使うはさみやセロハンテープ台には1から順に番号が記してあったり、ミニカーなどの遊具は1台1台、仕切りのある収納箱にしまう約束にしてあったりする。

　子どもたちは、楽しみながら片づけるという作業を通して、数をかぞえる経験を重ねる。また、「ミニカー、10台あった。よかった」と、遊具がそろっていることを心地よく感じたり、逆に足りないときには見つかるまで一生懸命探したりする。こうして、遊具の使い方にも気づいていったり、必要に応じて遊びのルールを考えていったりする。

3　お店屋さんごっこの経験から

事例 6-11　「はい、300円です」

● 5歳児クラス　10月

　友達との関わりが深まる時期になると、かならず見られる「お店屋さんごっこ」。作ったおもちゃや折り紙を売ったり、それを買ったりするやりとりを楽しんでいる。
　「これください」
　「お金がないとダメです。うそっこのお金でいいです」
と言われ、あわてて紙でお金を作りに戻ってくる子ども。
　「はい、300円です。おつりをどうぞ」
　おもしろいことに、お客さんがお金を出すと、その金額の多少に関わらず、商品とおつりをかならず渡してくれるお店が多い。子どもたちは金額がいくらなのかよりも、お金を互いにやりとりすることに楽しみを感じていることがわかる。
　店員役の子のなかには、お店の商品を作らず、お金作りに躍起になる子どももいる。そのような場合も保育者は、まずはその子どもの財布がお金でいっぱいになるのを見守っている。そのうちに、お客さん役になって自分のお金を使って買い物をしたり、店員役に戻ってお金をおつりとして気前よく友達に渡したりするようになってくる。時に「（4歳児クラスの）はなぐみさんは、お金はなくていいです」と、年下の子どもに気づかう姿も見られる。

銀行はこちら

（事例／写真：学大竹早）

「1、0、0、0、0、0、0……」

　この時期の子どもの数に関する概念の認識は、まだ曖昧である。とくに、「500円」「1,000円」と大きな数字が並ぶ金銭の数感覚が身につくのには時間がかかる。

　事例のように、お店屋さんごっこにおいてお金を手にした子どもたちは、店員役になったりお客さん役になったりして、売り買いすることを楽しんでいる。つまり、子どもにとってお金は、友達とやりとりするためのコミュニケーションツールとして重要な役目を果たしているのであって、初めのうちは「そのお金はいくらの価値をもっているか」はさほど重要ではない。

　こういった遊びはじめの段階では、お金の代わりにどんぐりやチップを使用して遊ぶのもひとつの方法である。「ジュース1杯はどんぐり1個で買える」「アイス1つとキャンディー1つなら、チップ2枚」など、子どもたちなりにどんぐりやチップと商品の価値を対比させながら遊びを展開していく。

　その後、子どもたちの求めに応じ、硬貨や紙幣に見立てた紙のお金を作るとよい。「のり巻は200円です」など、それぞれの商品に見合った値段もしだいにつけられるようになる。

　まずはこの時期、子ども一人一人の思い、子どもなりの捉え方を大切にし、遊びを楽しくするための小道具として、「お金」を有効に使いたい。

10000000 えん。これいくら？

　お店屋さんごっこでお金を作る様子を見ていると、「100えん」「50えん」と、実際のお金に準じて作るだけでなく、「10000000えん」と、0をいくつもつけたがる子どもも出てくる。

　そのようなとき保育者は、「そんなお金はないわよ」と否定してしまうのではなく、もっともっと高価なお金を作りたいという子どもの気持ちを受け止めるところから始めたい。まずは、売り買いのやりとりを円滑にするための小道具として「お金」を捉え、その子がお客さんとしてたっぷり買い物を楽しむ姿を見守ることが重要である。その子にとって、その瞬間の思いは「本物そっくりのお金が作りたい」ではなく、あくまで「このお金でたくさんお買い物がしたい」である点を忘れてはならない。

§4 量をはかる、比べる

砂場に水を運びながら、「じょうろで水を汲むより、このバケツのほうがたくさん入るよ」とアドバイスする子ども。首飾り用にリボンを切ってみたものの短かすぎて、「もっと長くすればよかった。つけ足そう」と残念そうにつぶやく子ども。

子どもは実際に手や体を動かし「やってみて」、ものの量をはかったり比べたりしている。何度も繰りかえすうちに、「これくらいでいいかな」「リボ

「どっちのカエルが大きい？」

ンはこのくらいで切れば、ちょうどいいはず」と、自分に合った長さを感じとれるようになり、ほぼ失敗なくリボンを適当な長さに切れるようになる。

量の感覚は、あくまで具体的な場面から培っていくしかない。園のバケツ、じょうろ、リボン、自分のコップなど、日頃使っているものにおける量を、子どもが自分の目で見て捉える経験を大切にし、量の感覚を育てることを大切にしたい。そこから徐々に、両手を広げた長さで切ってみる、机のふちに沿わせて長さを確かめてから切るなど、場面に応じて何かと比較して計量する方法も経験から気づいていけるよう働きかける必要がある。そのためには保育者自身も生活のなかで、自分の手を広げた長さ、一歩の長さなど、自分なりのものさしをもち、量をはかる知恵・方法にも目を向ける感性を大切にし、それを子どもに伝えていきたい。

「バケツのほうがたくさん入るよ」

1 高さの感覚を養う

事例 6-12　「積み木は目の高さまでね」　　4歳児クラス　6月

男児の数人が毎日のように基地を作っては、戦いごっこで楽しんでいる。

遊びはじめたころは積み木を平面的に置いて基地を作ることが多かったが、徐々に「もっと大きい基地をつくろうよ」「そうだね。もっと高くしよう！」と、積み木をいくつも積み上げていくようになった。基地のメンバーは大喜びでいるものの、数人が協力して高く積み上げた基地は、子どもの身長を越し、ひとつ間違えば子どもの頭に落ちてきてしまう危険性が出てきた。

そのため保育者が、高く積み上げられた積み木の横で子どもの目の高さを手で示し、「基地が壊れたら危ないよ。けがしちゃうからね。高くするのは、自分のここ（目の高さ）までにしようね」と、子どもに約束を伝えた。子どもたちは、基地と自分の目の高さと比較しながら、保育者と一緒に積み木を下ろしていく。

その後、子どもたちは積み木を高く積むたびに、「まだ積めるかな？」「このくらいならいいよね」と、自分の目の高さと比べたり友達と確かめ合ったりするようになった。また、高く積みすぎた友達に対し、「B夫くんの背より高いよ」と、B夫の身長と積み木の高さを比較して捉える言葉も出てくるようになる。

「私より高くなったよ」

「キリンの首をもっと長くしよう」

（事例／写真：学大竹早）

子どもにとっては、「積み木は自分の身長と同じ高さまで」と言われても、自分の身長を客観的に捉え、積み木の高さとの比較はしにくいものである。そのため、「子どもの目の高さと同じ高さまで」とルールを決め、子どもの視点から見て「自分（の目の高さ）より高いか低いか」の比較ができるように配慮している。

保育者は、「わぁ、○○ちゃんのおへその高さと同じになったね」「あれ、ちょっと積み木、

高く積みすぎてない？ ○○くんの目の高さと比べてごらん」など、子どものものの見方、感じ方を大切にしながら、高さの感覚が捉えられるような援助を心がけている。子どもたちは、こうした経験を積み重ねていくことで、徐々に友達同士、背の高さやものの長さを比べ合うなど、ふたつのものを客観的に比較することもできるようになってくる。

2 量をはかる

事例 6-13　ウサギのえさは「1杯だよね」　　5歳児クラス 4月

園には、子どもが大好きなウサギとモルモットがいる。世話の担当は5歳児。当番の子どもたちは、家庭からもち寄ったリンゴやニンジンを手に、動物小屋にかけつけてくる。1個のリンゴを4等分したものを示して、「このリンゴ、ママが半分の半分に切ったんだよ」とつぶやく子どももいる。「1個のリンゴを、半分に切って、さらに半分に切って」と、母親が包丁でリンゴを切る姿を傍らで見ながら、数量の感覚が培われていく。

干し草をひとつかみ

リンゴやニンジンに加えて、干し草と固形フードをえさとして与えている。干し草は、ひとつかみ。
「先生、このくらい？」
「それじゃあ、少なすぎるよ」と脇で見ていた子どもが一言。
初めのうちは保育者に確認しないと自信がもてない子どもたちだったが、それでも、何回か当番を経て、実際に干し草を手につかむ動作を繰りかえすうちに、「この程度」という感覚を身につけていくのである。

フードをスプーン1杯

一方、固形フードは計量スプーン1杯。こちらは、目分量ではなく、客観的な計量をする。「干し草をひとつかみ」と異なり、客観的な手がかりがあるだけに、子どもたちも安心して、「1杯だよね」と自分で作業を進めていく。

（事例／写真：学大竹早）

この時期、「干し草を子どもの片手でひとつかみ分」といった目分量でもののかさをはかる習慣も身につけておきたい。初めは保育者がやってみせたり、つかみ方を具体的に教え、見守ってあげたりするとよい。さらに、毎回正しくものの量をはかるために、固形フードの軽量スプーン、水の容器の目盛りなど基準となる道具を活用するとよいことも学ぶ。

動物当番ひとつをとっても、目分量、客観的な量など、さまざまな量感覚を培う体験がで

きるのである。保育者は、子どもの「わー、ウサギさん、たくさん食べたね」の言葉を、「本当ね。もう半分くらいに減っちゃったね」と受け止めたり、時には「あれ、干し草がないね。少し足りなかったかな」と干し草の量を調整する必要性に気づかせたりしながら、子どもの量感覚を育んでいきたい。

事例 6-14 「もっとたくさんちょうだい！」

4歳児クラス 11月

子どもたちの大好きなお弁当の時間。初めのうちは、保育者がやかんに入れた麦茶を各自のコップに注いでまわる。お弁当の支度の仕方にも慣れたころを見計らって、お弁当当番が自分のグループの麦茶をコップに注ぐ役を担うことを子どもたちに提案する。

各自のコップのサイズは大小いろいろ。子どもたちは、自分のコップにたくさん麦茶を注いでもらいたいと、一生懸命コップに目を光らせている。

「〇〇くんのほうが多いよ」
「そんなことないよ」
「（コップの縁ぎりぎりの）いっぱいまで入れて」
「ずるい、ぼくももっといっぱい」

もともとコップの大きさが異なるため、どちらが多いかの比較はしにくい。

それでも、しだいにコップの大きさにも目が向くようになり、

「私のコップは大きいから、少なめでいいよ」
「ぼくのコップは小さいよ」
といった会話も見られるようになっていった。

お茶を注ぐお弁当当番さん

（事例／写真：学大竹早）

初めのうち子どもたちは、コップの大きさにはなかなか目が行きにくいようで、「コップの何分目まで満たされているか」で多い少ないの比較をしている。そこからしだいに広口のコップ、細長いコップ、小さいコップなど、それぞれのコップの形状が異なり、お茶の入る量もそれぞれ異なることに気づく。実際に自分と友達のコップを一つ一つ比べて、分量を感じ取っているのである。

こうして子どもたちは容器の大きさや形によって、中の水量が変わることを理解するよう

になる。そこでは、バケツの水を運び「重たいなあ」と感じたり、コップの水を飲み「いっぱい飲んだよ」とうれしそうに話したりする、極めて主観的な個人的体験が基盤となる。さらに友達同士で比較したり、時に捉え方の違いからけんかになったりしながら、個人的体験がみんなの体験として共有化される。そして、子どもたちは量を比較するための客観的なものの見方を身につけていくのである。

3 人数を比べる

事例
6-15 「どっちが多い？」

● 5歳児クラス 10月

「ドッジボールやろうよ」と、子どもたちが園庭に飛び出し、ドッジボールのコートに集まる。両チームの人数のバランスを見ながら、自分の入りたいチームに入る約束になっているのだが、なかなか人数が均等にならない。
「水色チームが多いよ。ずるい」
「黄色（チーム）は、1、2、3、4、5。5人だ」
「水色（チーム）は、え～と。1、2、3、4、5、6。6人」
「自分をかぞえてないでしょ」
「あ、そうか。じゃ、1、2、3、4、5、6、7。水色7人」
「黄色チームに移ってくれる人」
「しょうがない、いいわよ」
　ひとりが黄色チームに移動してくれたことで、どちらも6人ずつとなり、やっと人数が均等になる。
　ゲームが始まってしばらくすると、C男がひとりで入ってくるが、「どっちに入ればいいの？」と困った様子で立ちすくんでいる。

　「誰か、なかまを連れてきてよ」の声に、C男は一緒にドッジボールに入ってくれる友達を探しまわるが、ほかの遊びに夢中なようで、誰もドッジボールには参加してくれない。仕方なくトボトボとコートに戻ってくると、「ひとりでもいいでしょ」と必死で訴える。
　「じゃあいいよ、好きなほうで」と言われたC男は、無事ひとりでも仲間入りすることができた。

（事例／写真：学大竹早）

子どもは、並んでいる友達を一人一人指さし「1、2、3……」と数字に対応させながらかぞえる、指さしの代わりに自分の指を折ってかぞえるなど、具体的に手や体を使ってかぞえる工夫をする。このような人数をかぞえる経験を通して、人数が均等になる場合（偶数）と均等にならない場合（奇数）があることを知り、どうしたらよいかの知恵を身につけていくのである。

　また、ドッジボールでは、ゲームの最後に「どちらのチームのほうがボールに当たらずに残っている子が多いか」をかぞえる必要もある。それぞれのチームで残った人数をかぞえて比較する方法、両チームの残った子ども同士が一対一で手をつなぎ、何人余ったかを比較する方法、残った子ども一人一人が並んだ順に「1、2、3……」と数を唱えて人数を比較する方法など、ここでもどうしたらかぞえやすいかを考え、子どもたち自身で課題を解決していく。

「ぼくはこっちが多いと思う」

　まずは、子ども自身が生活のなかから導き出した数や量の比べ方を大切にしていきたい。それが客観的な事実とは異なっていたとしても、子ども自身が自分の体験や感覚から導き出した「ぼくはこっちが多いと思う」という"その子なりの事実"を否定しない保育者の受け止めが重要である。

　そして保育者は、そこから頃合いを見て、「どうしてそう思った？」と問いかけたり、友達同士で意見を出し合わせたりして、新しい視点を投げかけることが望ましい。こういった保育者の働きかけや友達との関わりによって、"その子なりの事実"は確かなものとなったり修正されたりしながら"みんなの事実"となる。

§5 さまざまな図形に触れる

「先生、これくらいの長い箱ください」「違う、もっとこういう感じ」。丸、三角、四角、長い四角といった図形は理解しているものの、生活のなかで出会う多様な図形を表現することはとても難しい。何とか身振り手振りで示そうとするものの、なかなか相手に伝わらない。それでも保育者は、子どもの一つ一つの表現に耳を傾け、何を表現しようとしているのかを聞き取る姿勢を忘れずにいたい。「こんな感じかな？」「ちょっとここに描いてみて」と、できるだけ子どもの思い描く図形のイメージを具体化させていく。

子どもにとっては、自分のイメージした図形を描いて表現することもまだ困難である。「先生、丸描いて」と頼んでくる子どもが多いのも、丸の形は認識して

「見て！ ハートの形」

木片を組み合わせて遊ぶ大工さんごっこ

いるものの、自分で真ん丸の形を描くことは難しいからである。時に見守り、時に手助けしながらも、丸や四角、ハート型など、いろいろな形を自分で描いてみる機会を大切にする。実際に描いてみることで、その図形のもつ特徴に気づくことも多い。

手形でこいのぼり

絵を描く、影絵遊びをする、大型積み木を運んで積み重ねる、空き箱を多様に組み合わせて製作遊びをするなどの活動を通して、平面図形に親しんだり、立体感覚を養ったりしていきたい。

1 影絵でものの形に気づく

「わー、ぼくのかげ、うつってる」。影踏み、OHPの影絵遊びなどを通して、子どもは自分の体が黒い平面の形になることに驚いたり、その形を楽しんだりする。

子どもは試行錯誤を繰りかえしながら、作ってはOHPに映し、作り直してはOHPに映しながら、影絵の人形を完成させる。影絵の人形作りでは、経験のなかから紙など光を通さない材料と、セロファンのように光を通す材料があることを知ったり、人形を光源に近づけると大きく映し出され、光源から遠ざけると小さく映ることに気づいたりする。

事例 6-16 「これ、何の形?」

● 5歳児クラス 1月

OHPを使って影絵遊びを始めると、まず、自分の手や頭を映して大喜びをする。手をグーやパーの形にしては、映り方を確かめていく。なかには、伝承的に伝わる手を使った影絵（犬、アヒルなど）を知っていて、友達に見せたり教えたりする子どももいる。

お話を作って影絵遊び

そのうちに、はさみ、セロハンテープ、トイレットペーパーの芯など、身近なものを次々ともち寄っては、OHPを通して映してみる。さらには「これ、何だ」と、スクリーンの向こう側にいる友達にクイズを出して遊ぶようになる。映すものをあれこれ動かしていくと、同じトイレットペーパーの芯でも、縦に置くのと横に置くのでは映り方が違うことに気づき、驚きの声を上げる。トイレットペーパーの芯が長方形に映っているのを見て「あれ、丸くない」と首をかしげている。白いトイレットペーパーの芯の影がなぜ黒いのか納得がいかない様子の子どももいる。紙を好きな形に切ってOHPに置くと、その形が映し出されることに気づき、紙の置き方によってさまざまな形ができることを楽しむ子どもも出てくる。

このころに、黒い色画用紙とセロファン、竹ひごを用意し、影絵の人形作りができるようにする。すると、花や車など、思い思いの形を切って、自分の作品で影絵遊びを楽しむようになる。色画用紙をくり抜いたところにセロファンを貼ると、その部分が透けてセロファンの色に見えることにも気づいていく。

「どんなふうに映るかな?」

（事例／写真：学大竹早）

このような経験の積み重ねが確かな知識となり、子どもたちは「おもしろい。もっとやってみたい」と身につけた知識を生かして影絵遊びを発展させていく。
　影絵遊びを通して子どもは、ものの形に気づいたり、立体が見る方向によって形が異なることにも気づいたりする。保育者は、「長い形だね」「わー、こっち向きにすると真ん丸に見えるね」など、子どもの思いに共感しながらも、新しい見方を示したり、形の名称を言葉に出して伝えたりしていきたいものである。

2 積み木の形状に気づく

事例 6-17 「積み木をぴったりに片づけよう」

● 4歳児クラス　5月

　保育室の積み木置き場。床と壁の側面には、ビニールテープで片づけ場所を示す印がついており、積み木をうまく組み合わせて片づけると、直方体の形にきちんと収まるようになっている。
　初めのうちは、全部の積み木をしまい終わっても、デコボコ、バラバラの形になってしまい、保育者がやり直してみせることも多い。しかし、保育者と一緒に片づけを繰りかえしていくうちに、大きい積み木から順にしまっていくとよいことに気づく。
「初めは、でぶっちょの積み木からだよ」
「次は、中くらいの」
「まって。こっちにも中くらいのが、まだある」
「その小さいのは一番あとだよ。まだまだ」
と、互いに教え合いながら積み木を片づける。
「あれ、きちんとならないなあ」
「積みすぎだよ。線より高くなってるよ」
「わかった。こっちの積み木をやり直すといいんだよ」
「ちょっと、ここをどかしてみるよ」
「ほら、ここにあてはまるよ」
と、うまく組み合わさらない箇所を修正する方法も身につけていく。

(事例／写真：学大竹早)

　子どもは、パズルを楽しむかのように友達と協力し合いながら、積み木の片づけを進める。こうした経験を日々重ね、どの積み木が一番大きいか、長いのか、中くらいの積み木は小さい積み木のふたつ分にあたることなどに気づいていく。長い積み木は重いためふたりで運ぶ必要があること、小さい積み木の上に長い積み木を載せてしまうと、グラグラと不安定にな

り危険であることも学ぶ。

これこそ、積み木遊びを毎日のように繰りかえし、積み木に触れ、重さや大きさを感じる生活体験を通しての気づきである。

そこには、保育者が積み木を片づける場をビニールテープで示したり、小型積み木がぴったり収まるような収納ケースを用意したりと、入念な環境の設定があることを忘れてはならない。子どもたちの年齢や生活体験をふまえ、その時期に合った片づけ方ができるような適切な環境を用意し、保育者も子どもと一緒に片づけを楽しんだり、ぴったり片づいた心地よさを共有したりしたい。

「ぴったりしまえたね」

3 折り紙で図形を認識する

事例 6-18 「どうやって折るの?」　●5歳児クラス　7月

「絵を描く紙（長方形）を1枚もってきて。折り紙（正方形）じゃできないよ」
「半分に折って。次は、ここを三角に折って……」
D介が、イカ飛行機の作り方をE哉に教えている。D介は自分でも1枚の紙でイカ飛行機を折りながら、友達の傍らに寄り添って、同時進行で折っていく。一緒に折りながら、自分の折り方をE哉に見せるとともに、自分の折り方とE哉の折り方を比較しているのである。
「わかんない。どうやるの」
「ちがうよ。反対に折るんだよ」
ときおり、わからなくて手が止まってしまうE哉の手助けをしながらイカ飛行機を完成させていく作業は、かなり難しい。E哉も、一生懸命に隣の様子を見てまねるものの、どこをどのように折ればよいのかとまどい気味である。

隣の席では、最近折り紙に興味をもちはじめたA子がパッチンカメラを折っている。保育者は「先生、パッチンカメラ、私つくれるよ。見てて」というA子の声にもていねいに対応し、適宜見守ったり手伝ったりしながら、ちょっと難しい折り紙にも挑戦する子どものやる気をくじかないよう心がけている。

（事例／写真：学大竹早）

正方形の折り紙を半分に折ると長方形ができ、さらに半分に折ると小さい正方形ができる

こと、また、正方形の折り紙を斜めに折ると三角形ができることなど、折り紙を折る作業のなかで、子どもはさまざまな図形に触れることになる。加えて、折り紙の本を見ながら折る、友達に折り方を教える、教わるといった過程では、完成形を見通しながら、順を追って正しく折っていく必要がある。また、正しく折れているか確かめるために、折り図と折った形を見比べて形を確かめたり、自分の折り紙と友達の折り紙を並べて同じ形に折れているかを点検したりと、緻密な図形の認識が育まれていく。

折り紙の本を見ながら

どんぐりや葉っぱを使って

親子で七夕の笹飾り作り

「しゅりけん、どうやってつくるの？」

　折り紙の経験は大切にしたいものの、ひとりの子どもに頼まれ作ってみせると、「私も」と次々に頼まれ、保育者が大変になってしまうこともある。
　その子の思いや実態をふまえ、子どもの隣でていねいに折って見せてあげることも時に大切であるが、保育者が折り紙につきっきりになるだけが援助ではない。折り図を保育室の壁面に掲示したり、折れる友達や5歳児を「忍者先生」にして手裏剣の折り方を教えてもらったりと、自分で考えてじっくり取り組む機会や、友達と関わったりする機会にすることを心がけたい。こうした保育者の支えにより、子どもの経験はより豊かなものとなる。

―――― この章で学んだこと ――――

- 子どもは保育者による絵本や紙芝居の読み聞かせを通して、言葉のリズムを楽しんだり、ストーリーのおもしろさに惹(ひ)きつけられたりしながら言葉への関心を高めていく。

- 安定した人間関係において、自分が体験したこと、感じたことを友達や保育者に伝えたいという思いがきっかけとなり、子どもは言葉への関心を高め、話す経験を積み重ねていく。

- 保育においては、名札に書かれた自分や友達の名前、壁面に貼られた歌詞など、多くの文字情報に触れるなかで、文字を読むことの必然性が生じるような環境を整えることが大切である。

- 遊びを通して、人数をかぞえたりカレンダーで日数をかぞえたりする、飼育するウサギのえさの量をスプーンではかるといった体験が、数量への関心を高め、数量の感覚を豊かにする。

- 言葉のイメージがふくらむよう、文字とイラストを併用した掲示物を用意するなど、文字や数量の感覚を育むための環境づくりを心がけることが保育者には求められる。

第 7 章

遊びや生活の情報に興味をもち、地域に親しむ

―― この章で学ぶこと ――

子どもたちは周囲の環境に関わり、体験を積み重ねながら、
日々さまざまな情報に接し遊びや生活のなかで積極的に取り入れ活用している。
身近な環境のなかで出会う情報や、生活のなかの文化的体験、地域との関わりは
子どもにとってどのような意味をもつのだろうか。
本章では子どもたちの姿と保育者の援助に関する事例を取り上げ、考えていく。

§1 身近な情報や出来事に興味をもつ

　環境には、さまざまな情報があふれている。子どもは毎日の生活のなかで見聞きする身近な情報に興味をもって関わり、それらに関する知識を獲得していく。そして、ときおり遊びのなかで再現し、友達とやりとりを交わす姿が見られる。

　保育者は、子ども一人一人の発達や特性、活動の意味を理解しつつ環境を構成する役割をもっている。子どもたちがどのような事柄に興味や関心をもっているのか、遊ぶ空間、遊具、素材、道具などにはどのようなものがあり、どのように配置されているのか、そして同じクラスの仲間関係、友達、保育者、保護者や地域の人々といった園内外の人との関係や関わりなどについて、ていねいに見取っていくことが大切である。

　子どもたちは、園で毎日あらたな出来事に出会い、発見し、伝え合う体験をしている。さまざまな情報や出来事に子どもがいかに「出会う」のか、またどのように保育者が子どもと環境を「つなぐ」役割を果たしているのか、事例を通して考えていきたい。

1 情報や出来事に出会う場としての環境

　まず、周囲の身近な環境のなかで、子どもたちが興味関心を示す事柄にはどのようなものがあるのか、室内に見られる掲示物、遊びの空間、道具、そしてそれらに対する子どもたちの関わり、保育者の環境構成や援助の姿などを紹介する。

(1) 遊びの空間と環境構成

　子どもたちは自分たちの遊びを展開していくなかで、さまざまなものや空間を活用し、楽しみながら自分たちで遊びの場を考え、構成していく。遊びのなかで喚起されたイメージをもとに、「やってみたい」「こういうものが欲しい・作りたい」という意欲がわいてくる。

保育者は、ものや空間を用意するだけでなく、日々の生活や遊びを通して子どもに出会ってほしい情報や出来事を意図的に構成している。たとえば、「〇〇の実が赤くなってきたよ」など季節による自然の変化の様子を伝えたり、行事などを楽しみにしながら「あと〇日」などと書いたり、カレンダーを見たり、環境のなかにさり気なく置いたりする。

　あるいは、たとえば降園前の集まる時間にその日の様子を伝え合う機会、子どもが見やすい場所に遊びのプロセスが示された写真など、自分たちの活動を振りかえる機会や場が設定されることで、さらに継続的に遊びを広げ、深めたり、自分（自分たち）なりの見通しをもって遊びや生活を進めたりすることができる。子ども同士のつながりが生まれ、お互いの姿を見合い、伝え合い、刺激し合い、時に競い合い、まねする姿やあこがれ、期待感が生じることで、保育者と子どもが共に環境を創造する保育となるだろう。

(2) 道具や場所の空間

　保育者は環境を構成し、子どもの新しい発見や創意工夫が生まれ、主体的な活動ができるよう援助を行っていく。

　たとえば、共同で使う道具、素材などは、取り出しやすい位置に置いておくことで子どもが自由に使うことができる。道具やものの場所についても、「こういうものがここにあるよ」という情報を保育者が伝えることにより、どこに何があるのかを子ども自身が理解できる。子どもの道具の扱いや遊びのイメージの深まりに応じて、新たな道具を用意することもある。共同で使う道具や、自分の持ち物を置いておく場所がどこかということを絵や名前で示しておくと、出したものを自分で片づけるという生活習慣の意識にもつながる。

(3) 園内の掲示

　日付やクラスの友達の名前、一緒のグループの子どもたちなど、園での生活に関係する掲示物を利用するなかで、クラスや仲間への気づき、友達への意識が育まれる。また、これらを目にし、利用することで、文字や数に触れる経験を重ねていく。

　自分が今日は何をするのか、したいのか、どうすればよいのかなど、園生活を経験するにつれ園生活の大体の流れを理解し、遊びたいことやもの、相手を見つけ、集団生活に慣れ親しむようになってくる。一方で、行事が行われる当日など、いつもと違った保育が行われる日は、子どもが日常とは違う楽しさ

掲示物は誰がどのように作る？

を見出す一日となる。その日を迎える前から事前に保育者は子どもたちと話をする。一日をどのように過ごすかなどといった活動の流れを知ることにより、子どもは園の活動をより理解し、期待感を高めていくだろう。保育者から情報を伝えたり、また前ページの写真のような掲示物を子どもの身近な環境に示すことで、子どものイメージがより具体的になり、主体的に活動の流れを意識し考えていくことにつながっていく。

秋の自然に触れながら木の葉やどんぐりを集める

どんぐりを使った秋の額縁

保育室に作品を展示

（4）季節感のある素材、活動

　園内外の自然は季節とともに変化する。折々の季節で見られる素材を取り入れ、用意したり、活動を計画したりすることによって、子どもが四季の変化に気づき身近なものとして感じることができる。また、子ども自身が関わっていく以外にも、保育者が子どもに伝え、気づきを促していくことによって出会いが生じてくる。

事例 7-1　天気予報　　　5歳児クラス　11月

　降園前、子どもたちはお互いに顔が見えるよう、円くなって座っている。明日はみんなで近くの公園に出かけ、落ち葉やどんぐりを探しに行く予定である。
保育者「明日のどんぐり拾い、楽しみだね。今日はちょっと曇っていたけれど明日は晴れるかなあ」
子ども「天気予報見ればいいんだよ」
保育者「天気予報？　そうだね、テレビのニュースでやっているね。晴れマークが出たら大丈夫だね」
子ども「出るかな」「お天気だったらさ、お弁当食べたい」
保育者「公園にお弁当もっていって食べたら気持ちいいだろうね」
　一人の子どもがテレビの天気予報の話題に触れたことで、みんなで明日の天気を確認してみようということになった。

（事例：筆者　写真：学大小金井）

　降園前に、今日一日を子どもと共に振りかえり、明日の活動内容を話したりする時間をゆ

ったりもつことで、子どもたちが落ち着いた気持ちになり、園に来ることに対する期待がふくらむ。帰宅後も家庭でテレビを見た際に、保護者と一緒に園の生活について話をし、生活に関係の深い情報を利用する機会になるだろう。

事例 7-2　毎日の日付、クラスの友達

● 4歳児クラス　12月

　室内に備えつけられている黒板の端には、日付と休みの子どもの名前が書かれている。朝、家庭から欠席の連絡を受けた保育者がチョークで黒板に名前を書いていると、そばに女児ふたりがやってきてじっと見ている。
J子「今日お休み？」
保育者「Bちゃんずっと風邪をひいていて、今日も熱が出ちゃったんだって」
J子「Bちゃんお休みだって」
K実「Bちゃんお休みだよー」
　ふたりで言いながら、ほかの子どものところに伝えに行く。

（事例：お茶大）

　ここ数日休みが続くB男には会えないものの、ふと目にした名前から同じクラスの子どもを意識するきっかけともなった事例であった。ふだんは子どもたちが自由にチョークで絵を描いたり消したり、絵を貼って飾ってみたりするために使用している黒板であったが、事例では、子どもたちが今日の月日、曜日を互いに確かめ合い、「今日は何月何日」「木曜日だよ」「今日のお休みは〇〇ちゃんだよ」と会話をしながら、自分たちで日付の数字の部分を書いてみたり、漢字をまねて書いてみる姿が見られた。市販のカレンダーを部屋に貼ったり、日めくりのカードを作ったりするなど、形態は担任保育者の工夫によってさまざまである。生活のなかで変化する日付や曜日などの数、文字の情報

黒板は情報共有の場にも表現の場にもなる

に気づき、それを用いている様子が見られる。また、自分がその数字や文字を書けるということ、知っているということをうれしく思う気持ち、他児と共有する楽しみなどがあるだろう。子ども同士がお互いに気づき合うきっかけとなる。
　黒板の有無や使い方、形態はさまざまである。しかし、自分の作ったものを掲示し見合う場、一緒に情報を共有する場が、クラスのなかのどこかにあることが大切である。

2 伝え合う、共有する

子どもたちは、さまざまな「人・もの・こと」との出会いから自分の興味関心を広げ、新しい発見をする。そして、そこで得た情報を他者に伝え共有し、それがさらに人間関係の広がりのきっかけとなることがある。

事例 7-3 自分の発見を友達に伝える

● 4歳児クラス　5月

新入園児のU香は、最初、園の生活の流れがわからず、とまどっていた。興味のあることを見つけ、ひとりで取り組んでいることが多い一方、積極的に他児に関わらず、一歩引いて周囲から様子をうかがっているようだった。

5月になり、クラスにも少し慣れ、ほかの子どもたちへの関わりが見られるようになった。U香は朝登園してくるとあたりを見回し、そばでブロックを積み上げていたY代たちのところに行って、「いーれーて」と声をかける。しかし、声が小さかったのかY代たちは気づかない。U香はしばらく周囲をうろうろしていたが、「外に行こうっと」とつぶやいて園庭に。

ブランコのところに行くと5歳児が乗っており、しばらく横で見ている。ふと、何かを発見したのか、しゃがんで地面をのぞき込み、部屋に走って行くと、「先生、ミミズ！ミミズ！」と大声でさけぶ。そばにいたY代に、「ミミズ見つけた！　ほんとのミミズ！」と興奮したように話しかける。Y代は「ミミズ？」と聞きかえす。

U香は虫取り網とかごを持って再びブランコのところに行き、ミミズをじっと見ている。するとブランコに乗っていた5歳児がミミズをつかまえ、U香のかごに入れる。U香はミミズを持って、また部屋に戻り、「ミミズつかまえた」とY代に話しかける。Y代は「わあ」と驚く。すると部屋にいた子どもたちがまわりに集まってくる。

「先生、U香ちゃんがミミズつかまえた」。集まって話しながら、しばらくミミズを見ている。保育者が「庭の奥に、もっとたくさんいるかもしれないよ」と言うと、U香は「先生、虫取りに行こう」と誘う。すると、周囲にいたY代たちも興味を示し、U香や保育者と一緒に虫取り網やかごを各々持って虫探しに出かけた。

（事例／写真：お茶大）

保育者との関係のなかで安心感をもち、自分の遊びたいことを見つけながら、徐々にクラスの友達と関わっていく姿が見られている。生活のなかで発見したことを伝え、情報を共有し楽しむ相手がいることによって、自分の興味関心もさらに深まり、あらたな活動へと発展

していくことがある。子どものつぶやきや声を保育者がていねいに拾い、状況に応じた援助の可能性を探っていくことが重要である。

事例 7-4　子どもの遊びを伝え合う　●5歳児クラス　9月

　この時期、仲のよい子どもたちの間で、リレー遊び、サッカー、野球、どんぐり拾いなど、自由にさまざまな遊びが行われていた。ひとつの遊びをずっと継続的に続ける子どももいれば、楽しそうな遊びを次々と見つけ、「入れて」と加わっていく子どももいる。仲のよい子どもたちを、いったん自分のやりたい遊びに誘ってから、気が変わって途中で抜けてしまったり、途中で「やめた」とほかの遊びに行く子どもたちもいる。「約束したのに」「どこに行っちゃったの」「○○ちゃんは私といっしょに遊ぶんだよ」と約束や園庭の場所をめぐるすれ違いをもとに、子ども同士が言い合う姿も頻繁に見られた。
　ある日、降園の前に部屋に集まった子どもたちと共に、保育者は「今日はみんながどんな遊びをしていたのか、ちょっとお話ししようか」と、子どもたち一人一人の話を聞きながら、話をしていく。
保育者「今日もたくさん遊んだね。明日はね、どんな遊びをしようかな」
子ども「ぼく、サッカーしてた」「テニスもやりたい」「リレーもしたよね」
　　　（子どもたちは、自分が今日一日遊んだ遊びだけでなく、遊んでみたい遊びなどを次々に話していく）
保育者「そうね。リレー、サッカー、テニス、たくさんあるけど」

（事例／写真：お茶大）

子ども「いっぱいあるね」
保育者「どうやってすればいいかな？」
子ども「ちょっとずつすればいい」「時間を決めればいい」「並んで決める」
保育者「じゃ、1番はリレー、2はテニス、3はサッカー、4番は野球、1回ずつやっていくの？」
　　　（保育者は子どもたちと対話しながら、子どもの声を拾っていく）

　保育者は子どもの話を聞きながら、その場で子どもと一緒に考えていく。子どもが自分の遊びを語り、共有するという楽しさもあるが、クラスの様子について振りかえり、知り合うきっかけとなっている。また、保育者にとっては気になる子どもの思いや一日の姿を確認したり、様子をうかがったりすることもできる。さらに、集団で遊ぶ際のルールに気づいたり、保育者がルールを伝えたり、時に子どもと一緒にルールを作っていく場ともなる。
　子どもたちが各々の遊びに熱中し、活動範囲も広がっていく一方で、お互いにどのような

ところでどのような遊びをしているのかが見えにくくなるときがある。保育者だけが把握しているのではなく、みんなで共有することにより、友達がどこでどのような遊びをしているのか互いの遊びを知り合うことができる。それにより、子どもが次の日の遊びを意識し期待をもつことにつながっていく。

伝え合い、共有する場は、保育のさまざまな場面でみられる。子ども一人一人が、自分だけが話すのではなく相手の話をていねいに聞き自分なりの感想や意見を述べてやりとりを交わしていく力、じっくりと考える力が芽生えるよう、こうした場を大切にしていきたい。

事例 7-5 さまざまな情報ツール──図鑑

● 5歳児クラス　6月

　園庭で草花を摘んでいた子どもたち。保育者に「これなんていう名前？」と摘んできた草花についてたずねる。
　保育者が「あれ、どこに生えていたの？」と聞くと、「ブランコの横のところ」と答える。
　保育者は「そうだ、お部屋に図鑑があるから、一緒に調べてみようか」と、部屋に行って本棚から植物の名前や写真がたくさん載っている本を取り出し、子どもたちと一緒に見る。

　しばらく眺めていると、子どもたちが「そうだ、もっと探しに行こう」と本を持って外に行き、いろいろな草花を摘んでまた部屋に戻ってくる。
　摘んだ草を眺めつつ、「これは細すぎる」「こっちのほうが長いよ」などと会話しながら本を眺め、本に載っている文字を声に出して読んでみたりしている。紙にセロハンテープで草花を貼って本のようにしてみたり、他児に「見て！」と声をかける姿もあった。

（事例：筆者　写真：お茶大）

　園内には、さまざまな植物が植えられている。ただ眺めるだけではなく、時にさわって感触を楽しんだり、色やにおいを楽しんだり、大きさに気づいたりなど、五感を通した関わりを行い、自然に親しみをもつことができる。どこに、どのようなものがあるのか、事例では

子どもが探究心をもって環境に関わり、その発見をさらに深め、自分たちの植物図鑑を作って形にしていく姿が見られた。

しかし、いくら豊かな環境があっても、子どもにとってなかなか気づきにくく、身近に感じ取れない場合がある。とくに自然環境は、一年を通して季節の移ろいとともにゆっくりと成長し変化していくため、つねに同じ動植物を発見できるとはかぎらない。そのため、子どもが興味や関心を寄せ、じっくりと関わることのできる環境をどのように構成していくか、日頃から保育者自身も自然環境に注目し、自然と子どもとの関わりを細やかに捉えておくことが重要だろう。保育者が気づいたことを伝えていくことも大切である。

園内の自然環境はもちろんのこと、園外の保育も活用しつつ、保育室のなかでも四季の移ろいを感じられるような環境を整備し、子どもが親しみながら遊びのなかに取り入れていけるよう工夫していきたい。

言葉による関わり

　ある幼稚園の3歳児クラス。子どもたちが水をやって園庭で育ててきたキュウリが実った。保育者はそのひとつをもち帰り、子どもたちの目につくところに置いておいた。すると数人の子どもたちは興味深そうに指でさわり、無言で感触を確かめている。保育者はふだん食べているキュウリを思い出してほしいと思い、何気なく「キュウリのにおいがするよ。キュウリ好き？」と声をかけた。すると、さわっていた子どもたちは一転、においに関心を移し、「キュウリのにおいがする」「臭い」「好き」「食べた」などの声が一斉に上がった。

　何気ないやりとりであるが、保育者がひと声かけたことにより、子どもたちのキュウリに対する関心が"形""感触"から"におい""好きかどうか"に対する関心へと変化した。

　まず、子ども自身が十分に堪能する時間を重視し、見守る時間を設けることが大切である。しかし、子どもの主体的な関わりを重視し保育者の介入を恐れるあまり、単に言葉がけを控えていくだけでは、豊かな経験をもたらすことにはならないだろう。保育ではほんの一瞬の場面である。しかし、そこに子どもの経験を豊かにする芽がある。子どもと環境との出会いがどのように生じているか、保育者が情報として子どもたちに何を伝えているのか、自分の声かけを振りかえり、ほかの可能性も探ってみることで、保育が洗練されていくのである。

　保育者の声かけでは、時に言葉を抑え見守る保育者の姿勢と、時に意識的に言葉で表現したり注目を促す保育者の援助の両方が必要だ。

（事例：筆者）

§2 遊びのなかで情報を使う

　子どもたちは、日々新しい情報に接する。親や保育者、一緒に遊ぶ友達からの情報、絵本やテレビからの情報など、さまざまな情報に出会いそれらを遊びのなかに取り入れていく。子どもが興味関心をもった事柄、身近に経験した事柄などが遊びのなかにも表されるのだ。保育者は日々変化する遊びや活動の内容を見守り、必要に応じてあらたな活動を指導計画のなかに取り入れ、子どもたちの遊びに必要な素材や道具、周囲の環境などを構成したり、援助を行ったりしていく。

1　遊びと生活体験

　子どもたち自身が直接経験した事柄がどう遊びに生かされていくのか。そして、友達との交流や保育者から伝えられた情報、テレビなどから得た情報をもとに、どのような遊びが展開されているのか、いくつかの事例を紹介する。

事例 7-6　宝探しの地図　●3歳児クラス　10月

　ある日、仲のよいA美とD夫は一緒に園庭を走ったり歩いたり、探索をしている。A美が「幼稚園のどこかに宝物があるんだって」と言うと、D夫は「地図をつくろう」と言い出す。そして、D夫は部屋に戻り、ペンで地図を描きはじめる。A美もそばで見ている。
　D夫は地図を描き終えると、また靴を履き替えて先に園庭に。通りかかった保育者が「D夫くん、地図作ったの？」と話しかける。「宝の地図だよ！　今から探検に行くの」、笑顔で保育者に話しかけながらA美は先を歩くD夫に追いつき、一緒にスコップを取りに行って宝探しを始める。A美は地図をのぞき込みながら、ときおり「あ、ここだ！」と地面を指さし、スコップで穴を掘る。

（事例／写真：お茶大）

　どこかに宝物が埋められているという空想の世界を仲のよい友達と共有しながら、ふだん遊んでいる園庭の空間を地図で示し、宝物のありかを探して探検することを楽しんでいる。

地図を利用するというアイディアは、おそらく宝探しの物語などから得られたものであろう。ここでは、現実の園の場所・空間の位置関係が地図に描かれているわけではないが、空想の世界をイメージしながら、他児とやりとりを交わすことを楽しんでいる。

事例 7-7　電車ごっこ

● 4歳児クラス　5月

　3歳児のとき、電車に興味をもっている男児がクラスに数人いて、K哉もそのひとりであった。

　4歳児になって、ここ数日、K哉はダンボールで作った電車で遊んでいる。登園後、すぐに電車に乗り込み、園内中を歩きまわっている。廊下には、駅に見立てたベンチ、駅の看板がかかっており、ほかのクラスや廊下、遊戯室を行き来して電車ごっこが展開されている。

　K哉は廊下で同じクラスのM太を乗せ、「いけぶくろひがしぐちえき」と書かれた看板の前で立ち止まって「池袋東口です。お乗りかえです」とM太に言う。しかし、M太は降りない。そこで、また電車を引っ張り遊戯室に向かう。遊戯室にたどり着き、「東京駅、終点です」と告げるが、M太は降りない。

K哉「じゃあ、車庫で降りてね。絶対」（また歩き出す）

M太「もうちょっと、もうちょっと」

K哉「着いたよ」

M太「もうちょっと。どこにいく」

　早く降ろして次のお客さんを乗せたい気持ちが強かったK哉だったが、M太はなかなか降りてくれない。ようやくM太が降りると、また廊下を電車に乗って歩いていく。すると今度はN男がやってきて、「何やってるの？」と言いながら電車に乗り込もうとするが、K哉に「駅で乗って」と言われ、「いけぶくろひがしぐちえき」の看板の前で待って乗り込む。

　K哉はしばらく数人の子どもを入れ替り立ち替り電車に乗せて歩いていたが、保育者のところに行き、「アンパンマン車庫って書いて」と紙に字を書いてもらい、新しい看板を作る。また、保育者に新しい紙をもらい、「ここに東京駅があって……。こう行って」とひとりでつぶやきながら駅の路線図らしきものを描いている。

（事例／写真：お茶大）

　K哉は3歳のころから電車に興味を示す子どもであり、継続的に遊びを続けるなかで遊びの内容に変化が見られた。ふだん電車に乗り降りするなかで、駅の名前を覚えたのだろう、知っている駅名などをつなぎ合わせて路線図や看板を作ったり、駅のホームや運転手の役割などをごっこ遊びのなかに取り入れて遊んでいる姿が見られた。駅名を書く際にまだ字が書

けなかったのだが、保育者に援助を求め書いてもらう。生活の経験のなかで得られた情報が遊びのなかに生かされていった事例であろう。

事例 7-8 レストランごっこ

● 4歳児クラス 6月

　登園してきたB香は、さっそく机やじゅうたん、イス、皿などを運んで廊下に並べる。そこにやってきたC実、「いっしょに遊ぼう」。B香「レストランだよ」。やりとりを交わしながら、一緒に机を出す。B香は壁に「れすとらん」と書いた紙を貼りつけ、紙とペンで「あんにんどうふ」「カレ（カレー）」「うどん」など、メニューを書きはじめる。

　同じクラスのD代、E子、F美の3人がやってくると、B香は「ここに座って。まだですよー。少々お待ちください」と言い、書いたメニューをD代たちのいる机の上に置く。
B香「これはね、あんにんどうふ、うどん、カレー」
D代「何にする？」
B香「うどんでいいですか？」
D代「じゃあ、やっぱりうどん」
B香「うどん3人前ですね、以上で終了ですね」
　紙をはさみで切ってお椀に入れ、うどんを作っている。しかし、作るのに夢中になっているのか、時間がかかっているうちに3人はどこかに行ってしまう。B香は部屋に戻り、そこで遊んでいた男児たちに「B香ちゃんレストラン、みんな来ていいよ」と声をかける。しばらくしてD代たち3人が帰ってきたため、B香は急いでレストランに戻るが、「あ、すいません。少々お待ちください。まだ食べないでくださいね」と紙を切ってうどんを作りつづける。しばらくしてうどんができると、B香は部屋からスプーンをもって戻り、3人の前に置く。しばらくすると、「もう食べた？　あとはお片づけですね」とお椀を片づけてしまう。「じゃあ、お外に行こう」と立ち去る3人。

　B香はしばらく客を待っているが、なかなか来ない。部屋や遊戯室をのぞきに行き、お客さんを探したりレストランに戻ったりしている様子。そこに、保育者がレストランにやってくる。一緒にやってきたG花が「おなかすいた」と保育者に言う。保育者は「ちょうどよかった、今ここでレストランやってるから行っておいで」。G花が席に着くと、B香はメニューを見せる。
保育者「ウェイトレスは誰ですか？」
B香「C実ちゃん」
　保育者はウェイトレスの帽子を紙で作り、C実にかぶせる。

（事例／写真：お茶大）

当初からB香を中心にレストランの遊びが展開されているが、他児になかなか伝わらず、お客さんが来ない。また、他児が客としてやってきてもB香とペースがかみ合わず、B香にとっても不満気な様子が見られた。そのため保育者はB香と他児をつなぐような関わりを行っている。また、ウェイトレスの帽子を作るなど、B香たちのレストランの世界に寄り添い、参加しながら援助を行っている姿があった。

　さらに、事例のなかで子どもが文字を使用している姿がたくさん見られていたが、子どもの経験と主体的な取り組み、興味関心が起点となって、遊びのなかで地図や図表、文字や数字に触れること、書くことにつながっていく。

2 遊びを通した異年齢の子どもたちとの交流

　クラス内の活動、仲間関係だけではなく、クラス間や園全体に広がる活動が行われている。子どもたちは、最初は担任保育者や仲間関係を中心としながら自分が安心できる居場所・関係を築き、それを基盤としながら自分の興味ある遊びを見つけ、自己発揮をしていく。子どもの活動が広がっていくにつれ、あらたな環境のなかであらたな出来事に出会う機会が増えてくる。そして、クラス以外の子どもたちとの関係ができることもある。

事例 7-9　異年齢の子どもとの交流

3歳児クラス　7月

　5歳児クラスのふたりが3歳児クラスにやってきて、「お化け屋敷できたよ！　見にきてください」と大声で呼びかける。3歳児たちは、突然やってきた5歳児に少し驚いた様子で黙って見ているが、5歳児のふたりは「お化け屋敷だよ！」「やってるよ」と口々にさけび、ほかのクラスに走っていって呼びかけている。
　保育者は「5歳さんがお化け屋敷やっているんだって。見に行ってみる？」と声をかける。黙っていたU男は真剣な顔で「お化けがいるぞ」と保育者に話しかける。数人の子どもで手をつなぎ、少し離れた廊下の端にある5歳児のクラスへ。
　ドアには、紙に「おばけやしき」と書かれた看板が貼られ、ダンボールで作られたお化け屋敷の入り口付近には、手作りのチケットを持って待っている男児がいる。
　「はい、チケット」と渡されたチケットを黙って受け取り、U男は少しとまどっている様子。保育者は「すごいね、本格的だね。チケットも作ったんだって」と言いながら、しっかりと手をつなぎ、U男たちと部屋のなかに入っていく。

（事例／写真：お茶大）

この時期、園の生活にも慣れた3歳児だが、まだ自分のクラスから離れた場所に行く機会が少ない子どももいた。なかには知らない環境にとまどいを見せる子どももいるが、保育者が見守りつつ援助することで一歩を踏み出すことができる。こうした日々の交流のなかで年長児に対するあこがれをもち、進級時の期待につながったり、「あんな遊びを自分もやってみたい」というように遊びが伝わったりすることもあるだろう。

　看板を出すことによって、子ども同士が自然に出会う環境がある。絵や字の入った思い思いの看板を作り、お客さんに呼びかけ、自分がやってみたいお店の雰囲気をより具体的な形にしていくことで、ごっこ遊びを盛り上げる楽しさを味わうことができる。看板の文字を読めず、書いている内容がよくわからない子どももいるだろう。また、看板が出ていても子どもが気づかない場合や、興味があっても見知らぬほかのクラスに行くことに躊躇してしまう子どもがいる場合も生じてくる。個々の子どもたちの興味を促し支えるという保育者の援助によって、子どもの活動内容・範囲の広がりへとつながる。

　同時に、保育者がほかの学年やクラスの活動について担任保育者と日頃からやりとりを交わすなども必要だろう。保育者が協同して保育をすることによって、ひとつのクラスの活動だけでなく、他クラスや異年齢同士の交流など、園全体として活動を広げ、深めることにつながっていく。

事例 7-10　幼小の連携

● 5歳児クラス　6月・2月

〈6月〉
　ひとりの卒園児が、カブトムシの幼虫を園にもってきた。5歳児クラスの保育者が受け取り、「小学校2年生からカブトムシの幼虫をもらいました。大事に育ててね」と貼り紙をし、虫かごを部屋に置いておいた。すると、気づいた子どもたちが数人集まり、かごのなかを見ている。「カブトムシだって」「どうしたの」と興味津々である。保育者も「小学校2年生のお兄さんからもらったのよ」と声をかけると、「小学校でもカブトムシ飼ってるの？」などと話しながら保育者の書いた貼り紙を見ている。

〈2月〉
　近々、小学校の子どもたちが幼稚園にやってくるという交流の日が設けられていた。保育者は「小学校について知りたいこと」と大きく書いた白い模造紙を机に広げ、子どもたちに「小学校に通うお兄さんお姉さんにどのようなことを聞いてみたいか」を相談しながら順に紙に書いていくことにした。

（事例：お茶大）

この事例では、小学校は園のすぐそばにあり、園庭にいるときなどは小学校からの歓声が聞こえる距離ではあるものの、一緒に活動する機会はあまり多くない。子どもにとって小学校のイメージは漠然としており、未知のものである。実際に小学校を訪問し、学校の広さや見慣れない遊具にとまどったり、小学生と一緒に教室で机に座り、先生の話を聞いたり、子ども同士で話したり、鉛筆でノー

トに字を書いてみたりする経験をする。さまざまな交流活動により小学校の生活を身近なものとして感じる機会となる。どのような場所なのか、どのようなことをしているのか、園での生活とどのように違うのか、保育者と共に考えたり、保育者から情報を伝えたりすることによって、小学校に対し親しみと期待感をもつことができる。

また、子どもの生活や経験、時期によって活動の内容をじっくりと練り、保育者同士の交

小学校入学後に感じるとまどい

　就学前から、子どもたちは学校について「学校は勉強をするところ」「字を教えてもらえる」などといった漠然としたイメージを構築し、期待をもっている。小学校の生活は、時間、空間、もの、生活習慣、教育の目的、先生の役割などが今までの園生活と異なり、おそらく多くの事柄が新しい経験となるだろう。

　小学校入学後に感じる子どもの不安やとまどいには、どのようなものがあるのだろうか。親子の会話から拾い上げ、自由に記述してもらう質問紙調査を行った（野口・長田・関口、2005）[1]。家庭で交わされている話題の内容には、授業・学習面、教師について、子どもの友達関係、給食などが多く挙がっていた。また入学後とまどった事柄には、遊びを中心とした園の生活から時間的区切りのある学習を中心とした小学校への生活の変化について、保育者・教師の役割の違いについて、そして子ども同士の友達関係について多く挙げられていた。

　たとえば、「小学校は"自分のことは自分でする"教育で、違うなあと感じる面は多々あります」「叱られることに敏感になっている」「自分の意見があまり言えない」「クラスで知っている子がいなくて、なじむのにずいぶん気をつかっているようだった」などである。移行期にとくに問題なく過ごすことができたという子どもがいる一方で、多くの子どもがとまどいや不安を抱えている様子がうかがえる。

　子ども自身が生き生きと小学校生活を楽しみ、乳幼児期に培った成長の芽をさらに健やかに伸ばしていけるよう、子どもへの配慮を大切にしていきたい。

流を日常的に行いながら、こうした活動が園の指導計画のなかで年間を通して行われることが重要である。

3 テレビからの情報

近年、生活のなかで乳幼児のテレビ視聴が多い一方、自然体験などの直接体験が少なくなっているという。子ども同士

の遊びにおいても、テレビから得た情報がやりとりされている場面が頻繁に見られる。

事例
7-11　ワールドカップ
● 5歳児クラス　6月

サッカーのワールドカップがテレビで放映された時期の遊びの様子である。
C斗は登園後、すぐにボールを持って園庭に。「ベルギー対チュニジア」などと言いながらボールを抱えたまま歩きまわり、一緒にサッカーをする子どもを探している。園庭には、すでにサッカーのゴール、スコアボードが出されている。
ゴールキーパーをジャンケンで決め、ふたつのチームに分かれてサッカーを始める。手作りの日本の旗を持った隣のクラスのJ花がサッカーを見にくる姿も見られた。
D樹はボールを追って行くが、手でさわってしまう。「ハンド！」と声がかかると、D樹は「ハンドしてない」と言い合いになるが、ボールを蹴っては追いかけることが続く。
サッカーの上手なE也がボールをもっている時間が長く、時々自分がボールを蹴るのを失敗すると「おまえはイエローカードだ」と強引に言い、ボールを取ってしまうことが数回続いている。すると、保育者がやってきて「イエローカードは選手が出すんじゃなくて審判が出すんだよ」と説明し、審判役でサッカーに参加する。
スコアボードには「日本vsロシア」と書かれ、E也が「10対0で日本の勝ち」と子どもたちのゴールに関係なく数字を書き込んでいる。

（事例：お茶大）

サッカーはふだんから行われていたが、ここでは対戦する国の名前やチーム、ルールに関連した用語など、サッカーにまつわる情報がやりとりのなかに具体的に出されていた。また、子どもたちがさまざまな国の名前に興味をもっている様子がうかがえた。実際には子どもたちはまだサッカーのルールを理解しているわけではなく、ときおり恣意的にルールを

作り、テレビで見たサッカーの情報を利用して遊んでいる。この事例のように、ルールや役割など、子どもだけでは理解が難しい場面が生じた場合は、保育者が間に入って説明することも大切である。

事例 7-12 戦いごっこ

● 5歳児クラス 12月

遊戯室では3歳児クラスの子どもたちが、テレビのヒーロー番組で使われている曲をかけ、「トォー！」など、かけ声を発しながら舞台の上で相手に向かって構え、ヒーローになりきって戦いごっこをしている。遊戯室にやってきた5歳児クラスのA夫とB太たちはその様子を見て、音楽を聞くと自分たちも手に持っていた紙の剣で戦いごっこを始める。

すると しばらくして、F樹がやってくる。3人の様子をそばで見て、うろうろしている様子から一緒に遊びたいようである。

A夫が「えい！」とF樹に切りかかって行くと、F樹は笑顔で逃げ出す。「追いかけろ！」とA夫たちはF樹を追いかけていく。しばらく走りまわったあと、F樹は「ねえねえ、やめてよ。ピカチューごっこやろうよ」と提案するが、A夫は「やーだよ」と返事をする。

じきに、A夫は追いかけるのをやめ、端にあったマットを運んでくると、習っている空手の型をやりはじめる。A夫は「空手やりたい人！」とB太の腕をもって押す。B太は「あー」と笑顔でふざけながらマットに寝転ぶが、A夫は「ここは寝転ぶところじゃない」と真剣な口調で言う。B太はあまり乗り気ではないようでゆっくりと立ち上がるが、「はだしでやろう」というA夫の提案を受け、ふたりで靴下を脱ぎマットに上がる。

その間、ほかの子どもたちは3歳児たちのところに行き、音楽に合わせてヒーローになりきり、飛び跳ねている。

A夫は「こうやるんだ」とB太を押し倒し、軽く蹴る。B太はしばらくA夫をまねてやっていたが、A夫がほかの子どもと話している間に離れてほかの男児たちのヒーローごっこに加わる。

(事例／写真：お茶大)

これは、テレビで見た番組のイメージでごっこ遊びをしている子どもたちの事例である。子どもに人気の番組名やキャラクターが頻繁に挙がっていることから、家庭で見るテレビ番組が子どもの印象に強く残っていることが推測される。また、剣やバッジ、衣装などにも興味をもち、作ってみたいという気持ち、それで遊びたいという気持ちが起こってくるようだ。テレビの情報を知っている子ども同士は比較的簡単にイメージを共有できるが、知らない子どもとは共有しづらく、遊びや仲間関係が固定化する場合も生じてくる。

　テレビから得て知った情報を友達とやりとりすることは子どもにとって楽しいことである。テレビは新しい情報を提供し、知識の幅を広げる機会になる可能性もあるが、偏りすぎることがないようにしたい。保育者がていねいに遊びの内容を見取り、ときに子ども同士がどのようなやりとりを交わしているのかを観察し、必要に応じて関わっていきたい。

スマホを作る5歳児

§3 地域に親しむ

　社会の急速な変化とともに、子どもや子育てを取り巻く環境も変化している。少子化、核家族化、都市化などの影響によって、地域や人のつながりが希薄化しているといわれる現在、家庭や地域社会と連携し、教育を行っていくことが求められている。

　そのため、保育のなかで、地域の人たちと出会う機会、地域の催しや公共の施設を訪問する機会などを計画に盛り込んでいくことが大切である。公共の場に関する情報、適切なふるまい方や態度、ルールなどを保育者が伝えていくことが、子どもの社会性や公共心の芽生えにつながっていく。

　家庭との連携では、保護者に保育の内容や子どもの成長をわかりやすく、ていねいに伝えていくことを大切にしたい。直接口頭で伝えたり、おたよりなどの配布物・掲示物などが利用されることが多い。そのほか、写真などの記録を加えることにより、子どもの活動の経過が非常にわかりやすくなる。子どもの姿、育ちを具体的に伝えるとともに、保護者の保育への参加・対話を意識した実践が重要である。

家庭との連携——保育参加

　下の写真は七夕の際、保護者数人がボランティアで保育に参加し、笹取りの活動を一緒に行ったときのものである。この例では、家庭と園が連携しながら、保護者が保育を参観するだけでなく、活動に参加し、子どもと自由に遊ぶなど、ほかの家庭の子どもと関わり、保育者と一緒に保育を行っていく機会が設けられている。

（事例／写真：学大小金井）

> 事例
> 7-13 子ども縁日

● 3・4・5歳児　7月

　保護者を中心に計画や準備が進められ、園で子ども縁日が開催された。
　地域在住で音楽を趣味にしている方がボランティアで来園し音楽を演奏すると、子どもたちは体を揺らしながら楽しんでいる。
　輪投げや魚釣り、迷路、ポップコーン屋さんや、ジュース屋さんなどが園庭いっぱいに並ぶと、子どもたちは目を輝かせながら「これ食べよう」「次はこれやろう」と子どもたち同士で手を引っ張り合い、急いで移動している。

(事例／写真：学大小金井)

　子どもたちにとって楽しい思い出となる活動である。しかし、保護者や地域住民との連携、保育参加を実現させるためには、綿密な計画と準備、打ち合わせが必要である。当日だけではなく、日々のコミュニケーションを通した、保育への理解が重要な鍵となるだろう。子どもの日々の生活とこうした活動が連続性をもち、子どもの経験が豊かなものとなっていくことをめざしていきたい。

事例

7-14 働く人との出会い

● 5歳児クラス　7月

園内でカレーを作ることになり、保育者はクラスで子どもたちと一緒にカレーに必要な材料を確認する。
保育者「みんなカレーって食べたことあるよね。カレーには何が入っているかな？」
子ども「ジャガイモ」「ニンジン」「タマネギ」「お肉も入ってる」
そして、材料を子どもたちと一緒に近所のスーパーマーケットに買いに行く。保育者は店に行く道中と店のなかで気をつけなければな

らないことを子どもたちにたずねながら、歩くときにはかならず手をつなぐこと、車に気をつけることなどを伝えた。また、店のなかでは、働いている人やお客さんなどいろいろな人がいるため、大きな声で話すと迷惑になってしまうので小さな声で話をしようなどの約束を子どもたちと交わした。

（事例：筆者　写真：学大小金井）

　保育者と共にさまざまな具材を思い描くうち、子どもたちはカレーを作ることへの期待感、具体的なイメージを抱くようになる。園外での移動場面、スーパーでのふるまい方など、集団で行動する場合に留意しておかなければならないことなどを子どもと一緒に考え、伝えていくことが重要である。

　ふだん家族と一緒に買い物に行くことは経験しているが、日常と異なる経験や関係性を通して、食の意味を子どもなりに捉え、公共の場での社会性や自立的なふるまいを意識することにつながっていくだろう。

　地域には、さまざまな年齢、職業、経験をもった人々が暮らしている。こうした方々との交流を通して、さまざまな人がいるということを知り、子どもたちの自立心や人と関わる力が養われていくだろう。また、地域のなかで育まれた伝統や文化、地域資源に子どもが触れ、豊かで幅広い経験をすることが大切である。

大豆で豆腐を作るため「にがり」を買う

第7章 ▶ 遊びや生活の情報に興味をもち、地域に親しむ

§4 日本の文化や異なる文化に触れる

1 日本の文化的習慣・行事

　季節により自然や人々の生活に変化があることを子どもは体験する。地域社会における生活では、季節の移り変わりや特定の日・時期の節目に応じて、さまざまな行事が催される。行事には日本の伝統的・文化的習慣としての行事がある。そのほか、入園式や卒園式など各々の園の節目として行われる行事、子どもの日々の活動を発表するような場としての行事、保護者との連携・交流をねらいとした行事、そして園内だけでなく地域で行われている行事への参加など、さまざまなものがあるだろう。長期的な指導計画のもと、子どもが生活を通して必要な体験を得る機会となり、あらたな生活の広がりをもたらすよう考慮していくことも必要だろう。

　本節では、園で行われているいくつかの行事を取り上げ、活動の例やそこでの子どもの経験の内容について紹介する。

事例 7-15　七夕飾りを作る　●4歳児クラス　6月

　七夕の笹飾りを作り、短冊に願い事を書く活動が行われた。子どもたちはグループごとに用意された折り紙の箱をのぞき込み、折り紙を取ると保育者の手元を見ながら七夕の飾りを各々作りはじめる。

　しばらくして、保育者は折り紙を1枚取り、貝飾りをひとつ作って見せる。

　「こうやってね、三角に折って、はさみでここまで切ってから、こうやって開くと……（ゆっくりと折った折り紙を開いてみせると、切り目がきれいに広がる）、魔法の貝殻のできあがり」

　それを見た子どもたちのなかから「わあ、すごい」「つくりたい」という声が上がる。保育者がやってみせることで、子どものなかから自分もやってみたいという気持ちが芽生えてきた。子どもたちは細かな切り目を慎重にゆっくりと入れ、そろそろと広げ、「できた！」と歓声を上げている。広げる際に失敗する子どももいるが、保育者に聞いたり、隣の子ども同士で教え合い、手伝う姿も見られた。

　短冊に願い事を書く際、自分で字が書ける子どもはひとりで書いていたが、まだ書けない子どもや、わからない字がある子どもは、そばにいた保育者に手伝ってもらい書き上げていった。

（事例／写真：学大小金井）

事例
7-16　運動会

● 4歳児クラス　10月

　運動会が近くなり、子どもたちの遊びのなかにも運動会に関連した内容が見られるようになってきた。クラスの天井には、子どもたちが作った各国の旗が飾られている。園庭への出入口のそばには、子どもたちがいつでも使えるようにリレー用のバトンや帽子が用意してある。

　登園してきた数人の子どもたちはすぐに園庭に行こうとしている。「先生！　運動会のお帽子かぶりたい」と言いながら箱から帽子を取り出しかぶると、クラスの子どもたちに「リレーやらない？」と声をかけていく。

　また、子どもたちが廊下で「メダル屋さん」と書かれた看板を出し、メダルを売るお店を出している。ほかのクラスからメダルを買いにやってくる子どもたちもいて、金銀のメダルを首にかけた子どもたちが廊下を行き来している。M子は「今日、銀つくったの」と保育者に話しかける。メダル屋さんにやってきたK代は金メダルをもらい、うれしそうに部屋に帰ってくる。部屋にいたN美は自分で作ったカメラを持って、保育者に近づき、「パシャ！」と言いながら保育者を撮影する。保育者が「金メダルのお友達も写してあげたら」と言うと、N美は首から下げた金メダルを友達に見せていたK代に声をかけ、ポーズをとる子どもたちを撮影する。

（事例：お茶大）

　子どもたちは間近に迫った運動会への期待を高めている。行事は子どもにとって貴重な経験ではあるが、日常生活からまったく切り離された活動が行われると、時に子どもにとって大きな負担となってしまう場合もある。しかし、事例のように生活のなかで目にしたことがある国旗を作って飾ってみたり、応援のときに手に持ったりして、行事を通して国旗に親しむ機会をとっている。国によってさまざまな色や図形に気づき、興味をもって見比べて楽しみ、異国を感じる機会にもなっている。

　また、走って楽しむ活動を運動会で行うリレーとして展開するようにつなげていく試みを、長期的な指導計画に取り入れることで、ふだんの生活で経験する出来事と行事のなかで経験する出来事に関連性をもたせることができる。このことが、発達や経験の幅を広げる機会を提供することになるだろう。

　こうした運動会に関係する遊びを楽しん

だり、運動会を意識するような環境を構成したりするなど、一緒に準備を行っていくことで子どもたちがより期待感をもち、行事への参加意識が深まっていく。

事例 7-17 ひな祭り

● 4歳児クラス　2月

毎年園の遊戯室にはひな人形が飾られ、子どもたちが自由に見ることができる。遊戯室に遊びにやってきた子どもは、大きなひな壇に飾られたひな人形をじっと眺め、「うわー」と感嘆の声を上げている。

そのほか、クラスにもテーブルにお内裏様（だいりさま）とお雛様の2体の人形や、小さな人形、紙で作ったお雛様など、いくつかの種類が飾られており、じっくりと眺めることができる。また、保育者は年齢に応じて折り紙や台紙などの材料を用意し、興味をもった子どもがひな人形を作ることができるように準備している。

人形を眺める子どもたちに、保育者が「お雛様とお内裏様、どれが似合うかしら」と声をかけ、一緒にそばで折り紙を見ている。S香はそのなかから1枚を選び、「おだいり様つくる。先生、のりだして」と頼む。保育者もS香と一緒に作りながら、「先生、三角のお顔にしようかな」と声をかけると、「S香は丸にする」「私はハート」と各々イメージしながら作りたい顔を作っている。保育者は「どんな形がいいの？」と折り紙で丸く胴体を作り見せる。S香は丸めるのではなく、折り紙を折って平らな胴体を作る。

時々、クラスや遊戯室のひな人形を見に行き、顔や形、表情を確かめてから描いている子ども、作りながらクラスみんなで歌った「うれしいひなまつり」を口ずさむ子どももいた。子どもたちが作ったひな人形は、テーブルの上に一緒に飾られた。すると、作った子どもたちが「かわいいね」「これぼくの」と手に取って満足そうに眺め、会話をしていた。

（事例／写真：お茶大）

本物のひな人形に触れ、子どもの関心が高まっている様子がうかがえた。また、紙や粘土でできた人形、平面や立体などさまざまな種類のひな人形が飾られ、子どもたちが眺めたり手に取ったりできる環境が用意されていた。そこから自分が作りたい顔の表情や形などを参考にして、考えながら作っている姿も見られた。最後にできあがったものを飾ることで子どもが自分の工夫や製作過程を実感し、満足感を得ることができたようだ。発達や活動計画に応じて、予想される子どもの姿を思い浮かべながら、保育者がどこまで材料を準備しておくのか、保育者がどこまで援助するのかを考えておくとよいだろう。

事例 7-18 正月

5歳児クラス 12月

園では臼と杵を使って餅つきを行う。子どもたちは普段、買ってきたものを食べたり機械で作ったりする経験はあっても、実際に餅つきをする経験はあまりない。この園ではお相撲さんがやってくる機会が設けられている。大きな体のお相撲さんの餅つきは軽々としてみえるが、実際子どもたちが順番に杵を持ち、ついてみるととても重い。あこがれのまなざしで見ている子どもたち数人がさっそく動きをまねはじめた。保育者はいつでも手助けできるように待ちかまえながら、「がんばれ！」とみんなで応援する。

数日経って、テレビで見た相撲が遊びのなかでも行われていた。保育者は十分に体を動かして、けがなく遊べるようにマットを準備した。

まねる、取り入れる　　　　（事例／写真：お茶大）

できた餅を食べる楽しさだけでなく、作る楽しさが感じられる事例である。保育者は衛生面への配慮や調理の下準備などを行うが、子どもにとって何が大事な経験なのか、意識的に活動内容を計画し、取り組む必要があるだろう。作るプロセスのなかでは、素材の変化や粘りの感触、重さ、大きさ、動きなどを経験している。

また、その後に鏡餅を作って供えることで季節に応じた日本の伝統を体感したり、餅がどんどん固くなってひび割れたりなど時間による変化を感じたり、子どもが楽しかった活動を振りかえる機会となったり、遊びのなかに取り入れたりする。

「お正月」の歌もよく歌われ、心待ちにする姿、歌詞に出てくるコマや凧あげ、羽根つきな

第7章 ▶ 遊びや生活の情報に興味をもち、地域に親しむ

どの遊びを楽しむ姿がある。地域の自然環境を生かし、ムクロジの種を使って羽根を作る園もある。

　子どもは園での集団生活のなかで、さまざまな日本の伝統行事、季節に応じた日本の文化的習慣に触れる機会をもつ。昔ながらの伝統行事や遊びを家庭内や地域のなかで経験したり、次世代に伝えたりすることも少なくなっているのではないだろうか。こうした四季折々の伝統行事への参加を通して文化に接することは、子どもにとって貴重な経験となるだろう。

2 国際理解の意識の芽生え

　園で行われている日本の行事のうちのいくつかを前項に取り上げた。次に、子どもが生活のなかで接する国際理解とその環境に関する事例を紹介する。

事例 7-19　言葉への関心　　　　　　　　　　　　　　4歳児クラス　12月

　A男が、保護者の仕事のため学期の途中で海外に引っ越していった。しばらくして、引っ越し先からの手紙が園に届く。保育者はその手紙を子どもたちの目につきやすいところに貼っておいた。手紙を見つけ、子どもたちが話をしている。
子ども「Aくんはアメリカに行っちゃったんだよ」「これ何て書いてあるの？」
保育者「これは、英語のアルファベットで、ハローって書いてあるんだよ。こんにちはっていう意味なんだけどね」
子ども「知ってる」「ぼくも英語習ってる」「Aくんに手紙書きたいな」
保育者「それじゃあ書いてみようか」

(事例：お茶大)

　手紙のなかに見慣れないアルファベットを見つけたことから興味をもち、英語の文字、挨拶など、日本語との違いに気づいていく。手紙を目にし、今までクラスの一員だった子どもを思い出し、懐かしむと同時に、子どもたちのなかに手紙を書いてみたいと思う気持ちが芽生えてき

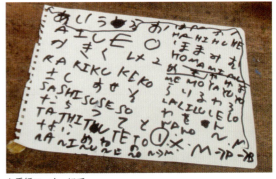

お手紙コーナーにて

た。保育者から言葉の意味を聞いたり、友達への気持ちを保育者と一緒に文字で手紙にしたり、言葉に関心を示す姿が見られた事例であった。

　ほかにも、壁に掲示されている世界地図やいろいろな国が紹介されている本などを子どもの身近な環境に置いておくと、さまざまな国があることや自分の国がどこにあるのか、また世界の国旗の違いなど、友達と情報を交換し、興味を抱くきっかけとなることがある。テレビやニュースなどで耳に残った世界の国の名前をより身近なものとして感じることにつながっていくだろう。

　また、最近では家族で外国へ旅行に行くなど、子どもの異文化経験も豊かになっている。テレビなどで多くの情報を得る機会があり、海外についての知識を豊富にもつことができる。しかし、乳幼児期は身近な環境を通して得られる直接の体験を重視していきたい。家庭や地域では得られない経験を保育のなかで提供することができるだろう。たとえば、園の行事などで実際の国旗を目にしたり、国旗を自分で作ったりすることで、自然に国旗に親しみ、国際理解の意識の芽生えが培われていくことにつながる。

　また国際化に伴い、海外から帰国した子どもや、生活に必要な日本語の習得に困難がある子どもと接する機会も増加している。多様な家族・生活形態、働き方、価値観がみられる現代において、今まで自明のこととされ無意識に行われてきた保育を社会の変化に応じてあらためて振りかえることが求められている。地域の自然や人材、行事や公共施設などの資源を積極的に活用すること、保護者と連携・協力し活動の機会を設けること、園の保育について理解が深まるような工夫をすることなど、保育の基本を押さえつつ保育を改善することが必要となってくるだろう。地域社会のなかで暮らす様々な人々と共に生きるうえで、園の果たす役割は大きい。

保育の国際化

　国際化とともに国外で生まれ育った保護者や子どもの入園を受け入れる機会が多くなり、保育のなかで国際化に対応していくことが求められている。

　日本保育協会が各地方自治体の保育所に入所している外国人児童について平成11年度と平成20年度に調査を行い、保育の国際化の実態と外国人保育の現状や課題について指摘している[2,3]。これによると、地域によってさまざまな状況があるようだ。

　また、子どもが保育環境に慣れ、日本語の習得をしていく際の援助に十分留意しようとする現場の意識があることがうかがえる。子どもへの保育と同時に、保護者との意思疎通、コミュニケーションがうまくとれないことからのトラブルや緊急時への不安、通訳や保育士の不足、食習慣や文化の違いからの困難、などが課題として挙げられていた。自治体による外国語で書かれた資料や案内などの書類の作成、通訳者の配置や派遣、マニュアルなどの作成があるようだが、自治体によってさまざまであることがわかる。

　実践のなかでは、逆に外国の料理を保育のなかで作って味わってみることで楽しむなど、見識を広め、積極的にその国の文化や考え方について交流する機会とする園もある。保護者も園も双方細やかなニュアンスがうまく伝えられないもどかしさを感じることが多いようだが、そのような際には写真やビデオなどの映像で子どもの生き生きとした姿を伝えたりしている園もある。これらの工夫は、保護者や子どもが安心感・信頼感を抱くきっかけとなるだろう。

　生活習慣や宗教、教育に対する期待の相違、経済的事情に伴う問題も生じるため、保育現場では言葉の理解のみならず国際理解、相互理解と信頼関係の構築、個々の家庭の状況把握と柔軟な関わりが求められる。

　　　　　この章で学んだこと

- 子どもは、身近な環境との関わりを通して日々さまざまな情報に出会うなかで興味をもち、遊びや生活で積極的に活用していく。

- 保育者は子どもが情報に出会う姿をていねいにみて、遊びや生活に取り入れたり、互いに刺激し合って情報を伝え合い、楽しむことができるような環境を整えたりする。

- 子どもを取り巻く環境、地域社会はめまぐるしく変化している。季節の移ろいに伴う伝統的な行事や生活習慣、遊びなどを体験する機会を高めていく。

- 保育者は、子どもが日本の文化や異なる文化に触れ、国際理解の芽生えが培われるよう意識し、援助する。

- 地域社会の自然や行事、公共施設、人的・物的資源をあらたに見直し、積極的に活用する。その際に地域や家庭と十分に連携し、豊かな経験の広がりになるよう配慮する。

第 **8** 章

▼

幼児期の思考力の芽生え

―― この章で学ぶこと ――

子どもは、いろいろな物事に興味や関心をもち、直接的、具体的に関わるなかで、
発見したり、気づいたり、考えたりして、自分なりの理論を組み立て、
理解しようとする。また、不思議に思うことを探求したり、友達と関わったりしながら、
新しい考えを生み出す喜びを味わう。
この章では、あらためて幼児期の思考力に焦点をあて、事例から捉えていく。

§1 関わる・出会う・気づく

　子どもたちが学ぶ場所である幼稚園や保育所等では、小動物を飼育したり植物や野菜を栽培したりして、命について考える機会や自然を大切にする心を育む環境を整えている。また、砂や水、土などの自然素材や、風、気温、天候などの自然現象、道具や遊具などのものを遊びに取り入れる工夫もしている。

　保育者がこうした環境を構成し、その環境に子どもたちが関わるなかで、「きれい」「ふしぎ」「すごい」など感動することや、色や形、大きさ、手ざわり、においなど諸感覚を通して気づくことがたくさんある。動植物に親しみ、身近な人やもの、出来事に対して、好奇心をもち関わるなかで、周囲の事物の様子を知り、周辺の環境との関わりなど科学的な見方を深めていく。対象物をよく見る、継続して関わる、自分なりに扱ったり試したりするなど、子どもならではの気づき方を大切にしたい。

　生まれて間もない赤ちゃんも、手の届くところにある遊具をさわったり、なめたり、振ったりしながら、そのもののもつ特性を自分の体で知っていく。布製の遊具の柔らかな感触を楽しんだり、舌でなめて形を確かめたり、振ると音が出ることに気づいて繰りかえしたりする姿を目にしたことがあるだろう。

　「おもしろそうだな」「使ってみたい」と思うようなものが周囲の環境にあること、自分なりに扱ったり試したりすることが十分にできるような状況、ゆっくりと繰りかえし試す時間を確保しながら、幼いときに自分の体を通して関わっていく体験を重ねるようにしたい。

摘んだ花を身につけ、裸足で草の感触を味わう

1 対象物をよく見たり触れたりする

事例 8-1 ピーちゃん、これが好きなの？

3歳児クラス 5月

　H人は登園してくると、毎朝インコのかごをのぞき込む。「ピーちゃん、ごはんあげるね」と声をかけながら、通園途中で摘んできたタンポポの葉っぱやナズナをかごの隙間から入れる。インコが食べないでいると「ピーちゃん、おなかすいてないの？」とつぶやいて、そのままインコの様子をじっと見ている。

　他児が園庭のハコベを摘んできてあげると、ピーちゃんがピピピピと鳴きながら、それをついばむ。H人も急いで同じハコベを摘んできて、食べさせる。「ピーちゃん、これが好きなの？」と言いながら、もう一度ハコベを摘みに行く。

（事例／写真：学大小金井）

事例 8-2 あおむしアパート

5歳児クラス 5～6月

　園庭のみかんの木に、アゲハチョウが卵を産んでいた。子どもたちがそこで卵や幼虫をたくさん見つけてくるので、飼育ケースが足りなくなってしまった。保育者は、子どもたちと一緒に牛乳パックを使って「あおむしアパート」を作り、一匹ずつ名前をつけて飼育することにした。青虫が脱皮したり、色が変わったり、さなぎになったりして、変化していく様子に子どもたちが気づくことを大切にしながら、それを保育者が「ニュース」にして掲示し、虫眼鏡や図鑑を周辺に用意していた。

　みかんの木から次々に幼虫を取ってくるので、それぞれの成長のペースが異なる青虫がアパートの中に並んでいる。T男はそれらを見ながら「こっちの青虫はいつ、さなぎになるのかな？」とつぶやく。保育者が「いつなるんだろうね。前の青虫はどうだったけ？」と応じると、一緒にいた子どもたちも「もっと大きくなってからだと思う」「脱皮してから1週間だったかな？」など、これまでのことを振りかえって考えていた。そこで、さなぎになるのはいつか、予想を立てて見守ることにした。

（事例／写真：学大小金井）

　事例8-1では、3歳児がインコに対して自分と同じような存在として愛着をもって関わっている様子がわかる。いろいろな雑草をあげてみたり、インコの食べる様子を見たり、他

児の姿を目にしたりしながら、インコはハコベが好きなのかもしれないと気づいている。登園してくると、だれでも目にしやすい場所に鳥かごが置いてあり、自由に摘める雑草が園庭にはたくさん生えているので、子どもたちが関わりやすい環境になっている。

事例8-2でも、子どもたちが見つけてきた幼虫を、身近に見たり触れたりできるようにしている。名前をつけることで愛着をもち、「大きくなったかな？」「葉っぱをどのくらい食べているかな？」と興味や関心をもちながら、継続して見ようとする環境をつくっている。

子どもたちと一緒に気づいたことを「ニュース」として保育者が掲示すると、子どもは自信をもって、さらによく見たり考えたりするようになる。気づきを可視化する保育者の工夫によって、ひとりの子どもの気づきがクラス全体に共有されていく。

そのうちに、幼虫から成虫への変化の様子を捉えるようになり、次の幼虫が成虫になる過程を予想し、アゲハチョウになることを楽しみに期待しながら見守るというように、子どもの見方も変わってくる。集団のなかで学びあう姿を、青虫アパート周辺の掲示物や虫眼鏡、図鑑などの環境が支えている。こうした環境の構成や保育者の援助によって、子どもが興味を深めたり、不思議に思ったことを探求したりするようになり、積極的に環境に関わろうとする姿が育つのである。

Column

子どもの見方や気づき、思いを表現する

絵の具やペンを使って描画すると、子どもが対象物をどのように見たり感じたりしているのかが表れる。昆虫の足先に生えている毛の様子、収穫したジャガイモの色や形、たわわに実ったイネの穂など、自分のなかでの気づきや思いのすべてを言葉にしているわけではない。言葉以外でさまざまな表現ができるよう、保育者は機会や用具を整えたい。

2 自分なりに扱ったり試したりする

事例 8-3　道具の特性に気づく

● 3歳児クラス 4〜5月

　K男は砂場の遊具のなかからジョウゴを手に持つと、それを砂場の砂に押しつけはじめた。砂に円すいの跡がつくのを発見したようで、繰りかえし何度も砂に押しつけて、円すいの跡をつけることに夢中になっている。ふと、自分がつけたたくさんの円すいの穴を見ると、満足そうに一息ついた。

　同じことを繰りかえしているうちに、ジョウゴを砂に埋めると、中央の穴から砂が中に盛り上がって入ってくることに気づく。今度は円すいの砂の跡ではなく、ジョウゴの中に砂がたまってくることに夢中になる。ジョウゴいっぱいに砂がたまると、近くにいる保育者を見て、満足そうにほほえんだ。

（事例／写真：学大小金井）

　K男はジョウゴを手にしてから30分くらい、砂場で一連の動作を繰りかえし行っていた。じっくりと道具を使って砂と関わる姿であった。ジョウゴは、口の小さいボトルやビンなどに水を移すときに使うと便利な道具である。保育者が初めに道具の使い方を教えることが必要なものもあるが、この事例ではK男が自分なりに扱い、繰りかえし使うなかで、その道具のもつ形や特徴を発見している様子がわかる。その形状から、砂に跡をつけると円すいの穴ができること、中央の穴からは押しつけられた圧力で砂が盛り上がって入ってくることを発見し、それを自分で何度も繰りかえし確認していた。ここでは、K男自身が形や特徴に自分で気づいていく素朴な姿を大切にしているが、このあと、さまざまに道具を使っていくなかでジョウゴのもつ本来の使い方にも気づいていくだろう。

　このように、子どもは自分のペースで自分なりにものを扱い、使うなかで、いろいろと試していく。対象に関わるなかで偶然に生じた現象が、また次の興味や関心へとつながっていく。

§2 発見する・考える

　子どもたちの遊び方を見ていると、動きながら気づいていくことや、遊びながら発見していくことが多い。行動しながら思いつき、それをまた行動しながら確かめるというなかで、自分の発見したことや考えたことが遊びのおもしろさにつながっていく。

　ある雨の日に5歳児が屋根からしたたり落ちる水の下に紙コップを置き、その水を使って「ジュース屋さんごっこ」をしようと思いついた。紙コップに水がたまる様子を見て、いっぱいになるのにかかる時間を、雨の降り方を見ながら「このぶんだと、お店の開店は10時半ごろだね」と予測している。水滴がちょうどうまく落ちる場所を選んだり、紙コップの中にオシロイバナを入れると水がはねないことを発見したりして、規則性や法則性、因果関係を捉えながら周囲の環境を遊びに取り入れている。

　これまでの生活経験や周囲の大人の言葉などから、予想や予測、比較、分類して考えることもできるようになってくる。「空が明るくなってきたから、もうすぐ雨はやむかもしれない」「そでが濡れちゃったけど、これくらいならきっとすぐに乾く」と予測しながら遊ぶ場面も見られる。この章では、遊びのなかでものの道理や関係性に気づき、発見したり考えたりしながら学びを深める姿を捉えていこう。

1 規則性・法則性を発見する

事例 8-4　積み木の片づけ　　　　4歳児クラス　6月

　中型積み木を使って遊んだあと、片づける時間になった。子どもたちは思い思いの積み木を運んできては、積み木を片づける場所へ積んでいく。立方体やその倍の長さの直方体、さらに長い直方体など、凸凹に重なっていく。いつもは保育者がさりげなく手伝っているのだが、この日は子どもたちだけだったこともあり、うまく片づかない。「どうして？　ぴったりにならない」「もう一回、やり直し」と、重ねた積み木をすべて崩してやり直している。いつも縦横高さがぴったりときれいに収まっているので、いつものように片づけようとする。

　そこへS美が「手伝おうか？」とやってきた。「大きい積み木から置いて」と一番長い直方体の柱から置いていく。「キャラメル（立方体の半分の一番小さいサイズ）はさいご。だって、先生がいつもそうしていたよ」と言いながら重ねていくと、最後に小さい隙間がいくつか残り、そこにキャラメルサイズを埋めてきれいに片づいた。「やったー！」「できた！」と喜び合って、積み木の片づけが終わった。

（事例：学大小金井）

いろいろな積み木の種類が混ざっているが、縦横高さがきっちり収納できる個数に調整されている

積み木の形別に収納しながら、さらに縦横高さがきっちり収まるように調整されている

　中型積み木でいろいろな乗り物や遊びの拠点を作って遊べるように、形や大きさが異なるものを何種類か用意してある。縦横高さがきれいに収まるよう、あらかじめ保育者が量の調整をして整えておくことで、子どもたちが立体の形を考えながら片づけ、きれいに収まることで満足感をもって片づけられる環境となっていた。

　最後に残った積み木が大きいものだと、凸凹の調整がうまくできない。できるだけ小さいものを最後に残して、凸凹に埋めていくように片づけるという法則を発見している。遊びや片づけを通して、積み木の形や大きさを感じとり、状況に応じて組み合わせたり順番を考えたりする能力が、自分の体の感覚を通して獲得されてきている。これは、自分の作りたいものに合わせてものを構成していく力につながっていく。

事例 8-5　ブロックで高いビルを作る方法は？

●4歳児クラス　6月

　「小人さんの世界で一番高いビルを作りたいのだけど、ブロックが倒れてしまって困っている」という保育者が投げかけたイメージを楽しみながら、子どもたちはどうしたらブロックが高く積み上げられるかを考えている。垂直方向に積んでいくと、ある程度の高さでブロックがバランスを崩して湾曲して倒れてしまうのだ。

　A人はいろいろな方向にブロックをつなげてみるうちに、ブロックの底辺部分に四方に伸びた支えを作るとバランスがとれそうだと思いつく。

　M子はブロックの側面を広げ、板のように横幅を広げながら、上のほうへも高く積めないか試している。

（事例／写真：学大小金井）

ブロックは日頃から室内遊びに使っている遊具である。扱い方は慣れているものの、あらためて高く積むにはどうしたらいいかと問われて、子どもたちは生き生きと取り組んでいた。ただ積み上げるだけでは、ある程度の高さになるとバランスが崩れてしまう。高くするには、A人のように下の部分を安定させることが必要である。M子は、倒れないように横の面も広げていくというやり方を示してみせた。底辺部分のブロックを多くして支えるようにしようと、下にT字型にブロックをつなげている子どももいた。

　遊具を扱いながら、高くて倒れないようにするためにはどうしたらよいか、一人一人が自分でブロックを扱いながら考えていた。こうした経験が、自分の作りたい形やものを自由に作ろうと考えるプロセスを支えていく。遊具を使って自由に遊ぶことに加え、保育者が意図的にイメージを投げかけることで、子どもたちが法則性や規則性を発見し、それが次の遊びをおもしろくする力につながると考える。

2　比較・分類して考える

事例 8-6　アイガモのオスとメスに気づく①

5歳児クラス　5〜6月

　16年間飼育していたアイガモが老衰で死んだため、5月からアイガモのヒナを飼育することになった。ヒナの成長を子どもたちと一緒に実感しようと、保育者はデジタルスケールを用意し、毎日の体重を計測して記録にしていく。初めの体重は60グラム弱で、卵1個分の重さと同じくらいということがわかった。毎日測るたびに重くなっていくので、子どもたちは数字が増えていく様子を喜んでいた。

　ヒナの時期は一羽が黄色、もう一羽が茶色だったので、子どもたちと相談して「レモンちゃん」「チョコちゃん」と命名した。しかし夏が近づくころには、ぐっと大きくなり、どちらも茶色の毛に変わってきた。「どっちがレモンちゃんで、どっちがチョコちゃんかわからなくなった」と大騒ぎしていると、K子が「でも口（クチバシ）のところがちょっと違うよ」と色の違いに気づいて言った。

　「本当！　レモン色と濃い黄色だね」「わかった！　ちょっと濃い黄色のほうがチョコちゃんでしょ？」「それに首のところに白い線がある！」「それなら線のあるほうがレモンちゃんだと思う」と、K子の気づきがきっかけとなり、2羽を比べながら見分ける方法について考えを出し合っていた。

（事例／写真：学大小金井）

事例 8-7　アイガモのオスとメスに気づく②

5歳児クラス　11月

　秋、さらに大きくなると、一羽は全体的に茶色のままでいたが、もう一羽は頭部がエメラルドグリーンに変わっていった。「茶色いほうはまだ子どもなんだよ。きっと」「きれいな色のほうが大人になったってことなんじゃない？」と、大人になったかどうかで毛の色が違うというやりとりになった。「春に死んじゃったヒーちゃんは、おばあさんだったけど茶色い色をしていたよね……」と保育者がつぶやくと、S志が「あー、オスとメスってこと？」「大変、図鑑で調べなくっちゃ！」と何人かで絵本や図鑑を広げはじめる。図鑑でアイガモを調べてみると、オスとメスの違いが出ていた。それと幼稚園のアイガモが同じことがわかると、「チョコちゃんがメスで、レモンちゃんがオスだったんだ！」とわかり、そのことはすぐにクラス全体に広まっていった。

（事例／写真：学大小金井）

　事例の園では長年にわたり、アイガモやアヒル、ニワトリを飼育してきた。また、近年は稲作もしている。動物を飼育していると、何年かに一度はかならず死に直面する。こうした動物との関わりや命への気づきについては第4章§5に詳しく解説しているので、参照してほしい。ここでアイガモのヒナを飼うことにしたのは、このような園の文化を大切に守り飼育活動を継続するようにという観点もあるが、あわせて稲作の取り組みに合鴨農法を取り入れてみるチャンスだと保育者が考えたこともあった。

　毎日の飼育活動を通して、アイガモの変化や成長に子どもたちは驚かされた。大きく育つ様子を子どもたちが実感をもって捉えられるよう、写真のようにデジタルスケールを用意し、毎日の体重の変化を記録するような環境を保育者が用意している。事例ではアイガモの体が大きくなり、毛の色が変わるといった見た目の変化から、子どもたちが二羽の見分けや、色の違いの理由を考え合っていた。毎日の世話を通して、気づいたこと、困ったこと、不思議だなと思ったことを言葉に出し、友達と共感したり考え合ったりすることで、新しい知見を得ていく姿である。大きくなるという物理的な変化はもちろんのこと、大きくなるにつれて、もともと飼育していたアヒルやニワトリなど生き物同士の関係も変わってくることがわかり、ヒナのころはアヒルのあとから遠慮がちにえさを食べていたが、秋になるころにはすっかり力関係が逆転したことも、子どもたちはしっかり捉えていた。

　ヒナの飼育は毎年できることではないが、継続して見たり関わったりできる活動を取り入れる、自分なりの予想や考えを自由に出し合える関係性が育つことなどが大切である。このなかで、物事を比較して考える、考えたことを調べようとする態度が育つのである。

事例
8-8 バランスをとるには？

● 5歳児クラス 12月

　絵本の一場面を参考にして、重さが測れる天秤を5歳児が作った。横にはビニール袋を使って作ったどんぐりが並べてある。どんぐりの中に入っているものが粘土や新聞紙というように違うことから、大きくて重いものもあれば、大きくても軽いもの、小さくても重いものなど、いろいろなどんぐりの製作物ができていた。

　その場所にM子がやってきて天秤を見ると、横に並んでいる大きなどんぐりをふたつ選び、天秤にのせた。見た目の大きさは同じくらいなのに、一方が重くて釣り合わない。軽いほうの皿に、並んでいるどんぐりを手当たり次第のせていくが、なかなか天秤が釣り合わない。

　R子は、まず見た目に大きいどんぐりをふたつ手に取ると、左右の手に1個ずつのせて、バランスを見る。「あれ？変だなぁ」とつぶやくと、重すぎるどんぐりを手放し、並んでいるどんぐりを順番に手に取って、自分の左手にのせているどんぐりと同じくらいのものを選ぼうとしている。いくつか試してから、天秤の上にどんぐりをのせると、数回揺れてから、ふたつのどんぐりはバランスをとって揺れていた。(事例／写真：港区立青南幼稚園)

　M子は重いどんぐりと軽いどんぐりがあることに気づいてはいるものの、置いてあるどんぐりを次々にのせていくので、天秤はどちらか片方が下がったままである。軽いほうにどんぐりを追加して、同じ重さにしていこうとしているが、ちょうどよいバランスが見つからない。

　それに対してR子は、両手に1個ずつのせて、自分の体の感覚で同じくらいの重さのどんぐりを探そうとしている。大きさが同じくらいなのに、手に持ってみて重さの違いがあると、「変だなぁ」とつぶやいていることから、大きさが同じなら重さも同じくらいという予想をしながら関わっていることがわかる。何個か手にして重さを比べてから、同じような重さのどんぐりを選んで天秤にのせ、釣り合うかどうか確かめている姿が見られた。

　手作りのどんぐりの中にはいろいろな量の粘土が入っていて、見た目の大きさと持ったときの重さにギャップがあり、これがおもしろさにつながっていた。子どもが思い思いのどんぐりを作れる材料が十分用意されており、いろいろな試し方ができるような時間も保障されていた。

分類する

どんぐりは種類によって、大きさや丸み、色など違いがある。似ているものを集めたり、特徴によって入れる場所を分けたりするなど、分類して整理する作業は楽しい。自然素材は種類によって分けると、コレクションのようになり美しい。それを使い作って遊ぶときには、自分の思いややりたいことに合わせて材料を選んだり、意図的にものを組み合わせて使ったりすることができる。

どんぐりの分類

写真（中央）は、3歳児クラスの子どもたちが自分の好きな落ち葉を1枚選んで透明シートに入れて飾ったものである。保育室の環境にこのような設定をすることで、いろいろな形や色の落ち葉があることを知っていく。「これはサクラの葉っぱ？」と同じ木の葉でも季節によって色が変わることを不思議に思ったり、同じ落ち葉を選んだ友達に「おんなじ！」と親しみを感じたりして、人との関係性をつなぐものにもなっている。

自分の好きな葉っぱを1枚選ぶ

収穫したジャガイモを大きさ別に分類してから数をかぞえることも、園ではよく行われる。収穫物を通して、大きい、小さい、多い、少ないなどの形や量を実感する。写真のように、大きさ別に100個ずつでかごに入れると、同じ100個のジャガイモでも全体量が異なることが一目でわかる。家に持ち帰るときも保育者が「大きいものを1個、小さいものを2個」などと伝えることで、子どもが大きさや数を考えながら行動することを促す場面となっていた。

ジャガイモの大きさによる分類

第8章 ▶ 幼児期の思考力の芽生え

3 因果関係を捉える

事例 8-9　貨物列車　● 3歳児クラス　11月

空き容器で作った電車を連結させて遊んでいたS太は、近くにあったどんぐりを電車の上にのせることを思いつく。どんぐりを入れた紙コップをいくつかのせて「貨物列車でーす」と走らせるが、勢いよく動かすのでコップごとどんぐりが引っくりかえり散らばってしまう。「あー！」と言いながら、もう一度どんぐりを拾って紙コップに入れて電車にのせる。「貨物列車でーす。通りまーす」と同じ勢いで走らせるので、またこぼれてしまう。保育者もこぼれたどんぐりを拾う手伝いをしながら、「どうして落ちちゃうのかな？」と声をかける。S太は再び電車を走らせるが、今度は紙コップの様子を見ながらゆっくりと慎重に電車を動かした。

（事例／写真：学大小金井）

　S太がやりたかったことは、空き容器を貨物列車に見立ててどんぐりを運ぶことだった。しかし何度も失敗するのは、電車の大きさと、そこにのせる紙コップの数やどんぐりの量のバランスが悪いこと、紙コップの形が不安定であること、電車を走らせるスピードが速すぎることなどが原因であった。子どもはやりたい遊びがあると、失敗しても何度でもやり直そうとする。散らばったどんぐりは大量で、うんざりするほど拾う手間がかかるが、それを乗り越えてでも思いを実現しようとする。その過程で、動かし方やスピードなどの自分自身の動きの調整をして、失敗した原因を感じとり解決しようとしていた。

　ちょうどこの時期、散歩に行って拾ってきたたくさんのどんぐりをいろいろな遊びに使えるよう保育室に用意してあったことで、S太の貨物列車にしようという思いにつながった。

また、保育者はどんぐりを拾う手伝いをさりげなくしつつ、「もっとゆっくり走らせないと」のような答えを示さずに、S太自身がうまくいかない原因を感じとり実現できるように見守り、取り組みを支えていた。

　写真は、5歳児が見つけたトカゲを飼育しはじめたが、死んでしまったことをめぐって、子どもたちと保育者とでその原因を考えたものである。遊びや生活のなかで、うまくいかないことや失敗したことがあったときに、「なぜ？」「どうして？」と投げかけ、子ども自身がそれについて、自分のこととして考えていく姿勢を促す援助が大切である。

§3 思考する・協同的に学ぶ

　5歳児後半になると、友達関係に広がりと深まりが見られるようになり、周囲の環境を十分に使いこなして遊びに取り入れるようになってくる。幼児期後半または接続期といわれる時期でもあり、4～5人の友達と目的を共有して遊びを進める姿や、クラスや学年、園全体での取り組みの様子も理解して、そのなかで自分の役割を果たせるようになる。

　興味や関心が継続し、遊びに集中して取り組むなかで、自分たちの目的に向けて「～してみよう」と試行錯誤したり、これまでの体験をもとに「～だから～になりそう」と仮説を立てて考えたりする。全体と部分の関連を意識し、自分のしていることの見通しももてるようになる。周囲の友達のしている姿がさらに刺激となり、話し合うことから考えを出し合うなど、協同的な取り組みのなかで学ぶ姿が育ってくる。

1　仮説を立てて考える

事例

8-10　「ピタゴラ装置」を作ろう

● 5歳児クラス　10月

　この数日、K男、N樹、H人は、ビー玉を転がす「ピタゴラ装置」（身近なものを組み合わせて作るからくり装置）作りに熱中している。昨日までは、ビー玉が半周しながら落ちていく仕組みを作るために、支えとなる箱の高さを少しずつ変えて試しながら取り組んでいた。今日はそのコースにつなぐ部分に悪戦苦闘している。

　「間を空けたらいいんじゃない？」「ビー玉が落ちてくる場所に合わせて、そこからレールが始まるようにする？」「ビー玉がコースに入るように、途中も道を作ったらうまくいくかも」「トンネルみたいな道だったら、どう？」と、いろいろな予想や考えを言葉や動きにしては試し、試してはまた別の新しい考えを出していく。空き箱やトイレットペーパーの芯を置いてみたりつなげてみたりしながら、やっとトンネルのようなつなぎ部分を完成させると、うまく転がる仕組みができた。K男たちが「やったー」と言うと、まわりの子どもたちも「やらせて！」「すごいね」「おもしろそう！」と集まってきた。

（事例／写真：学大小金井）

ビー玉を転がす遊びは、長いコースを転がしてみたり、板にくぎを打ちつけたところを転がしてみたりするなど、これまでにも何度か経験してきている。前と同じではおもしろくない、もっとおもしろくしたいという思いがあって、使うものや仕組み、コースの長さなどを工夫しようとしている。高さや角度を予想して遊びながら作っていくので、考えた結果が形となり、一緒に遊んでいる仲間同士で見えやすい。考えたことがうまくいかなければ、材料を変える、貼る位置を変える、向きを変えるなど、試行錯誤するなかで考えたことが実現していく楽しさがある。遊びを繰りかえすなかで、いろいろなものと積極的に関わり、ものを使いこなしていくようになる。保育者も一緒になって考えを出し合ったり、いろいろな考えを試すことができるような材料や道具を用意しておいたりして、こうした姿を支えていた。

事例
8-11　リレーの走る順番を考える

● 5歳児クラス　10月

　運動会が近づいてきたある日のこと、クラスでリレーの活動をする機会をつくった。6人のグループ対抗でリレーを行う。T男は「グループでさ、一番速い人は誰か調べて、その一番速い人から順番に並んで走ったら、勝てると思う」と力説している。聞いている子どもたちも、「そうだね」「じゃあ、どうやって調べる？」「よーいどんで、あっちの木のところまで走ってみて調べたら？」と話がまとまった。6人で走ってみると、一番速いのがT男だった。T男は「僕が1番で、2番は〜」と走る順番を指示する。

　リレーが始まることになり、第1走者としてT男とD介がスタート位置に着く。トラックラインに沿って一周走り、第2走者にバトンを渡す時点で、T男はD介よりも遅かった。グループのなかで速い順番に走ったら勝てると考えていたT男は、何がなんだかわからないという顔をして、困ったような表情で立ち尽くしていた。

（事例／写真：学大小金井）

　徒競走のようにスタートが一緒で個人の速さだけを競うものとは異なり、リレーは6人チームならば、その6人全員の総合的な速さの勝負であるという点が難しい。また、チームの6人のなかで一番速かったからといって、クラスのなかで一番速いことにはならない。T男が「速い順に走ったら勝てる」という仮説をもったのは、「最初に相手チームに勝っていれば、最後まで勝てる」という考えだったようだ。このように子どもの考え方には、独自の論理があったり、理屈と合わなかったりすることもたくさんある。
　しかし、自分の思い込みだったとしても、考えたことを試してみて、その結果からまた考えるということを繰りかえしながら、子どもはいろいろなことに気づいていく。リレーのように「勝ちたい」という気持ちが強ければ強いほど、次はどうしたら勝てるのかを一生懸命

に考える。繰りかえしリレーに取り組むなかで、抜いたり抜かれたりしながら最後に勝敗が決まっていくことをしだいに理解するようになる。

　何度も遊びを繰りかえすことで、総合的な速さの勝負ということがわかってくると、「一番速い人をアンカーにしよう」とか「遅い人の分をほかの人がちょっとずつがんばって挽回する」といった考えが出てくることもある。速さや時間は物理的に目に見えにくいものであり、子どもにとってはわかりにくい概念であるが、興味のある遊び場面であることが、子どもなりになんとか考えようとする態度を支えていた。

2 全体と部分の関連から考える

事例 8-12 自分たちだけのかっこいいポーズを作ろう

●5歳児クラス　10月

　運動会でエイサーを踊ることになり、そのなかで、グループの友達と一緒に「自分たちだけのかっこいいポーズ」をする場面をつくることになった。子どもたちは、どんなポーズがいいか動いてみながら、「はじの人は立つことにしたら？」「ふたりずつ同じポーズにするのは？」などと考えを出し合っている。

　5人がそろったときにどんなふうに見えるかがわからないので、保育者がipadで写真に撮り、その場ですぐに見せてくれた。それを見た子どもたちは、「もう少し、手をあげる？」「やっぱり真ん中の人が座っているほうがかっこいい」など意見を出し合いながら、ポーズが決まっていった。(事例／写真：学大小金井)

事例 8-13 グループで大きな鬼を作る

●5歳児クラス　1月

　節分が近づき、みんなで鬼を作ることになった。材料や設計図を手がかりにして、5人で相談している。顔、体、腕、脚、洋服を作る人に分かれて作業を進める。「これで大丈夫か並べてみよう！」と床に並べた鬼と一緒に寝転び、自分たちの身長と比べている。「鬼のパンツものせてみていい？　大きさがわかんない」と実際に模様をつけた材料を合わせてみる子どももいる。「ちょっと手が小さい？」「もっと太っちょにする？」と全体を合わせながら、自分の担当する部分を作り進めていた。

(事例：学大小金井)

事例8-12も8-13も、保育者は友達と協同して取り組む活動を提案することで、遊びや生活が充実する方向を援助している。数人の動きが合わさってひとつのポーズができる、一人一人が分担して作ったパーツを組み立てると大きな鬼ができるなど、自分のしていることが全体のどこにつながっているのかを意識する。全体像をイメージしながら部分を担当し、自分の動きや作業が進んで仲間と合わさるからこそ、すごいことや楽しいことができるという体験になっている。

こうした体験が可能になるのも、多様なものとの関わりが楽しめるようになり、人と関わる力が広がり深まる時期だからといえる。クラスや学年全体での課題を自分のこととして受け止め、グループのなかで自分の役割を果たしていく姿は、幼児期後半らしい取り組みである。

保育者は、このような体験を促すような遊びや活動の内容を工夫し、教材の研究をしていきたい。

この章で学んだこと

- 乳幼児期は、身体の諸感覚を使った直接体験が重要である。自分なりの感覚で物事を捉え、物の性質や仕組みなどを感じとったり気づいたりしていくことを大切にする。

- 子ども自身が「おもしろそう」「楽しそう」と心を動かす豊かな体験のなかで、「何だろう？」「こうしてみよう」と自分で発見したり考えたりする力が育つ。

- 考えたことを言葉に置きかえたり、友達と伝え合ったり、考え合ったりして、協同的に学ぶことから、自らの考えを広げ新たな考えを構築していくようになる。

- 集中して遊ぶなかで、楽しさやおもしろさを追求していくときに、工夫したり、試行錯誤したりして、さまざまな考えを実現していくなど思考力を働かせることになる。

- 子どもなりの取り組みを見守ることを基本とし、「どうしてかな」と省察を促す援助や、協同できる取り組みの方法、見方や考え方が発展するような教材の研究が求められる。

第 **9** 章

現代の保育の課題と領域「環境」

―― この章で学ぶこと ――

現代の子どもたちを取り巻く環境は、これまでにない勢いで変化している。
このような状況のもと、領域「環境」に関わる体験は、乳幼児にとって重要な意味をもつ。
本章では、都市化、情報化、核家族化、国際化における領域「環境」の意義を考え、
21世紀型学力、持続可能な社会、幼小の接続の課題と領域「環境」の関連を捉える。
さらに、子どもの環境づくりの可能性を探る興味深い実践を紹介する。

§1 子どもが育つ環境としての現代社会

　現代の子どもたちの育つ環境では、日常生活でのさまざまな体験が不足している、また生活の経験内容が大きく変化しているといわれている。このような状況について、都市化、情報化、核家族化、国際化などのキーワードを手がかりに、乳幼児を取り巻く社会、自然、家族のありようを捉えていこう。その際に、これらの状況と領域「環境」がどのように関連するか自分なりに考えてほしい。

1　都市化の広がり

　都市化が進んだことで、子どもの育つ地域に自然や空き地、広場などの外遊びの場所が少なくなってきている。都市化とは、産業の発展した都市に人口が集中し、交通の発達や住宅の増加が見られる現象である。

　日本では、1960年代の高度経済成長期から70年代にかけて地方から都市に多くの人口が移動し、東京・大阪・名古屋を中心に都市化が急速に進んだ。1980年代以降は、地方の中核都市に人口が集まり、各地で都市化が進んでいる。都市部では住宅や商工業のために土地が利用されたことで、森・雑木林・田畑・川・池などの自然はコンクリートやアスファルトにおおわれて減少していった。同時に交通量や事故、犯罪が増え、子どもが外で自由に遊べる場所は限られてきた。

　外遊びの場所が少なくなるにつれ、子どもの遊び方も変わっていった。ある地方都市の例では、1960年代までの子どもの遊び場は川、河原、草むら、原っぱという身近な自然の場所が多い。当時の遊びの種類も、木の枝で刀やゴムパチンコを作る、砂遊び、石積み・石投げ、ツクシなどの植物採集、鬼ごっこ、缶蹴りなどさまざまだった。子どもたちは遊びの道具作りも盛んに行っていた。それが1990年代になると、遊びの場所は家のなかが中心になり、内容もテレビや携帯型のコンピュータゲームが多くなる。このような事例から、最近の子どもの遊びは戸外から室内で行われるようになり、遊びの多様性は失われ、画一化が進んだといわれている。

　遊びの変化は、子どもの経験にどのような影響をもたらしているだろうか。たとえば、自然のなかでの遊びを通して、子どもは自然物や自然現象を体で感じる原体験を得ることができる。生き物に直接触れる遊

びでは、生き物に応じて活動も多種多様で、意外性があり、創意工夫をこらしておもしろさを見つける機会がある。しかし、これらの体験は、都市化による自然の減少のため、以前よりも得がたくなっている。

一方、コンピュータゲームの仮想的な遊びでは、さまざまな感覚を働かせるような刺激に乏しく、ゲームという対象への関わりも単調なものになりがちである。今日の遊びの傾向を考えると、領域「環境」における自然やものとの直接的具体的な関わりが、乳幼児にとって重要性を増していることがわかる。同時に、そのような経験を保障する役割が、ますます園に期待されるようになった。

2 情報化における身近なICT

情報にアクセスするための機器や技術の目覚ましい進歩により、マスメディアや通信ネットワークを通じて多くの情報が活用され、情報の価値が高まっている。このような情報化が進む社会で、乳幼児は生まれたときから身近にテレビ、パソコン、スマートフォン、タブレットなどのある環境で育っている。最近よく使われるICT（Information and Communication Technology）は、情報通信技術を総称する用語である。時にはコンピュータやインターネットの活用、それによる人やものをつなぐコミュニケーション、そのための機器などを意味することもある。

ICTを通じて日常生活を営むことが当たり前になった今日、子どもたちには情報やICTに漠然と触れるだけではなく、それらを手段として積極的に活用していくことが求められている。園での遊びや生活において、幼児が身近な情報やICTに気づき、興味や関心をもったり、自らの活動に取り入れたりする姿を捉えて指導することが、今後さらに検討されていくだろう。

一方、家庭の子育てにスマートフォンが活用されるようにもなった。親がアプリ（アプリケーションソフトウエア）を利用する目的は、情報の収集、生活や成長のデータ管理だけでなく、子どもの遊びやしつけにも及んでいる。また、子どものほうも、近年の調査では1歳児の4割、3歳児の6割、6歳児の7割強が、スマホなどの情報通信機器を利用することがあるという結果が出た。利用内容は写真や動画、ゲームが多く、機器を利用する子どもの約半数が「毎日必ず」または「ほぼ毎日」利用するという。スマホなどの利用の低年齢化が進み、未就学児の日常生活にそれらが深く浸透していることがわかる（子どもたちのインターネット利用について考える研究会、2017）[1]。

これに対し、その必要性や便利さを認めるとともに、

親子の直接的な関わりや子どもの心身の発達、健康への影響を心配する声が上がっている。先の調査でも、9割以上の保護者が子どもにスマホなどを利用させることに何らかの不安を感じているが、具体的な判断材料についての知識・理解は不十分な保護者も少なくないという指摘がある。そこで、情報や機器への関わり方について子どもにどう指導するか園と家庭で話し合い、機器の利用方法や情報の内容などに関する理解を共有することが必要とされている。

ICT機器の活用

　子どもたちが自分の思いや考えを表現し、思考を深めていくときに、自分の姿を客観的に捉えられるようにしたり、考えたことが視覚的に示されたりすることが重要である。自分の姿を振りかえるのに写真やビデオを活用することや、言葉を録音してみることなど、保育方法の工夫としてICT機器の活用が欠かせない。ここ数年でiPadなどを保育に取り入れる試みのように、ICT機器の活用は注目されている。

　また、ICT機器を活用することで、友達と情報や考えを共有していく支援ができるよさがある。保育者は率先してICT機器が使えるようになっておく必要がある。

iPadに入れてある曲のなかから、自由に自分たちが踊りたい曲を選択して使いこなしている子どもたち

自然物を入れて作った万華鏡がどのように見えるのかを学級全体で共有するために、iPadのカメラ機能を使う

3 核家族化と少子化——家族の暮らし

　戦後、夫婦と未婚の子どもからなる核家族の世帯が増え、とくに都市部では祖父母と同居する子どもの割合は減っている。このため、親が仕事・家事・子育てのすべてを引き受け、家庭生活を成り立たせるライフスタイルが形成されてきた。その過程で家事の効率性が重視され、今日では食事の準備で調理済み食品やインスタント食品を利用したり、買い物の時間

と労力を省くためにインターネットの通信販売を利用したりすることは普通になっている。このように、生活の利便性が高まることはよい面もあるだろう。

けれども、そのために子どもの生活経験が制約されてしまう可能性がないとはいえない。子どものなかには、調理用に切られたタケノコやサトイモはよく知っているが、収穫したばかりで皮のついたそれらを知らない子やさわるのを嫌がる子がいる。外出することが減れば、店での売り買いや交通機関の利用など、生活を支える人々の営みや社会の仕組みを身近に感じる機会も少なくなる。それゆえ、園生活を通して身のまわりのものや人々や社会に対する興味をいかにかき立てるか考える際に、子どもの生活経験の実態や変化を捉えておくことは大事である。

また、少子化によって子どもの遊び相手や集団が変わってきた。最近の幼児の遊び相手は、平日の園以外では友達よりも母親のほうが多いという調査結果がある。背景には、預かり保育や延長保育により平日降園後の遊び時間が減ったこと、習いごとで遊びの仲間や機会が少なくなったことなどが挙げられる。地域の異年齢の集団もつくられにくくなり、さまざまな経験をもつ子どもたちが交流し、多様な人間関係のもとで遊ぶ体験が失われつつある。子ども同士で遊びを伝承する機会も少なくなり、昔からの遊びや手作りの玩具が受け継がれにくくなっている。

そして近年、親子の関わりは密になっているが、家族の枠を超えた地域での人々のつながりは希薄になったといわれる。子どもにとって地域は、いろいろな年齢層や立場の人々に出会い、社会経験を重ね、社会性や公共性を身につけることができる場である。また、地域の暮らしに根ざした行事や伝統、文化に触れ、親しむことができる場でもある。このような地域に親しみ、社会的、文化的な経験を豊かにする活動が、ますます保育に期待されるようになった。

なぜ少子化に？

　合計特殊出生率（女子の年齢別の出生率を合計したもの。女性一人あたりの平均子ども数を表す）の推移を見ると、第1次ベビーブーム（1947～1949年）では4.00を超え、1950年代前半に急減して、第2次ベビーブーム（1971～74年）まで2.1前後の数値で推移していた。しかし、1980年代半ば以降には漸減しつづけて、2003年には戦後初めて1.3を下回る1.29になり、さらに2005年には1.26と最低の出生率となった。これにより、日本の少子化傾向はあらためて強く印象づけられるようになった。

　少子化の原因には、経済的に不安定な若者の増加、結婚に対する社会的な規範が薄らいできたという意識の変化、女性の高学歴化や社会進出に伴う未婚率の上昇が挙げられている。また、初婚年齢が高くなる晩婚化と女性の出生時年齢が高くなる晩産化も、子どもの生まれる数が減っている背景にある。子育てにおいても、育児・教育費の負担が大きいこと、母親にかかる子育ての負担が大きく、子育てに対する不安やまわりからの孤立感を高めている親が増加していることも、現代における子育ての困難さを表している。

　わが国の政府も、少子化対策として保育サービスの拡充、育児休業の取得の促進、男性の子育て参加の促進、地域の子育て支援、若者の勤労支援などを行っている。最近は合計特殊出生率が少し回復してきたが、まだ十分な成果は得られていない。

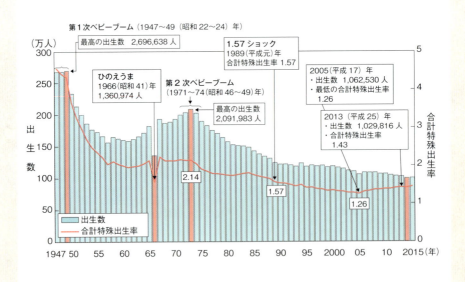

図9-1　出生数および合計特殊出生率の推移

出典：内閣府、2017[2]

4 国際化とグローバル化

　人々の営みが国際的な規模に広がる国際化は、ますます進展している。交通システムが発達し情報化が進むことで、今日では社会、経済、文化などの多方面で国際交流がとても盛んになった。また地球環境、エネルギー、平和、人権など地球規模の問題を解決するために、国際的な協力も不可欠である。日常生活でも異なる文化や生活習慣をもつ外国の人々と接する機会が多くなり、お互いに理解し協力して地域生活を営むことが求められている。

　近年の傾向として、日本に滞在する外国人全体に占める割合の大きい中国と韓国からの人々の数は横ばいか減少、ブラジルやペルーなどの南米系の人々の数も減少傾向である。一方、フィリピン、ベトナム、ネパール、タイの東南・南アジア諸国からの人々が増加し、出身国の多様化が進んでいる。

　日本の学校現場でも、急速に多国籍化と多文化化が進んでいる。文部科学省の調査によると、幼稚園を除く公立学校に在籍する外国籍の児童生徒数は8万人を超えるようになり、小学校で約4万9千人、中学校で約2万1千人である（文部科学省、2016）[3]。ここには、さまざまな出身国の子どもが含まれている。とくに日本語指導が必要な子どもたちの母語は、子ども数が多い順にポルトガル語、中国語、フィリピノ語、スペイン語である。

　こうした子どもの在籍する学校は、全国に散らばっていると同時に、特定の地域に集中している傾向がある。都道府県別に見ると、在籍者数が多い順に愛知、神奈川、東京、静岡、大阪、三重となり、そこでの在籍者の合計は全体の6割を占めている。地域によっては、学校や園で外国籍の子どもや海外生活経験のある子どもがめずらしくなくなった。このため、文部科学省や地方自治体も彼らに対する教育支援を充実させつつある。

　さらに現代はグローバル化が進んでいる。グローバル化とは、人、もの、情報の国際的な移動が活性化し、世界の国々が国境や地域にとらわれずに結びつきを深め、さまざまな活動が世界規模で展開されるようになることをいう。このような時代を生きる子どもには、国際社会の一員としての責任を自覚し、国境を越えた人類共通の課題について考え、その解決に取り組もうとする公共心を育むことが求められている。

　そして、その基盤をつくる幼児期には、異なる文化やそれらを背景にもつ人々に親しみを感じたり、日本や地域の伝統や文化に触れてその豊かさを感じたりすることが大切である。

§2 新しい時代の教育の課題

　先に述べたように、都市化、核家族化に伴う子どもの体験の不足や、情報化、国際化による生活経験の変化は著しいものがある。それゆえ、これからの時代をつくる教育の姿として、次のふたつが求められている。ひとつめは、義務教育修了までに、すべての子どもに自立して社会で生きていく基礎を育てること、ふたつめは、社会を支え、発展させるとともに、国際社会をリードする人材を育てることである。このような教育を実現するために、国際的な教育の動向にもいっそう目を向ける必要がある。

　そこで、国際的な動向を踏まえ、わが国でどのような教育の課題が示されているか見ていこう。とくに領域「環境」との関連が深いものとして、①21世紀型学力を考える観点、②持続可能な社会に向けた人づくりの観点、③幼児期の教育と小学校教育の接続の観点から、今日の教育の課題を取り上げる。

1　21世紀型学力を育む

　知識基盤社会の時代といわれる21世紀において、子どもたちに求められる学力のあり方が世界的に変わってきている。知識基盤社会とは、グローバル化と情報化を背景に、新しい知識・情報・技術が、政治・経済・文化を始め社会のあらゆる領域でこれまで以上に重要になる社会である。このような社会では、知識は日々新しくなり、技術革新と競争が絶え間なく生じている。

　同時に、これまでのものの見方・考え方が改められることも多く、柔軟な思考力が求められる。既存の知識と技術では対応できない課題に向かうときは、幅広く資源を活用して新しい切り口や方法を創造することが必要であり、そのために他者と協働することが不可欠である。このように変わりつづける社会を生き抜くために、子どもたちには変化に対応する能力や資質がいっそう求められている。それでは、具体的にどのような能力や資質が求められているのだろうか。

　代表的な21世紀型学力のあり方として、OECD（経済協力開発機構：Organization for Economic Co-operation and Development）は「コンピテンシー」という新しい能力の考え方を提案している。コンピテンシーとは、知識だけでなくスキルや態度といった自分自身に備わっているさまざまな資源を活用し、ある文脈において複雑な要求に対応する力のことをいう。さらにコンピテンシーのなかでも、さまざまな文脈に対応するために必要で、すべての人にとって重要だと見なされるものが、「キー・コンピテンシー」として示されている。キー・コンピテンシーには、「道具を相互作用的に用いる力」「自律的に行動する力」「異質な人々

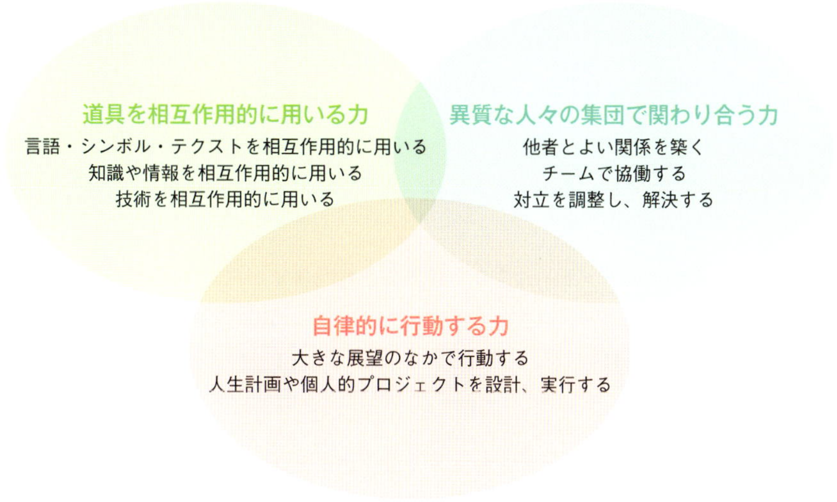

道具を相互作用的に用いる力
言語・シンボル・テクストを相互作用的に用いる
知識や情報を相互作用的に用いる
技術を相互作用的に用いる

異質な人々の集団で関わり合う力
他者とよい関係を築く
チームで協働する
対立を調整し、解決する

自律的に行動する力
大きな展望のなかで行動する
人生計画や個人的プロジェクトを設計、実行する

図9-2　OECDのキー・コンピテンシー

出典：OECD、2005より筆者訳出、図作成[4]

の集団で関わり合う力」の3つの側面がある（図9-2）。

　図9-2を参考に、キー・コンピテンシーを具体的に考えてみよう。キー・コンピテンシーは、たとえばニンジンの葉にいるイモムシがキアゲハの幼虫だと知識として知っていることにとどまらない。これまで絵本や図鑑で見たり、農家で聞いたりした情報と照らし合わせる、友達と幼虫をつかまえて育て、本当にキアゲハになるか調べる、その予測や結果から葉の食害を防ぐためにどうしたらよいか知恵を出し合うなど、さまざまなリテラシーやスキルの活用と課題への対応を支えるのがキー・コンピテンシーである。領域「環境」の多様な経験は、こうした力の形成につながっていくといえる。

　キー・コンピテンシーの「道具を相互作用的に用いる力」については、OECDにより国際的な学習到達度調査（PISA）が行われている。PISAは、読解力、数学的リテラシー、科学的リテラシーの3分野を取り上げ、子ども（義務教育修了の15歳）が実生活で出会う課題に対し、これまで身につけてきた知識や技能をどれくらい活用できるかを測る。その最近の調査から、国際的に見て日本は、引き続き平均得点が高い上位グループに位置すると報告されている。

　一方、別の国際的な学力調査からの気がかりな報告もある。国際教育到達度評価学会（IEA）による国際数学・理科教育動向調査（TIMSS）は、児童生徒の算数・数学、理科の到達度を測定し、学習環境などとの関係を明らかにしている。その2015年調査を見ると、日本の小学校・中学校ともに、すべての教科においては引き続き上位を維持している。しかし、算数・数学、理科に対する意識については、小学校の「理科は楽しい」を除き、「算数・数学は楽しい」（小学校・中学校）、「理科は楽しい」（中学校）は国際平均を下回っている[5]。幼児期に遊びや生活のなかで自然や数に触れて親しみ、心地よい、おもしろい、楽しい、わか

ったなどと感じた体験をその後の教育にどのようにつなげ発展させていくかが、これからの教育の重要な課題である。

ACT21Sプロジェクトの21世紀型スキル

　国際的なIT企業がスポンサーになり、世界の教育関係者が共同で共通の教育評価基準をつくるプロジェクト「ACT21S（Assessment & Teaching of 21st Century Skills）」が進められている。そこでは、計算力や読解力、記憶力を評価する従来のテストでは捉えきれなかったスキル（批判的思考や問題解決能力など）を評価する方法や、その効果的な習得法が検討されている。

　このプロジェクトの示す21世紀型スキルは、白水によれば「他者との対話の中で、テクノロジも駆使して、問題に対する解や新しい物事のやり方、考え方、まとめ方、さらに深い問いなど、私たち人類にとっての『知識』を生み出すスキル」である[6]。具体的には、「思考の方法」「働く方法」「働くためのツール」「世界の中で生きる」の4つの領域で、表の10のスキルが挙げられている。このように、一時的に記憶して使い終わったら忘れてしまう知識・技能ではなく、生涯を通じて必要に応じて活用できる知識・技能が重要とされる。

　では、乳幼児期にはどのような経験が必要だろうか。まず、遊びのなかでもっとおもしろくなるにはどうしたらいいか、やりたいことを実現するにはどうしたらいいかと自分で考える機会をたくさんもってほしい。そして、自分の知っていること、できることを組み合わせて工夫することや、仲間や保育者とやりとりして何かを発見することに楽しさや喜びを感じてほしい。このような経験の積み重ねが、豊かな感性と柔らかな思考を育んでいくのではないだろうか。

ACT21Sプロジェクトの21世紀型スキル

思考の方法	1. 創造性とイノベーション 2. 批判的思考、問題解決、意思決定 3. 学び方の学習、メタ認知
働く方法	4. コミュニケーション 5. コラボレーション（チームワーク）
働くためのツール	6. 情報リテラシー 7. ICTリテラシー
世界の中で生きる	8. 地域とグローバル社会でよい市民であること（シチズンシップ） 9. 人生とキャリア発達 10. 個人の責任と社会的責任（異文化理解と異文化適応能力を含む）

出典：P. グリフィン・B. マクゴー・E. ケア、2014[7]

2 持続可能な社会に向けた人づくり

　今日、地球規模で持続可能な社会を築くことが強く求められている。地球温暖化やオゾン層の破壊などの環境問題、ごみの増加や大気汚染などの公害問題は世界共通の課題である。そこで地球の生態系を維持しながら資源を循環させ、環境を保全するために社会の仕組みを整え、人々が自ら環境保全に取り組むことが大切である。

　こうした世界的な認識のもと、ユネスコを中心に「持続可能な開発のための教育（ESD：Education for Sustainable Development）」が検討されてきた。「持続可能な開発」とは、環境の保全、経済の開発、社会の発展を調和的に進めていくことを意味する。それには、一人一人が世界の人々や将来の世代、環境との関係のなかで生きていることを理解し、行動を変えることが必要とされる。そして、そのための教育がESDである。ESDは環境だけでなく、貧困、人権、平和などの現代的課題について、子どもたちが身近なところから取り組み、解決に向けた新しい考えや行動を生み出して持続可能な社会を創造することをめざしている。

　わが国でも各方面でESDの考え方が取り入れられているが、ここでは領域「環境」に関係の深いものとして環境教育を取り上げよう。環境省と文部科学省が連携した環境教育の調査研究によると、環境教育は4つの分野からなる。それは「自然・生命」「エネルギー・地球温暖化」「ごみ・資源」と、持続可能な社会のために重要な国際理解と協調、社会参画に関する「ともに生きる」である[8]。

図9-3 持続可能な社会に向けた環境教育のねらいと学習内容の例

出典：環境省、2009[9]より抜粋

たとえば、「自然・生命」の「生命」における教育のねらいと学習内容は、図9-3に示したとおりである。これを見ると、小学校低学年での動植物の飼育・栽培（生活）から、中学校の動植物の体のつくりと働き、生物と細胞など（理科）、生物の生育環境と育成技術を利用した栽培・飼育（技術・家庭）へ、教育の一貫した流れの下に学習が広がり、深まることがわかる。また生命尊重

（道徳）は、小学校低学年から中学校まで学習を継続することが求められている。

　それでは、このような教育の基礎となる保育では、どのようなことが必要だろうか。「環境教育指導資料〔幼稚園・小学校編〕」（国立教育政策研究所、2014）[10] は、環境教育では、校種を問わず子どもが身近な環境に対して体験を通して働きかけることを基盤にすると述べている。そして乳幼児期から環境教育を進めるにあたり、園の環境や教育課程や全体的な計画を見直し、園での生活全体を通して子どもが自然や環境を学ぶことができる機会を十分に確保することが重要だと指摘する。それにより、「自然に親しみ、自然を感じる心を育てる」「身近な環境への好奇心や探究心を培う」「身近な環境を自らの生活や遊びに取り入れていく力を養う」ことが保育に期待されている。

　領域「環境」のねらいと内容を十分に生かし、学校段階を通じた教育の見通しをもって日々の保育をデザインし実践することが、ESDに連なる環境教育の基礎になるといえるだろう。

3　幼児期の教育と小学校教育の接続

　幼児期の教育と小学校教育の接続は、世界的には各国の学力、ひいては国際競争力を高める観点から重視されるようになった。質の高い保育による子どもの学びが、就学をはさんで上の学校段階に引き継がれ、充実していけば、より高い学力の獲得と社会経済への貢献が見込まれる。そのため、生涯学習のスタートとして保育の基盤整備に関心が向けられ、幼小をどのようにつなぐかが課題となっているのである。

　一方、日本では小1プロブレムをきっかけにその必要が広く認識された。そして、幼児期からの一貫した学びの充実のために、小学校入学の時期に児童の学校生活への適応を進めるためのスタートカリキュラムが取り入れられている。スタートカリキュラムでは、生活科を中心とした合科的な指導が積極的に行われる。

　生活科の教育内容には、地域に関わる活動、公共物や公共施設を利用する活動、身近な自

然を観察したり、季節や地域の行事に関わったりする活動、身近な自然を利用したり、身近にあるものを使ったりして遊ぶ活動、動物を飼ったり植物を育てたりする活動などが含まれる。これらは領域「環境」に関わる経験とつながるものである。そこで幼児期には、まわりの環境に好奇心や探究心をもって関わり、それらを遊びや生活に取り入れようとする力を培い、小学校以降のさまざまな活動に取り組む資質・能力を十分に養っておきたい。

　また幼児期から児童期にかけては、直接的・具体的な対象（人やもの）との関わりで教育活動のつながりを見通し、円滑な移行を図ることが必要とされている。文部科学省の幼小接続に関する報告書は、とくに「ものとのかかわり」で、幼児期の終わりに「幼児の興味・関心や生活等の状況を踏まえて教職員が方向付けた課題について、発達の個人差に十分配慮しつつ、これまでの生活や体験の中で感得した法則性、言葉や文字、数量的な関係などを組み合わせて課題を解決したり、場面に応じて適切に使ったりすることについて、クラスやグループみんなで経験できる活動を計画的に進めることが必要」と述べている[11]。

　そこで最近注目されているのが、思考共有支援（sustained shared thinking）という保育者の役割である。あとに紹介するレッジョ・エミリアの事例では、サッカー選手の姿を粘土で表現する活動に取り組み、どのような用具を使い、どのような方法で表現するか試行錯誤している。このような挑戦的な課題が含まれる活動で、保育者が子どもたちの考えやアイディアをつなぎ、課題の解決に向けた方法や技術を協働で見つけ出すことを支える働きかけが思考共有支援である。就学に向かう5歳児後期の教育課程・全体的な計画において、上記のような教育活動や保育者の役割を意識して保育を構想することが大切である。

第9章　現代の保育の課題と領域「環境」

§3 いろいろな実践に学ぶ

最後に、子どもの環境について示唆に富む取り組みとして、どのような遊び場や保育の試みが展開されているか紹介しよう。

1 プレーパーク

プレーパークは、子どもが自由な発想と方法で遊びを生み出し、木登りや高所からの飛び降りなどの冒険的な活動にも挑戦できる遊び場（冒険遊び場）である。[12] 一般的な公園のように、すべり台やスプリング遊具といった備えつけの遊具で遊ぶわけではない。遊び場には、さまざまな太さのロープや布、のこぎりやトンカチなどの工具、廃材、シャベルやスコップ、火おこしの道具などがある。それらを使って、子どもたちはタイヤ転がし、木工、けん玉やベーゴマ、羽根つきなどの昔遊び、たき火を使った料理、ブランコ作りなどを楽しむことができる。

プレーパークには、遊びをデザインし、子どもや保護者と一緒に遊具を作ったり、けがなどのトラブルに対応したりする遊びのリーダーがいる。このようなプレーパークは各地に広がっている。

そもそもプレーパークとしての遊び場づくりの発端には、近年の子どもの遊び環境の問題があった。代表的なプレーパークのひとつである羽根木プレーパーク（東京）の場合、1970年代にわが子の遊ぶ姿を見て、自由に遊べる環境の少ないことに疑問をもった保護者が、欧州の冒険遊び場を紹介したことがきっかけである。当時、都市のどこの公園も同じような遊具で遊びの種類が少なく、行政の管理のもとで危険を伴う遊びは禁止されるようになった。こうしたことが、自由な遊びや冒険の場としてのプレーパークづくりを促す背景にあったのだろう。やがて、自分たちで遊び場をつくろうという地域住民の動きが生まれ、プレーパークの開設につながっていった。

プレーパークで遊ぶことは、子どもにどのような体験をもたらすだろうか。素材から遊びをつくり

学芸大内のプレーパーク。ツリーハウスで遊ぶ子どもたち

出すおもしろさ、全身を使って遊ぶ爽快感、自分のやりたいことができるという達成感、遊びに伴うリスクを正しく認識する感覚など、子どもが感じることはいろいろあるだろう。何よりも、プレーパークでは幼い子どもから大人までさまざまな年齢層の人々が集まり、遊びを通して自然に交流し、つながりが生まれていく。このような地域の遊び場は、現代の社会において重要である。

2 森のようちえん

　1950年代ごろから北欧を中心に始まったとされる「森のようちえん」は、デンマーク、スウェーデン、ドイツ、スイスなどで盛んである。近年は、日本や韓国でも同じような取り組みが広がりつつある。日本の場合、2000年代に入って子どもの自然体験、社会体験、生活体験の不足が指摘されるようになった時期に、森のようちえんという呼び名とその活動が注目されるようになった。

幼児もプレーパークで思い思いに過ごす

　森のようちえんは、広い意味で豊かな自然のなかで幼児の体験を充実させていく活動である。自然は森にかぎらず、川や海、田畑、里山なども含まれる。活動の仕方も、園舎をもたずに日々自然のなかで活動するもの、園舎があり屋内の保育と並行して年間を通じた継続的な自然活動を行うもの、単発的な行事として参加者を募り自然活動をするものなどがある。運営母体も、幼稚園や保育所、NPO法人、自然活動団体、自然学校、自主保育サークルなど多様である。

　たとえば、ある森のようちえんの一日は、朝十数人の子どもたちが集まると、保育者と共に活動場所の森に向かう。そこで、木々の間を走りまわってかくれんぼをしたり、自分の背丈よりも長い木の枝を釣り竿に見立てて釣りごっこをしたり、倒木の上を伝い歩きしたりして、子どもたちは思い思いに遊ぶ。レジャーシートを広げて昼食をとったあとは、森から出て借りている民家で自由に過ごす、という様子である。

　森のようちえんの実践は地域や形態や運営母体によりさまざまだが、それらの活動の理念には共通するものがある。それは、子どもたちが自然のなかで遊びこむこと、動植物や他者と関わること、さまざまな感覚を使って自然や命を感じることを大事にするという考えである（今村・水谷、2011）[13]。このような理念に基づく実践は、ESDの幼児を対象とする試みとして紹介されることもある。今後、森のようちえんの活動がどのように発展していくか注目される。

3 レッジョ・エミリアの幼児教育における環境

 革新的な教育実践で世界の注目を集めているイタリアのレッジョ・エミリア市では、幼児教育の方法の重要な要素として環境を捉えた実践を展開している。レッジョ・エミリアの幼児教育における空間は、子ども同士のコミュニケーション、探求、学びが行き交う場のみならず、教育のメッセージを含んで多様な刺激に満ちた教育の内容そのものとみなされている。その環境に見られるものや構造は、子どもがさまざまな感情、考え、イメージ、表現などに出会うことを仕組むものである。

 たとえば、鏡はいろいろな形をしていて、子どもたちが鏡に映る意外な自分の姿をおもしろがることができるようにしかけられている。大きなガラスの壁は、自然光をふんだんに取り入れて光の反射や影、透明性で遊ぶ機会をもたらしている。

 また、市と企業の連携によりつくられたリサイクルセンター（レミダ）には、生産ラインで不用になり廃棄された材料（たとえば金属片、ゴムキャップ、電子部品の一部）や不良品が集められている。それらの多様なものは、子どもの遊びや表現の素材として大いに活用され、その創造的な活動を豊かにしている。

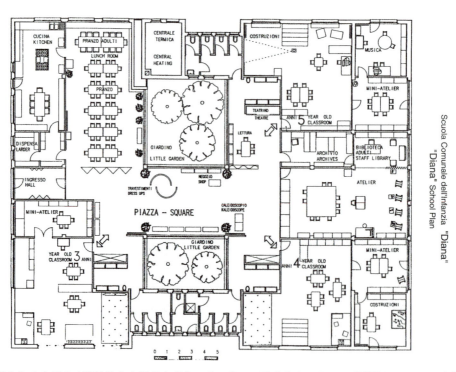

 玄関を入ると明るく開放的な広場が広がり、その奥に一番大きなアトリエが隣接している。広場のまわりには、これを囲むように3、4、5歳児のクラスが配置され、それぞれのクラスにはミニ・アトリエが置かれている。

 図9-4 ディアーナ幼児学校の配置図

出典：佐藤・秋田、2001[14]

レミダに集められたリサイクル品

　以下では、レッジョ・エミリアの豊かな教育環境を生み出している3つの空間の意味について指摘しておこう。

（1）アトリエ

　アトリエは、子どもの小グループによるプロジェクト（テーマに基づいた活動）において、芸術的な表現を通してお互いの創造的な活動を交流させる空間になっている。アトリエには、保育者と協同で子どもの芸術活動を支える芸術家（アトリエリスタ）がいて、子どもの活動を支えている。子どもたちは、小石や木の実などの自然物、色彩豊かな紙や布、金属のボルトや釘などの人工物といった素材や、絵筆、はさみ、のこぎり、コンピュータなどの道具、さまざまな技術を組み合わせて、自分のテーマを探求していく。

（2）広場（ピアッツァ）

　広場（ピアッツァ）は学校という共同体の中心となるオープン・スペースで、子どもたちがさまざまな人と出会う公共的な空間になっている。広場はアトリエや教室と連続してつながっていて、それぞれの場所での子ども同士の関係や物語や活動が交わっていく場でもある。

（3）教室

　学年ごとの教室は、子どもが仲間や保育者との会話を通して、プロジェクトのアイディアを交流させ、自分の活動の内容や方法を考えて工夫する場になっている。教室でのプロジェクトの様子について、ビデオ『レッジョ・エミリア市の挑戦』[15]から見てみよう。
　体の動きを表現するプロジェクトでは、5歳の子どもたちがサッカーのビデオを見たあとに、粘土を使って選手の動きをそれぞれ表現している。選手がボールを蹴る姿は、粘土で作ろうとすると、どうしてもバランスを崩してしまう。保育者は子どもたちと関わりながら、サッカー選手の足の動きから粘土が形づくられていく過程について記録を取っていく。作品の完成後、保育者と4人の子どもたちはテーブルを囲み、お互いの作品を見ながら、粘土の選手の体がぐらつく問題について話し合った。保育者は、この問題を自分なりに工夫して解

決した女児に話しかけた。

 保育者　「どんなふうに問題を解決したの？」
 女　　児　「この積み木がささえてくれるの」
 保育者　「どこに置いたの？」
 女　　児　「わきの下においたの」
 保育者　「どうして？」
 女　　児　「腕のへんがブラブラしちゃうから」

　保育者は、粘土の選手が倒れそうで困っていた男児Aに向かって「ヒントくれたよ？なんて言ったの？」と確認する。すると、別の男児Bが男児Aの作品をさして「こことここにおけばいい」と自分の考えを述べた。それを聞いた男児Aは、積み木をふたつもってきて自分の粘土の選手の前と後ろに置く。それを見た保育者が、再び「今はどうして倒れないの？」とたずねた。この問いに、先ほどの女児が「おなかのへんと背中のへんがブラブラして、前に倒れれば（前の積み木に）よりかかって、後ろに倒れたら（後ろの積み木に）よりかかるから」と答えていた。

　このように教室では、子どもたちがお互いの活動について言葉や作品を用いて批評し合い、自分の活動を見直して新しい考えや手法を生み出している。

――――― この章で学んだこと ―――――

- 都市化や核家族化の変化に伴って減少した自然との関わり、地域との関わり、さまざまな人々との関わりなどが領域「環境」の経験に含まれることが重要である。
- 情報化、国際化の変化に対応するために、領域「環境」では子どもとICTとの関わりを検討することや、国際社会の一員としての資質を育むことが期待されている。
- 21世紀型学力、持続可能な社会の考え方において、領域「環境」における自然、科学、生命との関わりなどの多様な経験はそれらの素地を形成するものである。
- 幼児期から児童期にかけて、子どもたちが協働で探究的な活動を進めるためには、保育者の思考共有支援が大切である。
- 子どもの遊びと学びの環境を豊かにつくり出す実践として、プレーパーク、森のようちえん、レッジョ・エミリアの幼児教育は示唆に富んでいる。

引用文献

第2章

1. Bronfenbrenner, U. 磯貝芳郎・福富護（訳）『人間発達の生態学（エコロジー）：発達心理学への挑戦』川島書店、1996年
2. Bower, T. G. R. 岡本夏木他（訳）『乳児の世界』ミネルヴァ書房、1974年
3. Spelke, E. S. "Core knowledge" *American Psychologist*, 55, pp. 1233-1243, 2000
4. Fantz, R. L. "The origins of form perception" *Readings from Scientific American:physiological Psychology*, W. H. Freeman & Co., 1961/1972, pp. 71-77
5. White, R. W. "Motivation reconsidered" *The concept of competence. Psychological Review*, 66, pp. 297-333, 1959
6. 大竹美登利・鶴田敦子ほか『家庭総合──明日の生活を築く』開隆堂出版、2015年、p. 48
7. 無藤隆『知的好奇心を育てる保育』フレーベル館、2001年
8. Hatano, G. & Inagaki, K. "Young children's naive theory of biology" *Cognition*, 50, pp. 171-188, 1994
9. 弘前大学教育学部附属幼稚園『研究紀要 心を広げ夢をもち しなやかに生きる子どもたち──人とかかわる力を育む』2005年
10. Rachel L. Carson 上遠恵子（訳）『センス・オブ・ワンダー』新潮社、1996年
11. 佐々木正人「子どもを意味でとりかこむ──アフォーダンスの設計」『エデュケア21』2（6）、栄光教育研究所、pp. 40-43、1996年
12. 無藤隆「身体知の獲得としての保育」『保育学研究』34（2）、pp. 8-15、1996年
13. 遠藤利彦・小沢哲史「乳幼児期における社会的参照の発達的意味およびその発達プロセスに関する理論的検討」『心理学研究』71（6）、pp. 498-514、2000年
14. 福崎淳子「「みてて」発話からとらえる幼児の他者意識──見せたい相手はだれか」『保育学研究』40（1）、pp. 83-90、2002年

第4章

1. 東京学芸大学幼児教育部会「4年次の応用実習へのアプローチプログラム──よりよい出会いのための自己アピールシートの作成」『東京学芸大学附属学校研究紀要 第42集』pp. 149-150、2015年
2. 神長美津子・坂井幸子・田代幸代・山口哲也編著『すごい！ふしぎ！おもしろい！ 子どもと楽しむ自然体験活動──保育力をみがくネイチャーゲーム』光生館、pp. 22-23、2013年
3. 前掲書、pp. 15

第7章

1. 野口隆子・長田瑞恵・関口はつ江 「幼稚園卒園児の小学校適応（2）──子どもの幼稚園から小学校への移行に対する親の視点」『十文字学園女子大学人間生活学部紀要 第3巻』pp. 21-31、2005年
2. 日本保育協会「保育の国際化に関する調査研究報告書 平成11年度」2000年
3. 日本保育協会「保育の国際化に関する調査研究報告書 平成20年度」2009年

第9章

1. 子どもたちのインターネット利用について考える研究会「未就学児の生活習慣とインターネット利用に関する保護者意識調査結果」2017年、http://www.child-safenet.jp/activity/2664/
2. 内閣府「第1章 少子化をめぐる現状（1）」『平成29年版 少子化社会対策白書』2017年
3. 文部科学省「平成28年度 学校基本調査」2016年
4. OECD "THE DEFINITION AND SELECTION OF KEY COMPETENCIES" pp. 5-15, 2005

5 文部科学省「国際数学・理科教育動向調査（TIMSS）の調査結果　TIMSS2015」2016年

6 白水始「第5章　新たな学びと評価は日本で可能か」　P. グリフィン・B. マクゴー・E. ケア編、三宅なほみ（監訳）／益川弘如・望月俊男（編訳）『21世紀型スキル――学びと評価の新たなかたち』北大路書房、2014年、pp. 207-223

7 P. グリフィン・B. マクゴー・E. ケア編、三宅なほみ（監訳）／益川弘如・望月俊男（編訳）『21世紀型スキル――学びと評価の新たなかたち』北大路書房、2014年、p. 23

8 環境省「授業に活かす環境教育――ひとめでわかる学年別・教科別ガイド」2009年、https://www.eeel.go.jp/env/nerai/

9 前掲HP「学年別・教科別ガイド」

10 国立教育政策研究所教育課程研究センター「環境教育指導資料（幼稚園・小学校編）」2014年、pp. 1-17

11 文部科学省「幼児期の教育と小学校教育の円滑な接続の在り方について（報告）」2010年、p. 14

12 中嶋裕子「子どもの発達を保障する遊び場――プレイパークに着目して」『社会事業研究』55、日本社会事業大学、2016年、pp. 104-107

13 今村光章・水谷亜由美「森のようちえんの理念の紹介――ドイツと日本における発展とその理念を手がかりに」『環境教育』21（1）、日本環境教育学会、2011年、pp. 68-75

14 佐藤学・秋田喜代美監修『レッジョ・エミリア市の挑戦――子どもの輝く想像力を育てる』（VHS）、小学館、2001年

15 同上

学生に紹介したい 》参考文献

0〜2歳児の保育

吉村真理子 ● ミネルヴァ書房 ● 2014

復刻版だが、時代を超えて大切なことがわかりやすく描かれ、この時期の保育の醍醐味を味わえる本。一筋縄ではいかない0歳〜2歳児のエピソードに思わず笑みが浮かび、子どもを見る目が温かく、深いものになる。

センス・オブ・ワンダー

レイチェル・カーソン　上遠恵子（訳）● 新潮社 ● 1996

自然界を探検するなかで子どもと共に心を動かし、全身全霊で自然と対話する。これはどういうことなのか。美しくも力強い言葉と写真が私たちに語りかけ、自然との向き合い方のヒントを与えてくれる。

あしたの保育が楽しくなる実践事例集 ワクワク！ドキドキ！が生まれる環境構成

公益社団法人全国幼児教育研究会　編集代表 岡上直子 ● ひかりのくに ● 2017

教育要領で重視されている「主体的・対話的で深い学び」を実現するための環境構成の実践事例集。「ワクワク・ドキドキ」をキーワードにした環境構成を核に、子どもの姿の読み取りから反省・評価に至る一連の過程を解説している。

今日から明日へつながる保育

河邉貴子・赤石元子（監修）　東京学芸大学附属幼稚園小金井園舎編 ● 萌文書林 ● 2009

ドキュメンタリーのような実践編と、その実践の意味や意義を裏づける理論編で構成。前回の教育要領・保育指針の改訂時に発行されたものだが、2017年の改訂にもつながる、幼児教育の基本と豊かさが学べる内容である。

こどもの環境づくり事典

日本建築学会編 ● 青弓社 ● 2014

「なじむ」「気づく、感じる」「関わる」などのキーワードごとに、園庭や園舎の事例が数多く紹介されている。日頃当たり前にあるものとして、とかく見過ごされがちな園環境のもつ意義を再確認できるだろう。

秋田喜代美と安見克夫が語る 写真で見るホンモノ保育

秋田喜代美・安見克夫 ● ひかりのくに ● 2013

自然環境を大切にして園庭や保育のカリキュラムをデザインしてきた、都会のある園の長年の実践と研究を紹介。園の春夏秋冬を写真と共にていねいに解説し、子どもたちの憧れの気持ちや意欲を育てる実践が理解できる。

幼児期に育つ「科学する心」

小泉英明・秋田喜代美・山田敏之（編著）● 小学館 ● 2007

幼児期に周囲の自然環境と関わるなかで、感動する、好奇心をもつ、考えるなどの体験が重要であることを示している。「科学する心」を核として、専門家の鼎談、ノーベル賞受賞者の考え、幼稚園などの実践例が参考になる。

環境教育指導資料【幼稚園・小学校編】

国立教育政策研究所教育課程研究センター ● 東洋館出版社 ● 2014

豊かな環境を維持しつつ、持続可能な社会を構築する観点から幼児期の環境教育を進めるために、「環境教育として幼児期から育てたいこと」などの基本的な考え方や実践事例などについて解説している。

幼稚園教育要領(全文)　保育所保育指針(抄録)

幼稚園教育要領
[文部科学省　平成29年3月告示　平成30年4月施行]

幼稚園教育要領（前文）

　教育は、教育基本法第1条に定めるとおり、人格の完成を目指し、平和で民主的な国家及び社会の形成者として必要な資質を備えた心身ともに健康な国民の育成を期すという目的のもと、同法第2条に掲げる次の目標を達成するよう行われなければならない。
1　幅広い知識と教養を身に付け、真理を求める態度を養い、豊かな情操と道徳心を培うとともに、健やかな身体を養うこと。
2　個人の価値を尊重して、その能力を伸ばし、創造性を培い、自主及び自律の精神を養うとともに、職業及び生活との関連を重視し、勤労を重んずる態度を養うこと。
3　正義と責任、男女の平等、自他の敬愛と協力を重んずるとともに、公共の精神に基づき、主体的に社会の形成に参画し、その発展に寄与する態度を養うこと。
4　生命を尊び、自然を大切にし、環境の保全に寄与する態度を養うこと。
5　伝統と文化を尊重し、それらをはぐくんできた我が国と郷土を愛するとともに、他国を尊重し、国際社会の平和と発展に寄与する態度を養うこと。

　また、幼児期の教育については、同法第11条に掲げるとおり、生涯にわたる人格形成の基礎を培う重要なものであることにかんがみ、国及び地方公共団体は、幼児の健やかな成長に資する良好な環境の整備その他適当な方法によって、その振興に努めなければならないこととされている。

　これからの幼稚園には、学校教育の始まりとして、こうした教育の目的及び目標の達成を目指しつつ、一人一人の幼児が、将来、自分のよさや可能性を認識するとともに、あらゆる他者を価値のある存在として尊重し、多様な人々と協働しながら様々な社会的変化を乗り越え、豊かな人生を切り拓き、持続可能な社会の創り手となることができるようにするための基礎を培うことが求められる。このために必要な教育の在り方を具体化するのが、各幼稚園において教育の内容等を組織的かつ計画的に組み立てた教育課程である。

　教育課程を通して、これからの時代に求められる教育を実現していくためには、よりよい学校教育を通してよりよい社会を創るという理念を学校と社会とが共有し、それぞれの幼稚園において、幼児期にふさわしい生活をどのように展開し、どのような資質・能力を育むようにするのかを教育課程において明確にしながら、社会との連携及び協働によりその実現を図っていくという、社会に開かれた教育課程の実現が重要となる。

　幼稚園教育要領とは、こうした理念の実現に向けて必要となる教育課程の基準を大綱的に定めるものである。幼稚園教育要領が果たす役割の一つは、公の性質を有する幼稚園における教育水準を全国的に確保することである。また、各幼稚園がその特色を生かして創意工夫を重ね、長年にわたり積み重ねられてきた教育実践や学術研究の蓄積を生かしながら、幼児や地域の現状や課題を捉え、家庭や地域社会と協力して、幼稚園教育要領を踏まえた教育活動の更なる充実を図っていくことも重要である。

　幼児の自発的な活動としての遊びを生み出すために必要な環境を整え、一人一人の資質・能力を育んでいくことは、教職員をはじめとする幼稚園関係者はもとより、家庭や地域の人々も含め、様々な立場から幼児や幼稚園に関わる全ての大人に期待される役割である。家庭との緊密な連携の下、小学校以降の教育や生涯にわたる学習とのつながりを見通しながら、幼児の自発的な活動としての遊びを通しての総合的な指導をする際に広く活用されるものとなることを期待して、ここに幼稚園教育要領を定める。

第1章　総　則

第1　幼稚園教育の基本

　幼児期の教育は、生涯にわたる人格形成の基礎を培う重要なものであり、幼稚園教育は、学校教育法に規定する目的及び目標を達成するため、幼児期の特性を踏まえ、環境を通して行うものであることを基本とする。

　このため教師は、幼児との信頼関係を十分に築き、幼児が身近な環境に主体的に関わり、環境との関わり方や意味に気付き、これらを取り込もうとして、試行錯誤したり、考えたりするようになる幼児期の教育における見方・考え方を生かし、幼児と共によりよい教育環境を創造するように努めるものとする。これらを踏まえ、次に示す事項を重視して教育を行わなければならない。

1　幼児は安定した情緒の下で自己を十分に発揮することにより発達に必要な体験を得ていくものであることを考慮して、幼児の主体的な活動を促し、幼児期にふさわしい生活が展開されるようにすること。
2　幼児の自発的な活動としての遊びは、心身の調和のとれた発達の基礎を培う重要な学習であることを考慮して、遊びを通しての指導を中心として第2章に示すねらいが総合的に達成されるようにすること。
3　幼児の発達は、心身の諸側面が相互に関連し合い、多様な経過をたどって成し遂げられていくものであること、また、幼児の生活経験がそれぞれ異なることなどを考慮して、幼児一人一人の特性に応じ、発達の課題に即した指導を行うようにすること。

その際、教師は、幼児の主体的な活動が確保されるよう幼児一人一人の行動の理解と予想に基づき、計画的に環境を構成しなければならない。この場合において、教師は、幼児と人やものとの関わりが重要であることを踏まえ、教材を工夫し、物的・空間的環境を構成しなければならない。また、幼児一人一人の活動の場面に応じて、様々な役割を果たし、その活動を豊かにしなければならない。

第2　幼稚園教育において育みたい資質・能力及び「幼児期の終わりまでに育ってほしい姿」

1　幼稚園においては、生きる力の基礎を育むため、この章の第1に示す幼稚園教育の基本を踏まえ、次に掲げる資質・能力を一体的に育むよう努めるものとする。
　(1)　豊かな体験を通じて、感じたり、気付いたり、分かったり、できるようになったりする「知識及び技能の基礎」
　(2)　気付いたことや、できるようになったことなどを使い、考えたり、試したり、工夫したり、表現したりする「思考力、判断力、表現力等の基礎」
　(3)　心情、意欲、態度が育つ中で、よりよい生活を営もうとする「学びに向かう力、人間性等」
2　1に示す資質・能力は、第2章に示すねらい及び内容に基づく活動全体によって育むものである。
3　次に示す「幼児期の終わりまでに育ってほしい姿」は、第2章に示すねらい及び内容に基づく活動全体を通して資質・能力が育まれている幼児の幼稚園修了時の具体的な姿であり、教師が指導を行う際に考慮するものである。
　(1)　健康な心と体
　　幼稚園生活の中で、充実感をもって自分のやりたいことに向かって心と体を十分に働かせ、見通しをもって行動し、自ら健康で安全な生活をつくり出すようになる。
　(2)　自立心
　　身近な環境に主体的に関わり様々な活動を楽しむ中で、しなければならないことを自覚し、自分の力で行うために考えたり、工夫したりしながら、諦めずにやり遂げることで達成感を味わい、自信をもって行動するようになる。
　(3)　協同性
　　友達と関わる中で、互いの思いや考えなどを共有し、共通の目的の実現に向けて、考えたり、工夫したり、協力したりし、充実感をもってやり遂げるようになる。
　(4)　道徳性・規範意識の芽生え
　　友達と様々な体験を重ねる中で、してよいことや悪いことが分かり、自分の行動を振り返ったり、友達の気持ちに共感したりし、相手の立場に立って行動するようになる。また、きまりを守る必要性が分かり、自分の気持ちを調整し、友達と折り合いを付けながら、きまりをつくったり、守ったりするようになる。
　(5)　社会生活との関わり
　　家族を大切にしようとする気持ちをもつとともに、地域の身近な人と触れ合う中で、人との様々な関わり方に気付き、相手の気持ちを考えて関わり、自分が役に立つ喜びを感じ、地域に親しみをもつようになる。また、幼稚園内外の様々な環境に関わる中で、遊びや生活に必要な情報を取り入れ、情報に基づき判断したり、情報を伝え合ったり、活用したりするなど、情報を役立てながら活動するようになるとともに、公共の施設を大切に利用するなどして、社会とのつながりなどを意識するようになる。
　(6)　思考力の芽生え
　　身近な事象に積極的に関わる中で、物の性質や仕組みなどを感じ取ったり、気付いたりし、考えたり、予想したり、工夫したりするなど、多様な関わりを楽しむようになる。また、友達の様々な考えに触れる中で、自分と異なる考えがあることに気付き、自ら判断したり、考え直したりするなど、新しい考えを生み出す喜びを味わいながら、自分の考えをよりよいものにするようになる。
　(7)　自然との関わり・生命尊重
　　自然に触れて感動する体験を通して、自然の変化などを感じ取り、好奇心や探究心をもって考え言葉などで表現しながら、身近な事象への関心が高まるとともに、自然への愛情や畏敬の念をもつようになる。また、身近な動植物に心を動かされる中で、生命の不思議さや尊さに気付き、身近な動植物への接し方を考え、命あるものとしていたわり、大切にする気持ちをもって関わるようになる。
　(8)　数量や図形、標識や文字などへの関心・感覚
　　遊びや生活の中で、数量や図形、標識や文字などに親しむ体験を重ねたり、標識や文字の役割に気付いたりし、自らの必要感に基づきこれらを活用し、興味や関心、感覚をもつようになる。
　(9)　言葉による伝え合い
　　先生や友達と心を通わせる中で、絵本や物語などに親しみながら、豊かな言葉や表現を身に付け、経験したことや考えたことなどを言葉で伝えたり、相手の話を注意して聞いたりし、言葉による伝え合いを楽しむようになる。

⑽ 豊かな感性と表現

　心を動かす出来事などに触れ感性を働かせる中で、様々な素材の特徴や表現の仕方などに気付き、感じたことや考えたことを自分で表現したり、友達同士で表現する過程を楽しんだりし、表現する喜びを味わい、意欲をもつようになる。

第3　教育課程の役割と編成等
1　教育課程の役割

　各幼稚園においては、教育基本法及び学校教育法その他の法令並びにこの幼稚園教育要領の示すところに従い、創意工夫を生かし、幼児の心身の発達と幼稚園及び地域の実態に即応した適切な教育課程を編成するものとする。

　また、各幼稚園においては、6に示す全体的な計画にも留意しながら、「幼児期の終わりまでに育ってほしい姿」を踏まえ教育課程を編成すること、教育課程の実施状況を評価してその改善を図っていくこと、教育課程の実施に必要な人的又は物的な体制を確保するとともにその改善を図っていくことなどを通して、教育課程に基づき組織的かつ計画的に各幼稚園の教育活動の質の向上を図っていくこと（以下「カリキュラム・マネジメント」という。）に努めるものとする。

2　各幼稚園の教育目標と教育課程の編成

　教育課程の編成に当たっては、幼稚園教育において育みたい資質・能力を踏まえつつ、各幼稚園の教育目標を明確にするとともに、教育課程の編成についての基本的な方針が家庭や地域とも共有されるよう努めるものとする。

3　教育課程の編成上の基本的事項

(1)　幼稚園生活の全体を通して第2章に示すねらいが総合的に達成されるよう、教育課程に係る教育期間や幼児の生活経験や発達の過程などを考慮して具体的なねらいと内容を組織するものとする。この場合においては、特に、自我が芽生え、他者の存在を意識し、自己を抑制しようとする気持ちが生まれる幼児期の発達の特性を踏まえ、入園から修了に至るまでの長期的な視野をもって充実した生活が展開できるように配慮するものとする。

(2)　幼稚園の毎学年の教育課程に係る教育週数は、特別の事情のある場合を除き、39週を下ってはならない。

(3)　幼稚園の1日の教育課程に係る教育時間は、4時間を標準とする。ただし、幼児の心身の発達の程度や季節などに適切に配慮するものとする。

4　教育課程の編成上の留意事項

　教育課程の編成に当たっては、次の事項に留意するものとする。

(1)　幼児の生活は、入園当初の一人一人の遊びや教師との触れ合いを通して幼稚園生活に親しみ、安定していく時期から、他の幼児との関わりの中で幼児の主体的な活動が深まり、幼児が互いに必要な存在であることを認識するようになり、やがて幼児同士や学級全体で目的をもって協同して幼稚園生活を展開し、深めていく時期などに至るまでの過程を様々に経ながら広げられていくものであることを考慮し、活動がそれぞれの時期にふさわしく展開されるようにすること。

(2)　入園当初、特に、3歳児の入園については、家庭との連携を緊密にし、生活のリズムや安全面に十分配慮すること。また、満3歳児については、学年の途中から入園することを考慮し、幼児が安心して幼稚園生活を過ごすことができるよう配慮すること。

(3)　幼稚園生活が幼児にとって安全なものとなるよう、教職員による協力体制の下、幼児の主体的な活動を大切にしつつ、園庭や園舎などの環境の配慮や指導の工夫を行うこと。

5　小学校教育との接続に当たっての留意事項

(1)　幼稚園においては、幼稚園教育が、小学校以降の生活や学習の基盤の育成につながることに配慮し、幼児期にふさわしい生活を通して、創造的な思考や主体的な生活態度などの基礎を培うようにするものとする。

(2)　幼稚園教育において育まれた資質・能力を踏まえ、小学校教育が円滑に行われるよう、小学校の教師との意見交換や合同の研究の機会などを設け、「幼児期の終わりまでに育ってほしい姿」を共有するなど連携を図り、幼稚園教育と小学校教育との円滑な接続を図るよう努めるものとする。

6　全体的な計画の作成

　各幼稚園においては、教育課程を中心に、第3章に示す教育課程に係る教育時間の終了後等に行う教育活動の計画、学校保健計画、学校安全計画などとを関連させ、一体的に教育活動が展開されるよう全体的な計画を作成するものとする。

第4　指導計画の作成と幼児理解に基づいた評価
1　指導計画の考え方

　幼稚園教育は、幼児が自ら意欲をもって環境と関わることによりつくり出される具体的な活動を通して、その目標の達成を図るものである。

　幼稚園においてはこのことを踏まえ、幼児期にふさわしい生活が展開され、適切な指導が行われるよう、それぞれの幼稚園の教育課程に基づき、調和のとれた組織的、発展的な指導計画を作成し、幼児の活動に沿った柔軟な指導を行わなければならない。

2　指導計画の作成上の基本的事項

(1)　指導計画は、幼児の発達に即して一人一人の幼児が幼児期にふさわしい生活を展開し、必要な体験を得られるようにするために、具体的に作成するものとする。

(2)　指導計画の作成に当たっては、次に示すところにより、具体的なねらい及び内容を明確に設定し、適切な

環境を構成することなどにより活動が選択・展開されるようにするものとする。
　ア　具体的なねらい及び内容は、幼稚園生活における幼児の発達の過程を見通し、幼児の生活の連続性、季節の変化などを考慮して、幼児の興味や関心、発達の実情などに応じて設定すること。
　イ　環境は、具体的なねらいを達成するために適切なものとなるように構成し、幼児が自らその環境に関わることにより様々な活動を展開しつつ必要な体験を得られるようにすること。その際、幼児の生活する姿や発想を大切にし、常にその環境が適切なものとなるようにすること。
　ウ　幼児の行う具体的な活動は、生活の流れの中で様々に変化するものであることに留意し、幼児が望ましい方向に向かって自ら活動を展開していくことができるよう必要な援助をすること。

　　その際、幼児の実態及び幼児を取り巻く状況の変化などに即して指導の過程についての評価を適切に行い、常に指導計画の改善を図るものとする。
3　指導計画の作成上の留意事項
　指導計画の作成に当たっては、次の事項に留意するものとする。
(1)　長期的に発達を見通した年、学期、月などにわたる長期の指導計画やこれとの関連を保ちながらより具体的な幼児の生活に即した週、日などの短期の指導計画を作成し、適切な指導が行われるようにすること。特に、週、日などの短期の指導計画については、幼児の生活のリズムに配慮し、幼児の意識や興味の連続性のある活動が相互に関連して幼稚園生活の自然な流れの中に組み込まれるようにすること。
(2)　幼児が様々な人やものとの関わりを通して、多様な体験をし、心身の調和のとれた発達を促すようにしていくこと。その際、幼児の発達に即して主体的・対話的で深い学びが実現するようにするとともに、心を動かされる体験が次の活動を生み出すことを考慮し、一つ一つの体験が相互に結び付き、幼稚園生活が充実するようにすること。
(3)　言語に関する能力の発達と思考力等の発達が関連していることを踏まえ、幼稚園生活全体を通して、幼児の発達を踏まえた言語環境を整え、言語活動の充実を図ること。
(4)　幼児が次の活動への期待や意欲をもつことができるよう、幼児の実態を踏まえながら、教師や他の幼児と共に遊びや生活の中で見通しをもったり、振り返ったりするよう工夫すること。
(5)　行事の指導に当たっては、幼稚園生活の自然な流れの中で生活に変化や潤いを与え、幼児が主体的に楽しく活動できるようにすること。なお、それぞれの行事についてはその教育的価値を十分検討し、適切なものを精選し、幼児の負担にならないようにすること。
(6)　幼児期は直接的な体験が重要であることを踏まえ、視聴覚教材やコンピュータなど情報機器を活用する際には、幼稚園生活では得難い体験を補完するなど、幼児の体験との関連を考慮すること。
(7)　幼児の主体的な活動を促すためには、教師が多様な関わりをもつことが重要であることを踏まえ、教師は、理解者、共同作業者など様々な役割を果たし、幼児の発達に必要な豊かな体験が得られるよう、活動の場面に応じて、適切な指導を行うようにすること。
(8)　幼児の行う活動は、個人、グループ、学級全体などで多様に展開されるものであることを踏まえ、幼稚園全体の教師による協力体制を作りながら、一人一人の幼児が興味や欲求を十分に満足させるよう適切な援助を行うようにすること。
4　幼児理解に基づいた評価の実施
　幼児一人一人の発達の理解に基づいた評価の実施に当たっては、次の事項に配慮するものとする。
(1)　指導の過程を振り返りながら幼児の理解を進め、幼児一人一人のよさや可能性などを把握し、指導の改善に生かすようにすること。その際、他の幼児との比較や一定の基準に対する達成度についての評定によって捉えるものではないことに留意すること。
(2)　評価の妥当性や信頼性が高められるよう創意工夫を行い、組織的かつ計画的な取組を推進するとともに、次年度又は小学校等にその内容が適切に引き継がれるようにすること。

第5　特別な配慮を必要とする幼児への指導
1　障害のある幼児などへの指導
　障害のある幼児などへの指導に当たっては、集団の中で生活することを通して全体的な発達を促していくことに配慮し、特別支援学校などの助言又は援助を活用しつつ、個々の幼児の障害の状態などに応じた指導内容や指導方法の工夫を組織的かつ計画的に行うものとする。また、家庭、地域及び医療や福祉、保健等の業務を行う関係機関との連携を図り、長期的な視点で幼児への教育的支援を行うために、個別の教育支援計画を作成し活用することに努めるとともに，個々の幼児の実態を的確に把握し、個別の指導計画を作成し活用することに努めるものとする。
2　海外から帰国した幼児や生活に必要な日本語の習得に困難のある幼児の幼稚園生活への適応
　海外から帰国した幼児や生活に必要な日本語の習得に困難のある幼児については、安心して自己を発揮できるよう配慮するなど個々の幼児の実態に応じ、指導内容や指導方法の工夫を組織的かつ計画的に行うものとする。

第6 幼稚園運営上の留意事項
1 各幼稚園においては、園長の方針の下に、園務分掌に基づき教職員が適切に役割を分担しつつ、相互に連携しながら、教育課程や指導の改善を図るものとする。また、各幼稚園が行う学校評価については、教育課程の編成、実施、改善が教育活動や幼稚園運営の中核となることを踏まえ、カリキュラム・マネジメントと関連付けながら実施するよう留意するものとする。
2 幼児の生活は、家庭を基盤として地域社会を通じて次第に広がりをもつものであることに留意し、家庭との連携を十分に図るなど、幼稚園における生活が家庭や地域社会と連続性を保ちつつ展開されるようにするものとする。その際、地域の自然、高齢者や異年齢の子供などを含む人材、行事や公共施設などの地域の資源を積極的に活用し、幼児が豊かな生活体験を得られるように工夫するものとする。また、家庭との連携に当たっては、保護者との情報交換の機会を設けたり、保護者と幼児との活動の機会を設けたりなどすることを通じて、保護者の幼児期の教育に関する理解が深まるよう配慮するものとする。
3 地域や幼稚園の実態等により、幼稚園間に加え、保育所、幼保連携型認定こども園、小学校、中学校、高等学校及び特別支援学校などとの間の連携や交流を図るものとする。特に、幼稚園教育と小学校教育の円滑な接続のため、幼稚園の幼児と小学校の児童との交流の機会を積極的に設けるようにするものとする。また、障害のある幼児児童生徒との交流及び共同学習の機会を設け、共に尊重し合いながら協働して生活していく態度を育むよう努めるものとする。

第7 教育課程に係る教育時間終了後等に行う教育活動など
幼稚園は、第3章に示す教育課程に係る教育時間の終了後等に行う教育活動について、学校教育法に規定する目的及び目標並びにこの章の第1に示す幼稚園教育の基本を踏まえ実施するものとする。また、幼稚園の目的の達成に資するため、幼児の生活全体が豊かなものとなるよう家庭や地域における幼児期の教育の支援に努めるものとする。

第2章 ねらい及び内容

この章に示すねらいは、幼稚園教育において育みたい資質・能力を幼児の生活する姿から捉えたものであり、内容は、ねらいを達成するために指導する事項である。各領域は、これらを幼児の発達の側面から、心身の健康に関する領域「健康」、人との関わりに関する領域「人間関係」、身近な環境との関わりに関する領域「環境」、言葉の獲得に関する領域「言葉」及び感性と表現に関する領域「表現」としてまとめ、示したものである。内容の取扱いは、幼児の発達を踏まえた指導を行うに当たって留意すべき事項である。

各領域に示すねらいは、幼稚園における生活の全体を通じ、幼児が様々な体験を積み重ねる中で相互に関連をもちながら次第に達成に向かうものであること、内容は、幼児が環境に関わって展開する具体的な活動を通して総合的に指導されるものであることに留意しなければならない。

また、「幼児期の終わりまでに育ってほしい姿」が、ねらい及び内容に基づく活動全体を通して資質・能力が育まれている幼児の幼稚園修了時の具体的な姿であることを踏まえ、指導を行う際に考慮するものとする。

なお、特に必要な場合には、各領域に示すねらいの趣旨に基づいて適切な、具体的な内容を工夫し、それを加えても差し支えないが、その場合には、それが第1章の第1に示す幼稚園教育の基本を逸脱しないよう慎重に配慮する必要がある。

健康
〔健康な心と体を育て、自ら健康で安全な生活をつくり出す力を養う。〕
1 ねらい
 (1) 明るく伸び伸びと行動し、充実感を味わう。
 (2) 自分の体を十分に動かし、進んで運動しようとする。
 (3) 健康、安全な生活に必要な習慣や態度を身に付け、見通しをもって行動する。
2 内容
 (1) 先生や友達と触れ合い、安定感をもって行動する。
 (2) いろいろな遊びの中で十分に体を動かす。
 (3) 進んで戸外で遊ぶ。
 (4) 様々な活動に親しみ、楽しんで取り組む。
 (5) 先生や友達と食べることを楽しみ、食べ物への興味や関心をもつ。
 (6) 健康な生活のリズムを身に付ける。
 (7) 身の回りを清潔にし、衣服の着脱、食事、排泄などの生活に必要な活動を自分でする。
 (8) 幼稚園における生活の仕方を知り、自分たちで生活の場を整えながら見通しをもって行動する。
 (9) 自分の健康に関心をもち、病気の予防などに必要な活動を進んで行う。
 (10) 危険な場所、危険な遊び方、災害時などの行動の仕方が分かり、安全に気を付けて行動する。
3 内容の取扱い
 上記の取扱いに当たっては、次の事項に留意する必要がある。
 (1) 心と体の健康は、相互に密接な関連があるものであることを踏まえ、幼児が教師や他の幼児との温かい触れ合いの中で自己の存在感や充実感を味わうことなどを基盤として、しなやかな心と体の発達を促すこと。特に、十分に体を動かす気持ちよさを体験し、自ら体を動かそうとする意欲が育つようにすること。
 (2) 様々な遊びの中で、幼児が興味や関心、能力に応じて全身を使って活動することにより、体を動かす楽しさを味わい、自分の体を大切にしようとする気持ちが

育つようにすること。その際、多様な動きを経験する中で、体の動きを調整するようにすること。
(3) 自然の中で伸び伸びと体を動かして遊ぶことにより、体の諸機能の発達が促されることに留意し、幼児の興味や関心が戸外にも向くようにすること。その際、幼児の動線に配慮した園庭や遊具の配置などを工夫すること。
(4) 健康な心と体を育てるためには食育を通じた望ましい食習慣の形成が大切であることを踏まえ、幼児の食生活の実情に配慮し、和やかな雰囲気の中で教師や他の幼児と食べる喜びや楽しさを味わったり、様々な食べ物への興味や関心をもったりするなどし、食の大切さに気付き、進んで食べようとする気持ちが育つようにすること。
(5) 基本的な生活習慣の形成に当たっては、家庭での生活経験に配慮し、幼児の自立心を育て、幼児が他の幼児と関わりながら主体的な活動を展開する中で、生活に必要な習慣を身に付け、次第に見通しをもって行動できるようにすること。
(6) 安全に関する指導に当たっては、情緒の安定を図り、遊びを通して安全についての構えを身に付け、危険な場所や事物などが分かり、安全についての理解を深めるようにすること。また、交通安全の習慣を身に付けるようにするとともに、避難訓練などを通して、災害などの緊急時に適切な行動がとれるようにすること。

人間関係
〔他の人々と親しみ、支え合って生活するために、自立心を育て、人と関わる力を養う。〕
1 ねらい
(1) 幼稚園生活を楽しみ、自分の力で行動することの充実感を味わう。
(2) 身近な人と親しみ、関わりを深め、工夫したり、協力したりして一緒に活動する楽しさを味わい、愛情や信頼感をもつ。
(3) 社会生活における望ましい習慣や態度を身に付ける。
2 内容
(1) 先生や友達と共に過ごすことの喜びを味わう。
(2) 自分で考え、自分で行動する。
(3) 自分でできることは自分でする。
(4) いろいろな遊びを楽しみながら物事をやり遂げようとする気持ちをもつ。
(5) 友達と積極的に関わりながら喜びや悲しみを共感し合う。
(6) 自分の思ったことを相手に伝え、相手の思っていることに気付く。
(7) 友達のよさに気付き、一緒に活動する楽しさを味わう。
(8) 友達と楽しく活動する中で、共通の目的を見いだし、工夫したり、協力したりなどする。
(9) よいことや悪いことがあることに気付き、考えながら行動する。
(10) 友達との関わりを深め、思いやりをもつ。
(11) 友達と楽しく生活する中できまりの大切さに気付き、守ろうとする。
(12) 共同の遊具や用具を大切にし、皆で使う。
(13) 高齢者をはじめ地域の人々などの自分の生活に関係の深いいろいろな人に親しみをもつ。
3 内容の取扱い
上記の取扱いに当たっては、次の事項に留意する必要がある。
(1) 教師との信頼関係に支えられて自分自身の生活を確立していくことが人と関わる基盤となることを考慮し、幼児が自ら周囲に働き掛けることにより多様な感情を体験し、試行錯誤しながら諦めずにやり遂げることの達成感や、前向きな見通しをもって自分の力で行うことの充実感を味わうことができるよう、幼児の行動を見守りながら適切な援助を行うようにすること。
(2) 一人一人を生かした集団を形成しながら人と関わる力を育てていくようにすること。その際、集団の生活の中で、幼児が自己を発揮し、教師や他の幼児に認められる体験をし、自分のよさや特徴に気付き、自信をもって行動できるようにすること。
(3) 幼児が互いに関わりを深め、協同して遊ぶようになるため、自ら行動する力を育てるようにするとともに、他の幼児と試行錯誤しながら活動を展開する楽しさや共通の目的が実現する喜びを味わうことができるようにすること。
(4) 道徳性の芽生えを培うに当たっては、基本的な生活習慣の形成を図るとともに、幼児が他の幼児との関わりの中で他人の存在に気付き、相手を尊重する気持ちをもって行動できるようにし、また、自然や身近な動植物に親しむことなどを通して豊かな心情が育つようにすること。特に、人に対する信頼感や思いやりの気持ちは、葛藤やつまずきをも体験し、それらを乗り越えることにより次第に芽生えてくることに配慮すること。
(5) 集団の生活を通して、幼児が人との関わりを深め、規範意識の芽生えが培われることを考慮し、幼児が教師との信頼関係に支えられて自己を発揮する中で、互いに思いを主張し、折り合いを付ける体験をし、きまりの必要性などに気付き、自分の気持ちを調整する力が育つようにすること。
(6) 高齢者をはじめ地域の人々などの自分の生活に関係の深いいろいろな人と触れ合い、自分の感情や意志を表現しながら共に楽しみ、共感し合う体験を通して、これらの人々などに親しみをもち、人と関わることの楽しさや人の役に立つ喜びを味わうことができるようにすること。また、生活を通して親や祖父母などの家族の愛情に気付き、家族を大切にしようとする気持ちが育つようにすること。

環境

〔周囲の様々な環境に好奇心や探究心をもって関わり、それらを生活に取り入れていこうとする力を養う。〕

1　ねらい
　(1)　身近な環境に親しみ、自然と触れ合う中で様々な事象に興味や関心をもつ。
　(2)　身近な環境に自分から関わり、発見を楽しんだり、考えたりし、それを生活に取り入れようとする。
　(3)　身近な事象を見たり、考えたり、扱ったりする中で、物の性質や数量、文字などに対する感覚を豊かにする。

2　内容
　(1)　自然に触れて生活し、その大きさ、美しさ、不思議さなどに気付く。
　(2)　生活の中で、様々な物に触れ、その性質や仕組みに興味や関心をもつ。
　(3)　季節により自然や人間の生活に変化のあることに気付く。
　(4)　自然などの身近な事象に関心をもち、取り入れて遊ぶ。
　(5)　身近な動植物に親しみをもって接し、生命の尊さに気付き、いたわったり、大切にしたりする。
　(6)　日常生活の中で、我が国や地域社会における様々な文化や伝統に親しむ。
　(7)　身近な物を大切にする。
　(8)　身近な物や遊具に興味をもって関わり、自分なりに比べたり、関連付けたりしながら考えたり、試したりして工夫して遊ぶ。
　(9)　日常生活の中で数量や図形などに関心をもつ。
　(10)　日常生活の中で簡単な標識や文字などに関心をもつ。
　(11)　生活に関係の深い情報や施設などに興味や関心をもつ。
　(12)　幼稚園内外の行事において国旗に親しむ。

3　内容の取扱い
　上記の取扱いに当たっては、次の事項に留意する必要がある。
　(1)　幼児が、遊びの中で周囲の環境と関わり、次第に周囲の世界に好奇心を抱き、その意味や操作の仕方に関心をもち、物事の法則性に気付き、自分なりに考えることができるようになる過程を大切にすること。また、他の幼児の考えなどに触れて新しい考えを生み出す喜びや楽しさを味わい、自分の考えをよりよいものにしようとする気持ちが育つようにすること。
　(2)　幼児期において自然のもつ意味は大きく、自然の大きさ、美しさ、不思議さなどに直接触れる体験を通して、幼児の心が安らぎ、豊かな感情、好奇心、思考力、表現力の基礎が培われることを踏まえ、幼児が自然との関わりを深めることができるよう工夫すること。
　(3)　身近な事象や動植物に対する感動を伝え合い、共感し合うことなどを通して自分から関わろうとする意欲を育てるとともに、様々な関わり方を通してそれらに対する親しみや畏敬の念、生命を大切にする気持ち、公共心、探究心などが養われるようにすること。
　(4)　文化や伝統に親しむ際には、正月や節句など我が国の伝統的な行事、国歌、唱歌、わらべうたや我が国の伝統的な遊びに親しんだり、異なる文化に触れる活動に親しんだりすることを通じて、社会とのつながりの意識や国際理解の意識の芽生えなどが養われるようにすること。
　(5)　数量や文字などに関しては、日常生活の中で幼児自身の必要感に基づく体験を大切にし、数量や文字などに関する興味や関心、感覚が養われるようにすること。

言葉

〔経験したことや考えたことなどを自分なりの言葉で表現し、相手の話す言葉を聞こうとする意欲や態度を育て、言葉に対する感覚や言葉で表現する力を養う。〕

1　ねらい
　(1)　自分の気持ちを言葉で表現する楽しさを味わう。
　(2)　人の言葉や話などをよく聞き、自分の経験したことや考えたことを話し、伝え合う喜びを味わう。
　(3)　日常生活に必要な言葉が分かるようになるとともに、絵本や物語などに親しみ、言葉に対する感覚を豊かにし、先生や友達と心を通わせる。

2　内容
　(1)　先生や友達の言葉や話に興味や関心をもち、親しみをもって聞いたり、話したりする。
　(2)　したり、見たり、聞いたり、感じたり、考えたりなどしたことを自分なりに言葉で表現する。
　(3)　したいこと、してほしいことを言葉で表現したり、分からないことを尋ねたりする。
　(4)　人の話を注意して聞き、相手に分かるように話す。
　(5)　生活の中で必要な言葉が分かり、使う。
　(6)　親しみをもって日常の挨拶をする。
　(7)　生活の中で言葉の楽しさや美しさに気付く。
　(8)　いろいろな体験を通じてイメージや言葉を豊かにする。
　(9)　絵本や物語などに親しみ、興味をもって聞き、想像をする楽しさを味わう。
　(10)　日常生活の中で、文字などで伝える楽しさを味わう。

3　内容の取扱い
　上記の取扱いに当たっては、次の事項に留意する必要がある。
　(1)　言葉は、身近な人に親しみをもって接し、自分の感情や意志などを伝え、それに相手が応答し、その言葉を聞くことを通して次第に獲得されていくものであることを考慮して、幼児が教師や他の幼児と関わることにより心を動かされるような体験をし、言葉を交わす喜びを味わえるようにすること。
　(2)　幼児が自分の思いを言葉で伝えるとともに、教師や他の幼児などの話を興味をもって注意して聞くことを通して次第に話を理解するようになっていき、言葉に

よる伝え合いができるようにすること。
(3) 絵本や物語などで、その内容と自分の経験とを結び付けたり、想像を巡らせたりするなど、楽しみを十分に味わうことによって、次第に豊かなイメージをもち、言葉に対する感覚が養われるようにすること。
(4) 幼児が生活の中で、言葉の響きやリズム、新しい言葉や表現などに触れ、これらを使う楽しさを味わえるようにすること。その際、絵本や物語に親しんだり、言葉遊びなどをしたりすることを通して、言葉が豊かになるようにすること。
(5) 幼児が日常生活の中で、文字などを使いながら思ったことや考えたことを伝える喜びや楽しさを味わい、文字に対する興味や関心をもつようにすること。

表現
〔感じたことや考えたことを自分なりに表現することを通して、豊かな感性や表現する力を養い、創造性を豊かにする。〕
1 ねらい
(1) いろいろなものの美しさなどに対する豊かな感性をもつ。
(2) 感じたことや考えたことを自分なりに表現して楽しむ。
(3) 生活の中でイメージを豊かにし、様々な表現を楽しむ。
2 内容
(1) 生活の中で様々な音、形、色、手触り、動きなどに気付いたり、感じたりするなどして楽しむ。
(2) 生活の中で美しいものや心を動かす出来事に触れ、イメージを豊かにする。
(3) 様々な出来事の中で、感動したことを伝え合う楽しさを味わう。
(4) 感じたこと、考えたことなどを音や動きなどで表現したり、自由にかいたり、つくったりなどする。
(5) いろいろな素材に親しみ、工夫して遊ぶ。
(6) 音楽に親しみ、歌を歌ったり、簡単なリズム楽器を使ったりなどする楽しさを味わう。
(7) かいたり、つくったりすることを楽しみ、遊びに使ったり、飾ったりなどする。
(8) 自分のイメージを動きや言葉などで表現したり、演じて遊んだりするなどの楽しさを味わう。
3 内容の取扱い
上記の取扱いに当たっては、次の事項に留意する必要がある。
(1) 豊かな感性は、身近な環境と十分に関わる中で美しいもの、優れたもの、心を動かす出来事などに出会い、そこから得た感動を他の幼児や教師と共有し、様々に表現することなどを通して養われるようにすること。その際、風の音や雨の音、身近にある草や花の形や色など自然の中にある音、形、色などに気付くようにすること。

(2) 幼児の自己表現は素朴な形で行われることが多いので、教師はそのような表現を受容し、幼児自身の表現しようとする意欲を受け止めて、幼児が生活の中で幼児らしい様々な表現を楽しむことができるようにすること。
(3) 生活経験や発達に応じ、自ら様々な表現を楽しみ、表現する意欲を十分に発揮させることができるように、遊具や用具などを整えたり、様々な素材や表現の仕方に親しんだり、他の幼児の表現に触れられるよう配慮したりし、表現する過程を大切にして自己表現を楽しめるように工夫すること。

第3章　教育課程に係る教育時間の終了後等に行う教育活動などの留意事項

1 地域の実態や保護者の要請により、教育課程に係る教育時間の終了後等に希望する者を対象に行う教育活動については、幼児の心身の負担に配慮するものとする。また、次の点にも留意するものとする。
(1) 教育課程に基づく活動を考慮し、幼児期にふさわしい無理のないものとなるようにすること。その際、教育課程に基づく活動を担当する教師と緊密な連携を図るようにすること。
(2) 家庭や地域での幼児の生活も考慮し、教育課程に係る教育時間の終了後等に行う教育活動の計画を作成するようにすること。その際、地域の人々と連携するなど、地域の様々な資源を活用しつつ、多様な体験ができるようにすること。
(3) 家庭との緊密な連携を図るようにすること。その際、情報交換の機会を設けたりするなど、保護者が、幼稚園と共に幼児を育てるという意識が高まるようにすること。
(4) 地域の実態や保護者の事情とともに幼児の生活のリズムを踏まえつつ、例えば実施日数や時間などについて、弾力的な運用に配慮すること。
(5) 適切な責任体制と指導体制を整備した上で行うようにすること。
2 幼稚園の運営に当たっては、子育ての支援のために保護者や地域の人々に機能や施設を開放して、園内体制の整備や関係機関との連携及び協力に配慮しつつ、幼児期の教育に関する相談に応じたり、情報を提供したり、幼児と保護者との登園を受け入れたり、保護者同士の交流の機会を提供したりするなど、幼稚園と家庭が一体となって幼児と関わる取組を進め、地域における幼児期の教育のセンターとしての役割を果たすよう努めるものとする。その際、心理や保健の専門家、地域の子育て経験者等と連携・協働しながら取り組むよう配慮するものとする。

保育所保育指針（抄録）

[厚生労働省　平成29年3月告示　平成30年4月施行]

第2章　保育の内容

1　乳児保育に関わるねらい及び内容

(1) 基本的事項

ア　乳児期の発達については、視覚、聴覚などの感覚や、座る、はう、歩くなどの運動機能が著しく発達し、特定の大人との応答的な関わりを通じて、情緒的な絆が形成されるといった特徴がある。これらの発達の特徴を踏まえて、乳児保育は、愛情豊かに、応答的に行われることが特に必要である。

イ　本項においては、この時期の発達の特徴を踏まえ、乳児保育の「ねらい」及び「内容」については、身体的発達に関する視点「健やかに伸び伸びと育つ」、社会的発達に関する視点「身近な人と気持ちが通じ合う」及び精神的発達に関する視点「身近なものと関わり感性が育つ」としてまとめ、示している。

ウ　本項の各視点において示す保育の内容は、第1章の2に示された養護における「生命の保持」及び「情緒の安定」に関わる保育の内容と、一体となって展開されるものであることに留意が必要である。

(2) ねらい及び内容

ア　健やかに伸び伸びと育つ

健康な心と体を育て、自ら健康で安全な生活をつくり出す力の基盤を培う。

(ア) ねらい

① 身体感覚が育ち、快適な環境に心地よさを感じる。
② 伸び伸びと体を動かし、はう、歩くなどの運動をしようとする。
③ 食事、睡眠等の生活のリズムの感覚が芽生える。

(イ) 内容

① 保育士等の愛情豊かな受容の下で、生理的・心理的欲求を満たし、心地よく生活をする。
② 一人一人の発育に応じて、はう、立つ、歩くなど、十分に体を動かす。
③ 個人差に応じて授乳を行い、離乳を進めていく中で、様々な食品に少しずつ慣れ、食べることを楽しむ。
④ 一人一人の生活のリズムに応じて、安全な環境の下で十分に午睡をする。
⑤ おむつ交換や衣服の着脱などを通じて、清潔になることの心地よさを感じる。

(ウ) 内容の取扱い

上記の取扱いに当たっては、次の事項に留意する必要がある。

① 心と体の健康は、相互に密接な関連があるものであることを踏まえ、温かい触れ合いの中で、心と体の発達を促すこと。特に、寝返り、お座り、はいはい、つかまり立ち、伝い歩きなど、発育に応じて、遊びの中で体を動かす機会を十分に確保し、自ら体を動かそうとする意欲が育つようにすること。

② 健康な心と体を育てるためには望ましい食習慣の形成が重要であることを踏まえ、離乳食が完了期へと徐々に移行する中で、様々な食品に慣れるようにするとともに、和やかな雰囲気の中で食べる喜びや楽しさを味わい、進んで食べようとする気持ちが育つようにすること。なお、食物アレルギーのある子どもへの対応については、嘱託医等の指示や協力の下に適切に対応すること。

イ　身近な人と気持ちが通じ合う

受容的・応答的な関わりの下で、何かを伝えようとする意欲や身近な大人との信頼関係を育て、人と関わる力の基盤を培う。

(ア) ねらい

① 安心できる関係の下で、身近な人と共に過ごす喜びを感じる。
② 体の動きや表情、発声等により、保育士等と気持ちを通わせようとする。
③ 身近な人と親しみ、関わりを深め、愛情や信頼感が芽生える。

(イ) 内容

① 子どもからの働きかけを踏まえた、応答的な触れ合いや言葉がけによって、欲求が満たされ、安定感をもって過ごす。
② 体の動きや表情、発声、喃語等を優しく受け止めてもらい、保育士等とのやり取りを楽しむ。
③ 生活や遊びの中で、自分の身近な人の存在に気付き、親しみの気持ちを表す。
④ 保育士等による語りかけや歌いかけ、発声や喃語等への応答を通じて、言葉の理解や発語の意欲が育つ。
⑤ 温かく、受容的な関わりを通じて、自分を肯定する気持ちが芽生える。

(ウ) 内容の取扱い

上記の取扱いに当たっては、次の事項に留意する必要がある。

① 保育士等との信頼関係に支えられて生活を確立していくことが人と関わる基盤となることを考慮して、子どもの多様な感情を受け止め、温かく受容的・応答的に関わり、一人一人に応じた適切な援助を行うようにすること。

② 身近な人に親しみをもって接し、自分の感情などを表し、それに相手が応答する言葉を聞くことを通して、次第に言葉が獲得されていくことを考慮して、楽しい雰囲気の中での保育士等との関わり合いを大切にし、ゆっくりと優しく話しかけるなど、積極的に言葉のやり取りを楽しむことができるようにすること。

ウ　身近なものと関わり感性が育つ

身近な環境に興味や好奇心をもって関わり、感じたことや考えたことを表現する力の基盤を培う。

(ア) ねらい
① 身の回りのものに親しみ、様々なものに興味や関心をもつ。
② 見る、触れる、探索するなど、身近な環境に自分から関わろうとする。
③ 身体の諸感覚による認識が豊かになり、表情や手足、体の動き等で表現する。

(イ) 内容
① 身近な生活用具、玩具や絵本などが用意された中で、身の回りのものに対する興味や好奇心をもつ。
② 生活や遊びの中で様々なものに触れ、音、形、色、手触りなどに気付き、感覚の働きを豊かにする。
③ 保育士等と一緒に様々な色彩や形のものや絵本などを見る。
④ 玩具や身の回りのものを、つまむ、つかむ、たたく、引っ張るなど、手や指を使って遊ぶ。
⑤ 保育士等のあやし遊びに機嫌よく応じたり、歌やリズムに合わせて手足や体を動かして楽しんだりする。

(ウ) 内容の取扱い
上記の取扱いに当たっては、次の事項に留意する必要がある。
① 玩具などは、音質、形、色、大きさなど子どもの発達状態に応じて適切なものを選び、その時々の子どもの興味や関心を踏まえるなど、遊びを通して感覚の発達が促されるものとなるように工夫すること。なお、安全な環境の下で、子どもが探索意欲を満たして自由に遊べるよう、身の回りのものについては、常に十分な点検を行うこと。
② 乳児期においては、表情、発声、体の動きなどで、感情を表現することが多いことから、これらの表現しようとする意欲を積極的に受け止めて、子どもが様々な活動を楽しむことを通して表現が豊かになるようにすること。

(3) 保育の実施に関わる配慮事項
ア 乳児は疾病への抵抗力が弱く、心身の機能の未熟さに伴う疾病の発生が多いことから、一人一人の発育及び発達状態や健康状態についての適切な判断に基づく保健的な対応を行うこと。
イ 一人一人の子どもの生育歴の違いに留意しつつ、欲求を適切に満たし、特定の保育士が応答的に関わるように努めること。
ウ 乳児保育に関わる職員間の連携や嘱託医との連携を図り、第3章に示す事項を踏まえ、適切に対応すること。栄養士及び看護師等が配置されている場合は、その専門性を生かした対応を図ること。
エ 保護者との信頼関係を築きながら保育を進めるとともに、保護者からの相談に応じ、保護者への支援に努めていくこと。
オ 担当の保育士が替わる場合には、子どものそれまでの生育歴や発達過程に留意し、職員間で協力して対応すること。

2 1歳以上3歳未満児の保育に関わるねらい及び内容
(1) 基本的事項
ア この時期においては、歩き始めから、歩く、走る、跳ぶなどへと、基本的な運動機能が次第に発達し、排泄の自立のための身体的機能も整うようになる。つまむ、めくるなどの指先の機能も発達し、食事、衣類の着脱なども、保育士等の援助の下で自分で行うようになる。発声も明瞭になり、語彙も増加し、自分の意思や欲求を言葉で表出できるようになる。このように自分でできることが増えてくる時期であることから、保育士等は、子どもの生活の安定を図りながら、自分でしようとする気持ちを尊重し、温かく見守るとともに、愛情豊かに、応答的に関わることが必要である。
イ 本項においては、この時期の発達の特徴を踏まえ、保育の「ねらい」及び「内容」について、心身の健康に関する領域「健康」、人との関わりに関する領域「人間関係」、身近な環境との関わりに関する領域「環境」、言葉の獲得に関する領域「言葉」及び感性と表現に関する領域「表現」としてまとめ、示している。
ウ 本項の各領域において示す保育の内容は、第1章の2に示された養護における「生命の保持」及び「情緒の安定」に関わる保育の内容と、一体となって展開されるものであることに留意が必要である。

(2) ねらい及び内容
ア 健康
健康な心と体を育て、自ら健康で安全な生活をつくり出す力を養う。
(ア) ねらい
① 明るく伸び伸びと生活し、自分から体を動かすことを楽しむ。
② 自分の体を十分に動かし、様々な動きをしようとする。
③ 健康、安全な生活に必要な習慣に気付き、自分でしてみようとする気持ちが育つ。

(イ) 内容
① 保育士等の愛情豊かな受容の下で、安定感をもって生活をする。
② 食事や午睡、遊びと休息など、保育所における生活のリズムが形成される。
③ 走る、跳ぶ、登る、押す、引っ張るなど全身を使う遊びを楽しむ。
④ 様々な食品や調理形態に慣れ、ゆったりとした雰囲気の中で食事や間食を楽しむ。
⑤ 身の回りを清潔に保つ心地よさを感じ、その習慣が少しずつ身に付く。
⑥ 保育士等の助けを借りながら、衣類の着脱を自分でしようとする。
⑦ 便器での排泄に慣れ、自分で排泄ができるようになる。

(ウ) 内容の取扱い
上記の取扱いに当たっては、次の事項に留意する必要がある。
① 心と体の健康は、相互に密接な関連があるもの

であることを踏まえ、子どもの気持ちに配慮した温かい触れ合いの中で、心と体の発達を促すこと。特に、一人一人の発育に応じて、体を動かす機会を十分に確保し、自ら体を動かそうとする意欲が育つようにすること。
② 健康な心と体を育てるためには望ましい食習慣の形成が重要であることを踏まえ、ゆったりとした雰囲気の中で食べる喜びや楽しさを味わい、進んで食べようとする気持ちが育つようにすること。なお、食物アレルギーのある子どもへの対応については、嘱託医等の指示や協力の下に適切に対応すること。
③ 排泄の習慣については、一人一人の排尿間隔等を踏まえ、おむつが汚れていないときに便器に座らせるなどにより、少しずつ慣れさせるようにすること。
④ 食事、排泄、睡眠、衣類の着脱、身の回りを清潔にすることなど、生活に必要な基本的な習慣については、一人一人の状態に応じ、落ち着いた雰囲気の中で行うようにし、子どもが自分でしようとする気持ちを尊重すること。また、基本的な生活習慣の形成に当たっては、家庭での生活経験に配慮し、家庭との適切な連携の下で行うようにすること。

イ 人間関係
他の人々と親しみ、支え合って生活するために、自立心を育て、人と関わる力を養う。
(ｱ) ねらい
① 保育所での生活を楽しみ、身近な人と関わる心地よさを感じる。
② 周囲の子ども等への興味や関心が高まり、関わりをもとうとする。
③ 保育所の生活の仕方に慣れ、きまりの大切さに気付く。
(ｲ) 内容
① 保育士等や周囲の子ども等との安定した関係の中で、共に過ごす心地よさを感じる。
② 保育士等の受容的・応答的な関わりの中で、欲求を適切に満たし、安定感をもって過ごす。
③ 身の回りに様々な人がいることに気付き、徐々に他の子どもと関わりをもって遊ぶ。
④ 保育士等の仲立ちにより、他の子どもとの関わり方を少しずつ身につける。
⑤ 保育所の生活の仕方に慣れ、きまりがあることや、その大切さに気付く。
⑥ 生活や遊びの中で、年長児や保育士等の真似をしたり、ごっこ遊びを楽しんだりする。
(ｳ) 内容の取扱い
上記の取扱いに当たっては、次の事項に留意する必要がある。
① 保育士等との信頼関係に支えられて生活を確立するとともに、自分で何かをしようとする気持ちが旺盛になる時期であることに鑑み、そのような子どもの気持ちを尊重し、温かく見守るとともに、愛情豊かに、応答的に関わり、適切な援助を行うようにすること。
② 思い通りにいかない場合等の子どもの不安定な感情の表出については、保育士等が受容的に受け止めるとともに、そうした気持ちから立ち直る経験や感情をコントロールすることへの気付き等につなげていけるように援助すること。
③ この時期は自己と他者との違いの認識がまだ十分ではないことから、子どもの自我の育ちを見守るとともに、保育士等が仲立ちとなって、自分の気持ちを相手に伝えることや相手の気持ちに気付くことの大切さなど、友達の気持ちや友達との関わり方を丁寧に伝えていくこと。

ウ 環境
周囲の様々な環境に好奇心や探究心をもって関わり、それらを生活に取り入れていこうとする力を養う。
(ｱ) ねらい
① 身近な環境に親しみ、触れ合う中で、様々なものに興味や関心をもつ。
② 様々なものに関わる中で、発見を楽しんだり、考えたりしようとする。
③ 見る、聞く、触るなどの経験を通して、感覚の働きを豊かにする。
(ｲ) 内容
① 安全で活動しやすい環境での探索活動等を通して、見る、聞く、触れる、嗅ぐ、味わうなどの感覚の働きを豊かにする。
② 玩具、絵本、遊具などに興味をもち、それらを使った遊びを楽しむ。
③ 身の回りの物に触れる中で、形、色、大きさ、量などの物の性質や仕組みに気付く。
④ 自分の物と人の物の区別や、場所的感覚など、環境を捉える感覚が育つ。
⑤ 身近な生き物に気付き、親しみをもつ。
⑥ 近隣の生活や季節の行事などに興味や関心をもつ。
(ｳ) 内容の取扱い
上記の取扱いに当たっては、次の事項に留意する必要がある。
① 玩具などは、音質、形、色、大きさなど子どもの発達状態に応じて適切なものを選び、遊びを通して感覚の発達が促されるように工夫すること。
② 身近な生き物との関わりについては、子どもが命を感じ、生命の尊さに気付く経験へとつながるものであることから、そうした気付きを促すような関わりとなるようにすること。
③ 地域の生活や季節の行事などに触れる際には、社会とのつながりや地域社会の文化への気付きにつながるものとなることが望ましいこと。その際、保育所内外の行事や地域の人々との触れ合いなど

を通して行うこと等も考慮すること。

エ　言葉
経験したことや考えたことなどを自分なりの言葉で表現し、相手の話す言葉を聞こうとする意欲や態度を育て、言葉に対する感覚や言葉で表現する力を養う。
(ｱ)　ねらい
① 言葉遊びや言葉で表現する楽しさを感じる。
② 人の言葉や話などを聞き、自分でも思ったことを伝えようとする。
③ 絵本や物語等に親しむとともに、言葉のやり取りを通じて身近な人と気持ちを通わせる。
(ｲ)　内容
① 保育士等の応答的な関わりや話しかけにより、自ら言葉を使おうとする。
② 生活に必要な簡単な言葉に気付き、聞き分ける。
③ 親しみをもって日常の挨拶に応じる。
④ 絵本や紙芝居を楽しみ、簡単な言葉を繰り返したり、模倣をしたりして遊ぶ。
⑤ 保育士等とごっこ遊びをする中で、言葉のやり取りを楽しむ。
⑥ 保育士等を仲立ちとして、生活や遊びの中で友達との言葉のやり取りを楽しむ。
⑦ 保育士等や友達の言葉や話に興味や関心をもって、聞いたり、話したりする。
(ｳ)　内容の取扱い
上記の取扱いに当たっては、次の事項に留意する必要がある。
① 身近な人に親しみをもって接し、自分の感情などを伝え、それに相手が応答し、その言葉を聞くことを通して、次第に言葉が獲得されていくものであることを考慮して、楽しい雰囲気の中で保育士等との言葉のやり取りができるようにすること。
② 子どもが自分の思いを言葉で伝えるとともに、他の子どもの話などを聞くことを通して、次第に話を理解し、言葉による伝え合いができるようになるよう、気持ちや経験等の言語化を行うことを援助するなど、子ども同士の関わりの仲立ちを行うようにすること。
③ この時期は、片言から、二語文、ごっこ遊びでのやり取りができる程度へと、大きく言葉の習得が進む時期であることから、それぞれの子どもの発達の状況に応じて、遊びや関わりの工夫など、保育の内容を適切に展開することが必要であること。

オ　表現
感じたことや考えたことを自分なりに表現することを通して、豊かな感性や表現する力を養い、創造性を豊かにする。
(ｱ)　ねらい
① 身体の諸感覚の経験を豊かにし、様々な感覚を味わう。
② 感じたことや考えたことなどを自分なりに表現しようとする。
③ 生活や遊びの様々な体験を通して、イメージや感性が豊かになる。
(ｲ)　内容
① 水、砂、土、紙、粘土など様々な素材に触れて楽しむ。
② 音楽、リズムやそれに合わせた体の動きを楽しむ。
③ 生活の中で様々な音、形、色、手触り、動き、味、香りなどに気付いたり、感じたりして楽しむ。
④ 歌を歌ったり、簡単な手遊びや全身を使う遊びを楽しんだりする。
⑤ 保育士等からの話や、生活や遊びの中での出来事を通して、イメージを豊かにする。
⑥ 生活や遊びの中で、興味のあることや経験したことなどを自分なりに表現する。
(ｳ)　内容の取扱い
上記の取扱いに当たっては、次の事項に留意する必要がある。
① 子どもの表現は、遊びや生活の様々な場面で表出されているものであることから、それらを積極的に受け止め、様々な表現の仕方や感性を豊かにする経験となるようにすること。
② 子どもが試行錯誤しながら様々な表現を楽しむことや、自分の力でやり遂げる充実感などに気付くよう、温かく見守るとともに、適切な援助を行うようにすること。
③ 様々な感情の表現等を通じて、子どもが自分の感情や気持ちに気付くようになる時期であることに鑑み、受容的な関わりの中で自信をもって表現をすることや、諦めずに続けた後の達成感等を感じられるような経験が蓄積されるようにすること。
④ 身近な自然や身の回りの事物に関わる中で、発見や心が動く経験が得られるよう、諸感覚を働かせることを楽しむ遊びや素材を用意するなど保育の環境を整えること。

(3)　保育の実施に関わる配慮事項
ア　特に感染症にかかりやすい時期であるので、体の状態、機嫌、食欲などの日常の状態の観察を十分に行うとともに、適切な判断に基づく保健的な対応を心がけること。
イ　探索活動が十分できるように、事故防止に努めながら活動しやすい環境を整え、全身を使う遊びなど様々な遊びを取り入れること。
ウ　自我が形成され、子どもが自分の感情や気持ちに気付くようになる重要な時期であることに鑑み、情緒の安定を図りながら、子どもの自発的な活動を尊重するとともに促していくこと。
エ　担当の保育士が替わる場合には、子どものそれまでの経験や発達過程に留意し、職員間で協力して対応すること。

監修者・編者・著者紹介

▶監修　**無藤 隆**（むとう たかし）　第1章§1〜6
東京大学教育学部卒業。同大学院教育学専攻科博士課程中退。お茶の水女子大学助教授、同子ども発達教育研究センター教授、白梅学園大学教授を経て、現在、白梅学園大学名誉教授。専門は、発達心理学、幼児教育学、保育学。
【著書】『現場と学問のふれあうところ』（新曜社）、『幼児教育のデザイン』（東京大学出版会）他。

▶編者代表　**福元真由美**（ふくもと まゆみ）　第1章§7、第9章
東京大学教育学部卒業。東京大学大学院教育学研究科博士課程単位取得退学。博士（教育学）。現在、青山学院大学教育人間科学部教授。専門は保育学、教育学。
【著書】『はじめての子ども教育原理』（編著、有斐閣）、『幼児教育課程総論』（共編著、樹村房）他。

▶編者　**井口眞美**（いぐち まみ）　第6章
東京学芸大学教育学部卒業。同大学院教育学研究科修士課程修了。東京造形大学大学院博士課程修了。博士（芸術学）。東京学芸大学附属幼稚園竹早園舎教諭を経て、現在、実践女子大学教授。専門は幼児教育学。
【著書】『保育の評価指標』（八千代出版）、『保育・教職実践演習』（共編著、萌文書林）他。

田代幸代（たしろ ゆきよ）　第8章
東京学芸大学教育学部卒業。同大学院教育学研究科修士課程修了。東京学芸大学附属幼稚園教諭、副園長等を経て、現在、共立女子大学家政学部児童学科教授。専門は幼児教育学。
【著書】『すごい！ふしぎ！おもしろい！子どもと楽しむ自然体験活動』（共編著、光生館）他。

▶著者（執筆順）　**砂上史子**（すながみ ふみこ）　第2章
富山大学教育学部卒業。日本女子大学大学院、お茶の水女子大学大学院を経て白梅学園大学大学院子ども学研究科博士課程修了。博士（子ども学）。現在、千葉大学教育学部教授。専門は保育学。
【著書】『保育現場の人間関係対処法』（編著、中央法規）、『「おんなじ」が生み出す子どもの世界』（東洋館出版社）他。

横井紘子（よこい ひろこ）　第3章
お茶の水女子大学生活科学部卒業。お茶の水女子大学大学院人間文化研究科博士後期課程満期退学。修士（人文科学）。現在、十文字学園女子大学幼児教育学科准教授。専門は保育学。
【著書】『遊びのリアリティー』（共著、新曜社）、『保幼小連携の原理と実践』（共著、ミネルヴァ書房）他。

山崎奈美（やまさき なみ）　第4章§1〜2
長崎大学教育学部卒業。東京学芸大学大学院教育学研究科（幼児教育学）修士課程修了。
現在、東京学芸大学附属幼稚園主幹教諭。専門は幼児教育学、保育学。
【著書】『目指せ、保育記録の達人！』（執筆協力、フレーベル館）他。

中野圭祐（なかの けいすけ）　第4章§3・5
東京学芸大学教育学部卒業。同大学院教育学研究科修士課程修了。現在、國學院大學人間開発学部助教。専門は幼児教育学、保育学。
【著書】『今日から明日へつながる保育』（共著、萌文書林）他。

山田有希子（やまだ ゆきこ）　第5章
東京学芸大学教育学部卒業。東京学芸大学大学院教育学研究科修士課程修了。現在、東京学芸大学附属幼稚園小金井園舎副園長。専門は幼児教育学、保育学。
【著書】『今日から明日へつながる保育』（共著、萌文書林）

野口隆子（のぐち たかこ）　第7章
立教大学文学部心理学科卒業。立教大学大学院、お茶の水女子大学大学院を経て白梅学園大学大学院子ども学研究科博士課程修了。博士（子ども学）。現在、東京家政大学教授。専門は保育学、発達心理学。
【著書】『保育内容 言葉』（共編著、光生館）、『絵本の魅力 その編集・実践・研究』（共著、フレーベル館）他。

事例・写真 提供協力	（五十音順）
お茶の水女子大学いずみナーサリー	学校法人安見学園　板橋富士見幼稚園
お茶の水女子大学附属幼稚園	東京学芸大学　及川 研
東京学芸大学附属幼稚園小金井園舎	フォトグラファー　佐藤浩治
東京学芸大学附属幼稚園竹早園舎	港区立青南幼稚園
文京区立お茶の水女子大学こども園	
幼児写真家　天野行造	

装幀
大路浩実

本文デザイン・DTP
株式会社明昌堂

新訂 事例で学ぶ保育内容　〈領域〉環境

2007年1月 7日　初版第1刷発行
2008年9月15日　改訂版第1刷発行
2017年4月 1日　改訂版第9刷発行
2018年4月13日　新訂版第1刷発行
2024年4月 1日　新訂版第7刷発行

監修者
無藤 隆

編者代表
福元真由美

発行者
服部直人

発行所
株式会社萌文書林
〒113-0021　東京都文京区本駒込6-15-11
Tel.03-3943-0576　Fax.03-3943-0567
https://www.houbun.com/
info@houbun.com

印刷
シナノ印刷株式会社

©Takashi Muto, Mayumi Fukumoto *et al*. 2018, Printed in Japan
ISBN 978-4-89347-258-8

乱丁・落丁本はお取り替えいたします。
定価はカバーに表示してあります。

本書の無断複写（コピー）・複製は著作権法上での例外を除き禁じられています。
また、代行業者などの第三者による本書のデジタル化は、いかなる場合も著作権法違反となります。